KT-212-864

UN PRÊTRE
PARLE

Jacques Perotti

UN PRÊTRE
PARLE

"

JE NE PEUX
PLUS
CACHER
LA VÉRITÉ

"

*Lettre-préface
de l'abbé Pierre*

filipacchi

© 1995 — EDITIONS FILIPACCHI — Société SONODIP
151, rue Anatole-France, 92598 Levallois-Perret Cedex

Toute reproduction, même partielle, de cet ouvrage est interdite
sans l'autorisation préalable et écrite de l'éditeur.

« On n'apprend le prêtre que par ses blessures. »

Père Paul Couturier

*« Dans la société telle qu'elle est,
consentir à vivre sa différence,
c'est devenir rebelle. »*

Jean Sullivan (Matinales)

LETTRE-PRÉFACE
DE
L'ABBÉ PIERRE [1]

Esteville, le 10 juillet 1995

Cher Jacques,

Merci à toi (et à ton éditeur) de n'avoir pas insisté pour me demander une véritable préface pour cet ouvrage qui t'a coûté, je le sais, et dont je suis sûr qu'il était un devoir pour toi, et dont je suis certain qu'il aidera plus d'une et plus d'un à mieux s'accepter soi-même, et, pour beaucoup, à moins juger les autres que l'on trouve difficiles à comprendre.

Une préface suppose, il me semble, une plénitude de connaissance du sujet d'un tel ouvrage.

Au long des années, certes, il m'a été donné, de façon assez exceptionnelle, de vivre dans la profonde amitié avec telle ou tel dont je différais. Mais je me sens timide pour une parole de moi qui devrait aller au fond des réalités qui restent encore mystère, même aux yeux des plus experts, qu'ils soient maîtres de science ou de morale.

Par contre, c'est de tout mon cœur que je te donne ce que je vais tenter de dire d'utile en cette lettre. Et j'autorise ton éditeur à la placer sous l'appellation de « lettre-préface », à la condition, bien sûr que le nom (si difficile à supporter tant il est devenu mythique) de « abbé Pierre » ne soit pas placé en caractères tels que cela en ferait une quasi corédaction du livre. Ce ne serait pas vérité.

---

1. Henry Grouès dit l'abbé Pierre.

Voici cinquante-quatre ans que la Providence nous a fait nous rencontrer. J'avais trente-huit ans, tu en avais vingt. Emmaüs commençait, sans que je m'en rende compte. Tu as été parmi ceux qui ont été, à ce temps-là et à cet endroit, parmi les semeurs. Ce fut une année de partage, entre toi et moi, des tâches qui survenaient et auxquelles on ne pouvait pas se dérober.

Les rares compagnons de cette époque encore en vie disaient de toi : « *Jacques est terrible. Il ne commande pas, il demande ; et si le travail qu'il demande, on ne le fait pas, c'est lui qu'on voit se crever pour le faire. Alors, on est bien obligés de le faire !* »

De longues années suivirent sans plus nous rencontrer, si ce n'est pour ta première messe que tu voulus célébrer là, parmi les *exclus* comme on dit aujourd'hui. Puis, Dieu sait combien inattendu et consolateur un téléphone m'appela, voici, je crois bien, quatorze ans. C'était un 8 décembre, cette grande fête pour moi, lyonnais. J'étais en larmes, épuisé par tout ce que je devais accomplir pour suppléer la sainte secrétaire que m'avait, dès la Résistance, assuré le cher père de Lubac. A quatre-vingts ans, elle avait continué la plus active assistance auprès de moi, assistance commencée trente-neuf ans auparavant. Une hémiplégie avait fait d'elle une paralytique, et je découvris, au-dessus de mes forces, la nécessité de la remplacer en tout, et d'être son infirmier. Vraiment, je n'en pouvais plus. Ta voix au téléphone me dit simplement : « *Je sors d'un entretien avec mon évêque. Il accède à mon désir de venir de nouveau vous aider à Emmaüs.* »

Je ne pus que te répondre : « *Oh ! viens tout de suite !* »

Mademoiselle Coutaz t'accueillit, émue. Elle n'avait pas oublié l'ancien jeune séminariste...

Une vie nouvelle, pour toi comme pour moi, commençait.

Tout ce qui est ton livre fut confidence, dès les premiers jours, de ce retour, et fut pour moi une marque d'amitié et de confiance qui ne s'oublie pas.

Voici que, en même temps que tu me libérais de bien des travaux, j'allais, jusqu'aux jours de ta retraite, être témoin de ta vie.

Je ne puis m'étendre. Supporte simplement que je dise de toi :
ce prêtre vit et rayonne la foi,
cet homme est un affamé de vérité,
ce souffrant a été sauveur inlassable de multiples tentations de désespérance.

« Pousse au large », dit un jour Jésus aux Apôtres. Tu n'as pas hésité à prendre les risques d'une telle audace.

Sois sûr que, en l'offrande eucharistique (que nous célébrons désormais chacun en relative solitude, après l'avoir vécue ensemble chaque matin pendant tant d'années) tu me restes présent, toi et les actions que tu sais être de ton devoir (actions exigeantes de mille attentions pour éclairer toutes les bonnes volontés et ne pas vainement heurter ceux qui sont trop éloignés de l'attention aux autres pour comprendre *la diversité des créations de Dieu tout Amour*).

Sois sûr que chaque jour, c'est en communion de fraternité en Jésus que ma prière est unie à la tienne.

Ton frère,
ABBÉ PIERRE

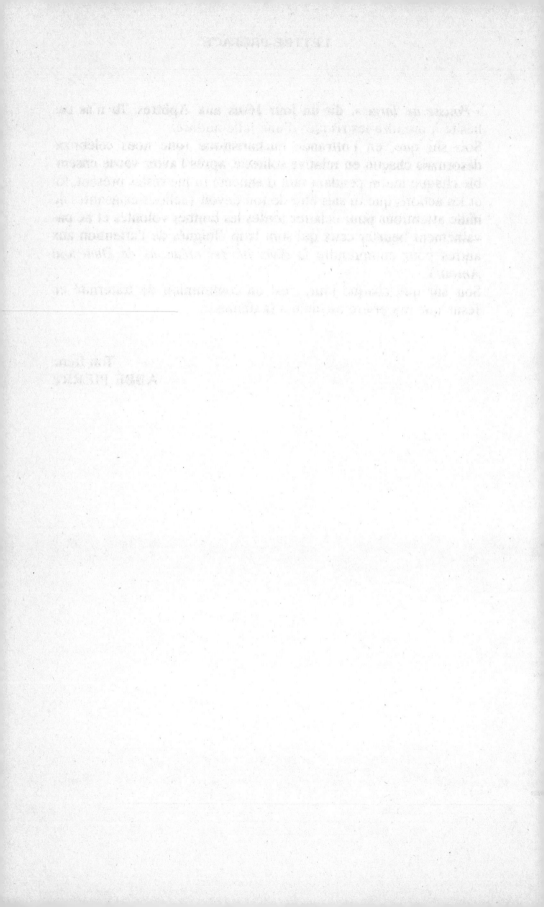

AVANT-PROPOS

Mes proches me plaisantent volontiers en parlant de la « *Perotty Story* ». Les enregistrements des diverses émissions télévisées, auxquelles j'ai participé en tant qu'attaché de presse du mouvement David et Jonathan, sont pour eux la « *Perothèque* ».

Au-delà de ce côté humoristique bien compréhensible entre amis, il y a une réalité très profonde qui me tient à cœur depuis de nombreuses années. Non pas celle de me raconter d'une façon narcissique, d'étaler ce que j'ai pu faire de bien pour mes frères homosexuels, ou une simple biographie plus ou moins barbante. Je voudrais dire ici toute l'angoisse qui a tramé ma vie, autant auprès de l'abbé Pierre et Emmaüs qu'auprès de ceux qui sont les exclus, sous toutes formes, de la société civile, de la famille, de l'Eglise. Je voudrais dire que tout a été pour moi chemin d'incarnation, disponibilité aux appels d'une Parole qui, pour garder sa crédibilité, ne peut être que dérangeante. « Je ne suis pas venu apporter la paix sur la terre, mais le glaive », dira Jésus aux bien-pensants confortablement installés dans leurs sécurités.

Dès 1953, j'ai commencé un carnet de notes intimes dont on retrouvera des extraits pour illustrer mes propos. Cet exercice, poursuivi pendant près d'un quart de siècle, avec des périodes de vide, me permet aujourd'hui de jeter un regard objectif sur ce que fut le tissu de ma vie. Les nombreuses notes, coupures de journaux, témoignages et autres documents sont là aussi pour étoffer ce que je préférerais appeler, plutôt qu'une biographie, une bioscopie. A travers toute cette longue expérience de jeune homme, de prêtre classique, de marginal, y a-t-il quelque chose à voir qui nous per-

mette de mieux entrer dans le mystère de la personne homosexuelle ? Y a-t-il quelque chose à voir qui nous permette de vivre
en communion avec elle, de partager ce qui fait la richesse et les
angoisses de toute vie : le pouvoir d'aimer et le besoin d'être aimé ?
C'est parce que je suis persuadé de cela que, depuis longtemps, je
sens en moi le besoin de faire partager cette aventure que fut la
mienne. Elle est loin d'être unique. Non plus exemplaire en tout
point. En existe-t-il seulement une ? Mais j'en sais la densité et le
prix. Elle a la caractéristique d'avoir été un jour amenée sur la
place publique par le biais des médias. Serai-je un guide fiable ?
Pour certains, nombreux, que j'ai déjà accompagnés, la réponse est
oui. Saurai-je correctement dire aux autres ce que j'ai « vu » et que
je ne peux pas ne pas faire partager ?

Mon but n'est pas de convaincre quiconque que je détiens seul
la vérité sur un sujet ô combien controversé. Il est de vouloir faire
entrer en dialogue fraternel des hommes et des femmes dont les
caractéristiques affectives sont différentes. Il est aussi de poser des
questions. Aux personnes. A la société. Aux Eglises. Il est encore
de montrer que l'exclusion est un mal dont les racines se trouvent
au plus profond de nous-mêmes, et qu'il ne dépend que de nous
de marcher vers la guérison. Il est enfin de dire ce que j'ai découvert très lentement de ce monde méconnu, ou plutôt mal connu,
de dire que je voulais assumer spirituellement et modestement le
destin de tous ces êtres déchirés, mal aimés et qui de ce fait, cari-
caturent leur vie et leur façon d'aimer. De demander à l'Eglise
pourquoi elle ferme les yeux devant ce monde qui lui fait peur ?
Il est de dire avec Mahomet : *« Choisis le voisin avant la maison et
le compagnon de voyage avant la route. »*

A soixante-six ans, je me reconnais porteur de larges fractions
d'humanité, de mondes divers qui ont été les miens, depuis mon
enfance jusqu'à aujourd'hui. Mondes fermés sur leurs certitudes,
monde clérical muré dans des exigences hors d'âge et souvent en
contradiction intérieure avec lui-même, monde de la misère et des
dépôts d'ordures, monde de la souffrance et de la maladie, notamment en cette fin de siècle avec le spectre du sida. Mais aussi monde
de la joie, de l'amitié partagée, de l'espérance. Monde rayonnant le
don de soi à travers le visage de l'amour, le service des plus déshérités.
Monde de la recherche de l'Autre, aimé ou rejeté au fil des ans.

Si je peux me permettre une image, je voudrais vous dire, à vous qui allez lire ces pages, venez avec moi sur ce fameux chemin qui descend de Jérusalem à Jéricho. Venez et voyez. Demandez-vous ensuite qui a été le prochain de ceux qui portent en leur chair la marque de l'homosexualité. Ecoutez ce qu'écrivait le frère René Voillaume, fondateur des Petits Frères de Foucauld : *« N'enfermons pas notre vie intérieure dans une oasis d'indifférence sous prétexte de préserver notre recueillement. Laissons-nous envahir par toute la souffrance, tous les désespoirs, tous les cris de détresse de l'humanité entière. »*

J'ai voulu commencer ce livre par un chapitre sur les émissions télévisées qui ont fait de moi un homme public, en particulier Agora, en 1984. Cet événement a été suffisamment important dans ma vie pour que je m'y attarde. Le récit de ma vie qui suivra en sera, je pense, mieux éclairé. On en verra peut-être mieux toute la préparation lointaine de l'homme, du prêtre, de l'homosexuel que je suis. Mais il est tout à fait possible de ne le lire qu'après le chapitre 5.

Certaines personnes citées dans ce livre n'ont pas vu d'objection à voir leur véritable nom figurer. Pour la majorité de ceux qui ont croisé, à un titre ou à un autre, ma vie et joué un rôle dans mon parcours humain et spirituel, j'ai utilisé des pseudonymes.

Que soient ici remerciés chaleureusement et fraternellement ceux qui ont bien voulu apporter leur témoignage sur ces années passées en leur compagnie. Je les cite par ordre alphabétique, tous ayant été, à des titres divers, aussi efficaces que moi dans ce que nous avons entrepris :

— Stéphane Boucheron
— Carl Fillion et Bernard (†)
— Jean-Louis Garcia
— François Laylavoix
— Jean-Marc et Laurent
— Jean Malet
— Jean-Pierre Schweitzer
— Dominique Touillet
— Michel
— Philippe
— Claude
— Les amis paroissiens de Bobigny, d'Asnières
— Ma sœur

1

Homo mediaticus

« *Il s'est dit ce soir beaucoup de choses fort intéressantes, mais il s'est dit aussi des énormités que je ne veux pas laisser passer en tant que prêtre et homosexuel.*

Je voudrais dire d'abord que la frontière entre le bien et le mal ne passe pas entre l'hétérosexualité et l'homosexualité ; elle passe pour chacun d'entre nous au milieu de notre cœur.

Je voudrais dire aussi, quitte à choquer quelques bien-pensants, qu'il y a en France des homosexuels chrétiens qui se regroupent, qui réfléchissent et qui revendiquent dans l'Eglise une place qui ne doit pas être secondaire, une place de seconde zone... Nous sommes des chrétiens à part entière et nous sommes des hommes à part entière dans toute la dimension de notre être... Et comme cela a été dit déjà, nous n'avons pas à être catalogués simplement comme des homosexuels. Nous sommes des personnes marquées par l'homosexualité, mais nous avons à faire nos preuves dans tous les autres domaines de la vie humaine. Nous avons à être présents à tous les combats de l'homme d'aujourd'hui. Et c'est là où nous serons crédibles dans toutes nos dimensions. »

Voici le texte de mon intervention à la fin de l'émission « Agora » sur l'homosexualité, diffusée le 28 mars 1984, sur FR3. Tout est parti de là. Moins de trente secondes pour crever l'écran et rejoindre des millions de téléspectateurs à la fin d'un débat où peu de gens eurent la possibilité de s'exprimer. Moins de trente secondes pour dire une parole qui, aujourd'hui encore, a touché le cœur de combien d'exclus de la société, de leurs familles, de l'Eglise. Moins de trente secondes pour que le prêtre, l'homme qui était encore un inconnu de tous devienne « incontournable » lorsque le fait homosexuel est abordé par les médias.

Me croirez-vous si je vous dis en toute sincérité que je ne l'ai pas cherché, encore moins désiré ? Que, malgré le prix que j'ai encore à payer pour cette démarche, je ne regrette en aucune façon de l'avoir fait. Tout au long des pages qui vont suivre, je vais essayer de vous dire que si cela est arrivé, c'est fondamentalement parce que, sur ce point comme sur d'autres, j'ai toujours eu, chevillée au corps et au cœur, l'exclusion et tout ce qu'elle traîne avec elle de souffrance, de misère, de mort. Ma seule référence est Celui qui n'a jamais prononcé une seule parole d'exclusion, Jésus-Christ, en qui j'ai mis un jour ma foi et à qui je ne l'ai jamais reprise.

Pourquoi et comment suis-je arrivé sur ce plateau tripartite entre la France, la Suisse et le Canada ? Vice-président et attaché de presse du mouvement David et Jonathan pendant plusieurs années, j'ai toujours essayé de m'exprimer par tous les moyens offerts pour faire progresser notre action. J'ajoute tout de suite que mon itinéraire personnel me permet des actions que la majorité des membres de David et Jonathan ne pourrait pas oser — à moins d'être suicidaire ! Agir, pour nous, c'est d'abord informer, se faire connaître. Ce rôle d'attaché de presse est devenu un rouage indispensable au dynamisme de notre mouvement depuis qu'au long des années il a pris progressivement sa place dans le paysage homosexuel français.

Je tiens à préciser que l'attaché de presse n'est en aucun cas celui sur lequel les copains se reposent pour toutes les interventions possibles... S'il est le lien avec les médias, le premier interlocuteur, sa mission, s'il y a urgence — et c'est souvent le cas — est de répondre présent face à l'événement pour lequel son intervention est sollicitée. Par contre, lorsque le temps le permet, il se doit d'en référer soit au président, soit au bureau, soit au conseil d'administration, qui décideront qui fait quoi, en fonction de la demande. Le fait que l'attaché de presse soit un prêtre ne facilite pas les choses. Mon intervention au Journal d'Antenne 2 le prouve. La journaliste a voulu me piéger sur le célibat, la chasteté... parce que je suis prêtre. Avec un laïc homosexuel, elle ne pouvait pas le faire. Je m'aperçois (à travers les réactions souvent douloureuses pour moi suite à l'émission Agora, comme à d'autres par la suite) que pour un prêtre, dire qu'il est homosexuel cela veut dire nécessairement qu'il pratique l'homosexualité...

« Agora »

C'est donc mandaté par le mouvement David et Jonathan que j'ai écrit, le 3 mars 1984 au réalisateur de l'émission Agora, la lettre qui suit :

> « *Monsieur,*
> *Nous avons appris qu'une émission sur l'homosexualité doit avoir lieu le 28 mars prochain, sur FR3, dans le cadre d'« Agora ».*
> *David et Jonathan, association qui regroupe des homosexuels chrétiens, est le mouvement homosexuel actuellement le plus important en France (une trentaine de groupes) et le plus ancien, car il a douze ans d'existence.*
> *Nous souhaiterions vivement être présents à cette émission.*
> *Veuillez croire, Monsieur... »*

« Télérama » annonçait ainsi les questions du débat : Quels sont les risques de l'homosexualité à visage découvert ? L'homosexualité affichée est-elle une sorte de provocation ? Comment vit-on son homosexualité selon le milieu social auquel on appartient ?

Le jour J arrive. En voici brièvement le déroulement et mes impressions du moment : — 12 h 15, gare de l'Est. J'arrive en avance, histoire de me rassurer. Je m'assieds tranquillement à la terrasse du buffet de la gare pour essayer de découvrir la physionomie des participants à l'émission qui doit avoir lieu ce soir en direct de Strasbourg, reliée par satellite avec le Canada et la Suisse. Ils et elles arrivent les uns après les autres... Pour certains et pour certaines, le doute n'est pas possible, ils ou elles seront sur le plateau d'« Agora ». Ce qui domine, c'est tout de même le style B.C.B.G.

13 h 17, en route pour Strasbourg. C'est en vain que j'ai attendu que Pierre Dumayet me fasse signe. Je voyais des gens plus favorisés être appelés pour discuter avec lui de l'émission. Je demandais à sa secrétaire si on ne m'avait pas oublié... « *Non ne vous inquiétez pas, vous allez être appelé.* »

18 h 30, arrivée à Strasbourg. Je me dis que la préparation de l'émission se poursuivra sur le plateau... et que là je pourrai peut-être... Nenni ! Vous connaissez la suite si vous avez suivi l'émission. Sachez seulement que je dus crier haut et fort (pendant que le

Canada était en piste) auprès de la secrétaire pour qu'enfin vers 22 h 30 on me donne la parole pour trente secondes : « *Monsieur le curé !...* »

Que retenir de cette émission où environ soixante-dix personnes représentant assez fidèlement la physionomie du monde homosexuel français de l'époque étaient rassemblées ?

Le mouvement David et Jonathan était présent.

Mon intervention en fin d'émission m'a permis d'éviter les questions pièges (dont je serai assailli par la suite...) auxquelles il est difficile de répondre en quelques minutes.

L'impact de ma très brève intervention m'étonna. Dès la fin de l'émission, au cours du lunch qui suivit, je fus littéralement assailli par un grand nombre de participants de tous bords, venus me dire leur satisfaction, et combien ils se reconnaissaient dans ce que j'avais dit. Hélas, par la suite les réactions furent beaucoup plus négatives, mais ceci est une autre histoire...

Cette rencontre et les nombreux contacts que j'eus ce soir-là, et durant toute la durée du voyage retour, me confortent dans la conviction que nous manquerions à notre mission si nous étions absents de ce monde-là. Le partage, l'amitié, la solidarité, la recherche d'un amour vrai, etc., n'est-ce pas le plus sûr chemin, et le seul, pour atteindre les Béatitudes de l'Evangile ?

Je remercie les amis et amies de David et Jonathan, et quelques anonymes qui m'ont manifesté leur soutien et leur amitié à la suite de l'émission. Cela m'a donné chaud au cœur et me permet d'affronter les retombées négatives qui n'ont pas manqué de se produire et qui continuent jusqu'à ce jour.

Mais il n'y eut pas que des anonymes à réagir. Yves Thorez dans « Nord Eclair » du 30 mars 1984, titrait son billet d'humeur : « Homosexualité ; la peur ou l'amour ? » J'en cite quelques passages :

> « *Un premier constat s'impose : les homosexuels sauront qu'ils vivent libres dans un monde libre quand une émission sera consacrée aux problèmes posés par l'hétérosexualité et que le public l'abordera avec les mêmes réticences. Ou mieux encore, quand on cessera de faire de l'homosexualité un sujet de débat...*
> *On ne niera pas pour autant l'intérêt d'une telle soirée. Tant il est*

vrai que nous n'avons peur, en fin de compte, que de ce que nous ignorons et que tout ce qui contribue à couvrir nos connaissances devrait dans le même temps élargir le champ de notre intelligence. La vraie, s'entend : celle du cœur...

Par quel tour de force dialecticien trouverait-on la condamnation, dans l'Evangile, des homosexuels en particulier, et de tous ceux que nous craignons en général ? Quelle autre condamnation y trouverait-on que celle du manque de générosité et de l'hypocrisie ? Que celle du manque d'amour ? De la prépondérance de l'argent ?

Chrétiens habités par celui qui est venu apporter le feu sur la terre, il faudra bien nous résoudre un jour à brûler nos certitudes humaines si nous voulons accéder à cette folie divine qu'évoque Paul.

L'homosexualité, un bon sujet de débat ? Je ne sais pas. Mais une invitation à avancer encore sur le chemin de la découverte, de la réflexion, de l'accueil, de l'amour ? A coup sûr... »

De son côté, l'écrivain Michel del Castillo, dans le numéro 182 de « Panorama » paru le 8 mai 1984, intitulait sa Parole en Liberté : « La Chair et l'esprit. » J'en cite quelques extraits. *« Le Bien et le Mal »*, déclarait avec assurance cette dame, de toute évidence persuadée que le christianisme, dont elle se réclamait publiquement devant les caméras de la télévision à l'occasion d'un oiseux et interminable débat sur l'homosexualité, que le christianisme donc consistait en cette stricte connaissance de la loi. En voilà une qui n'eût certes pas renvoyé la femme adultère sans lui faire lourdement sentir le poids de sa faute ! Combien de chrétiens en sont demeurés, par peur obscure de leurs peurs, par aversion de la chair, à ce pharisaïsme vertueux — sans que je donne au mot la moindre connotation péjorative !

... Qu'il y ait aujourd'hui des églises dans l'Eglise, ou plutôt que les églises redeviennent, par le poids des choses, des communautés soudées par la foi : cette émission le démontrait une fois encore quand, répondant à cette fervente de la loi, un homme se levait pour déclarer simplement : « Je suis prêtre et je suis homosexuel. » De cet homme dont j'ignore tout, je me sentais combien plus proche que de ceux qui, se drapant dans la toge des juges, fouillaient dans le Code. Car il n'ignorait pas que le mal existe, refusant seulement de le mettre là où il ne se trouve pas exclusivement. Il était d'ailleurs mieux placé que quiconque pour connaître les difficultés, les souffrances d'une minorité.

... Sur les homosexuels, pour en revenir à cette émission, un chrétien n'aurait rien à dire, s'il ne partage pas leur désir. Il n'a pas davantage à les interroger sur leur aptitude ou non à se montrer fidèles. Qui nous érige en juges d'autrui ? Non, la seule question que des chrétiens pourraient leur poser, s'ils vivaient leur foi dans la force et dans la paix, serait : « *Comment pouvons-nous vous aider à vivre avec nous ?* » Il ne s'agit pas de les tolérer, de les accepter, de les considérer avec un regard de miséricorde ou de compassion, mais de les accueillir et d'apprendre d'eux comment ils vivent l'amour, quelles difficultés ils rencontrent. De les regarder à hauteur d'homme, de leur parler de même, sans biaiser, sans baisser la voix comme s'ils étaient des infirmes, sans leur faire des sourires de clinique ou de couvent. De les tirer ainsi du ghetto. « *Tu es homosexuel ? Bon. A part ça, que fais-tu pour tes frères ? Quel travail te sens-tu capable d'accomplir pour la communauté ? Quelle expérience singulière possèdes-tu qui puisse nous élargir ?* »

A la suite de cette émission un énorme courrier me fut adressé, dans lequel je trouvais le meilleur et le pire. Ce qui m'a le plus peiné, c'est que l'abbé Pierre fut personnellement mis en question dans certaines de ces lettres, comme s'il était directement en cause ! Au sein même d'Emmaüs, il y eut une sorte de levée de bouclier provenant d'une infime minorité de ce que l'on appelle, dans la galaxie Emmaüs, « Les Amis d'Emmaüs. » Ce sont des gens qui consacrent une grande partie de leur temps libre pour aider les communautés à se créer et à se développer. J'avoue que ceux qui se sont ainsi manifestés font partie de ce que j'appelle « les catho-coincés. »

Le 2 mai 1984, le président du Comité National des Amis d'Emmaüs envoyait cette lettre aux membres du conseil d'administration : « *Chers amis, l'abbé Pierre m'a fait parvenir, en son temps, copie de sa lettre du 15 avril dernier aux membres du conseil d'administration, relative à l'incident causé par la déclaration télévisée de l'abbé Jacques Perotti du 28 mars dernier. A cette lettre, il a joint copie de sa lettre du 14 du même mois, qu'il m'adressait personnellement. Comme suite à notre échange de vues du 14 avril dernier à ce sujet, je crois devoir vous envoyer copie de ma réponse en date de ce jour à l'abbé Pierre.* »

Voici la teneur de cette lettre :

« *Mon ami,... sur un point je ne peux pas ne pas tenter de faire une clarté (laissant pour après la question, toujours si délicate et grave, d'opportunité, de silence même devant l'injustice, qui est aussi une interpellation à nos responsabilités d'enfants de Dieu) Quelle clarté ? Simplement celle qui exige de ne pas réagir comme si avait été dit autre chose que ce qui a été dit. Père Jacques a dit : "Je suis prêtre et homosexuel." C'est-à-dire, en clair, afin que le oui soit oui, et que le non soit non, qu'il n'a pas dit "Le fait de me découvrir tenté de désordre de cette façon (tant comme le plus grand nombre se trouvent tentés de désordres graves, aussi graves, en rapport avec l'autre sexe), fait que, me découvrant ainsi, je me livre à ces tentations". Pas un mot de lui ne peut être traduit en ce sens.*

... Ce qu'il a à bon droit réclamé, c'est que cessent ces mépris, ces insultes, ces refus de voir (au-delà de ce point qu'ils n'ont pas choisi !) tous les dons de soi, toute l'humble recherche d'Adoration et de service de tous les souffrants auxquels ils doivent pouvoir, comme tout autre, se vouer.

... L'exclusion de nos frères et sœurs, porteurs de cette épreuve, leur exclusion des responsabilités de service serait une injustice. A personne à Emmaüs je n'imposerai de risquer persécution en défendant le droit de ceux-ci à servir comme quiconque. »

Ce même 2 mai, A. J. écrivait à l'abbé Pierre :

« *Mon Père, j'ai bien reçu en son temps copie de votre lettre... relative à l'émotion causée, chez certains d'entre nous, par la déclaration publique de l'abbé Jacques Perotti de son état de "prêtre et homosexuel" lors d'une émission de télévision du 28 mars 1984... Je voudrais vous rappeler les causes de cette émotion profonde que j'ai ressentie en apprenant l'intervention de l'abbé Perotti.*

Sans doute soulignez-vous à juste titre que notre ami — car il le reste — n'a pas indiqué expressément qu'il passait à l'acte, pour employer la terminologie courante. Mais comment, pour l'opinion publique, ne pas considérer que l'affirmation par quelqu'un de son homosexualité comporte, peu ou prou, la pratique des actes homosexuels. D'autant plus "qu'il arrive assez souvent que des sujets aient une homosexualité compulsive et soient incapables de s'abstenir d'actes sexuels" (cf. article du père Thévenot "Les Homosexualités", dans "Les Etudes" de mars 1983). Et le père Jacques continue de poser question lorsque, parlant des homosexuels, il dit "nous", s'intégrant ainsi parmi eux. Or il est indéniable que pour l'homme de la rue, l'homosexuel est celui qui vit non seulement en pulsions mais en actes son homosexualité ! Une déclaration plus nuancée eût été préférable.

... Dans la conclusion de son article précité, le père Thévenot, professeur de théologie morale à l'Institut catholique de Paris, déclare : "La pratique homosexuelle est toujours perçue comme un désordre dans la Création. Il n'est donc pas conforme au message biblique de considérer l'homosexualité comme une simple variante de la sexualité." Tout cela, l'abbé Jacques Perotti ne l'a pas dit le 28 mars dernier. Un prêtre, digne de foi, qui a suivi cette émission, me disait sa tristesse d'avoir constaté qu'il y fut moins question de partager les souffrances des homosexuels que d'exalter — à tout le moins de normaliser — l'homosexualité, et que le message délivré fut globalement mensonger. »

Que disait l'abbé Pierre dans sa lettre du 15 avril 1984 ?

« Mes amis, A. J. est venu, voici quelques jours, me parler de ce qui, je l'apprends ce matin, a été évoqué, en fin de votre réunion d'hier. Après notre entretien (resté bien peu ouvert), j'ai, en priant, écrit cette lettre. Elle n'était d'abord destinée qu'à notre ami. Désormais, et sûrement c'est beaucoup mieux, je ne peux faire autrement que de vous la communiquer à chacun. Ainsi que le texte littéral de ce qu'a dit le père Jacques. J'ajoute, si cela peut aider chacun à aller plus profondément dans la recherche de l'attitude vraiment évangélique, face à ces sortes de souffrances, quelques pages d'un petit livre, préfacé par deux de nos évêques, auquel j'aime recourir en ces sortes d'interrogations. Il peut nous aider tous... Le temps présent (et ce peut être grâce) nous contraint, en tout, à dépasser des attitudes ou des jugements (souvent si superficiels) auxquels nous étions accoutumés. Et cela non pas pour un "laisser-aller" ! mais pour, en tout, se faire, pour les croyants, plus témoins authentiques de Dieu, avec l'Infini du Mystère de sa Personne, et ses actes et ses paroles. »

Votre humble frère. Abbé Pierre.

Il a été fait mention à deux reprises du livre « Sexualité et vie chrétienne » préfacé par deux évêques, relatif au comportement de compréhension et d'accueil que le chrétien doit avoir vis à vis de l'homosexuel. Par honnêteté intellectuelle, j'en cite quelques courts extraits.

« L'Eglise catholique ne saurait donc modifier son jugement théologique sur l'homosexualité qui perturbe en profondeur les rapports entre homme et femme, et, par là, le rapport de la créature avec Dieu. Mais ses membres doivent s'efforcer de rectifier leurs attitudes et se montrer plus accueillants pour les personnes homosexuelles. Outre qu'elle ne correspondrait guère aux attitudes du Christ à l'égard des personnes marginalisées par les bien-pensants de son temps, une trop grande sévérité pourrait être le reflet d'une certaine mauvaise foi.

... Si quelqu'un condamne son frère homosexuel, ce peut être une façon de masquer des difficultés, le plus souvent inconscientes, au détriment de la lucidité sur soi-même et du respect de l'autre. Pas plus que quiconque la personne homosexuelle n'a à être jugée sur son seul comportement sexuel. La dimension sexuée et la manière de l'intégrer ne sont que des composantes de la personnalité. Celle-ci est riche de beaucoup d'autres dons et capacités qui peuvent s'exprimer dans une vie relationnelle et dans des engagements professionnels et sociaux.

... Tout en refusant les exclusions de l'entourage, les personnes homosexuelles ont à vivre ces deux grandes réalités chrétiennes que sont pardon et humilité. Elles sont invitées, comme tous ceux qu'interpelle l'Evangile, à exercer l'amour du prochain et à se sanctifier en cherchant à donner sens à cette limite que représente l'homosexualité. Si elles le tentent loyalement, on ne voit pas au nom de quoi des prêtres pourraient leur refuser, plus qu'à d'autres, l'accès aux sacrements.

... Quelles qu'aient été les attitudes passées, il faut reconnaître que l'accueil de ceux qui vivent cette situation n'est jamais facile. Il suppose de part et d'autre des cheminements : de la part des uns, pour ne pas traiter les autres comme des anormaux dont il conviendrait d'abord de se méfier ; de la part des autres, pour surmonter les handicaps et les exacerbations de leur sensibilité, afin de s'ouvrir au dialogue. »

Je parlais plus haut du prix à payer pour mon intervention. Pour anecdotique qu'elle soit, mais combien exemplaire de celles que j'ai eu à affronter par la suite, voici la réaction du curé du village aveyronnais, berceau de ma famille maternelle.

Le 8 août 1984, un peu avant 9 h, je m'apprête à aller concélébrer avec lui une messe pour l'anniversaire de la mort accidentelle d'un jeune homme de vingt ans dont je connais très bien les parents. Après les amabilités d'usage, il me propose, gêné, d'aller célébrer la messe au domicile de ma mère qui est fatiguée. Même proposition pour le dimanche suivant et le 15 août... J'ai même droit, en prime, à une bouteille de vin de messe ! Après ce contact rapide et combien inattendu, un certain nombre de questions jaillissent. Ma sœur Mitou me dit que mon intervention à l'émission Agora a fait quelque bruit, et suscité des réactions ou favorables ou très hostiles. Alors, lien de cause à effet ? J'ai la réponse vers les 10 h, après être allé faire une promenade avec ce fidèle compagnon qu'était mon chien Olaf : le curé a téléphoné et veut me voir : « *Excusez-moi pour tout à l'heure, je n'avais pas le temps...c'est difficile à dire... il y a quelques paroissiens... enfin... qui vous connaissent bien... ils savent que vous avez quitté l'Eglise pendant de nombreuses années... on a parlé d'homosexualité... et j'ai même eu des critiques quand après ces années, ayant repris votre ministère sacerdotal, vous êtes revenu au Nayrac et que je vous ai laissé célébrer la messe... Mais là, je vous ai défendu : "On doit se réjouir que l'abbé Perotti soit de nouveau prêtre... enfin tout de même !" Depuis, il y a eu cette fameuse émission à la télévision, ça a été un vrai scandale. Oser dire en public que vous êtes prêtre et homosexuel ! Moi, je ne l'aurais jamais fait ! Alors, Monsieur le curé, m'ont-ils dit, ça veut dire que l'Eglise accepte tout ! Nous ne voulons plus le voir célébrer la messe au Nayrac.* »

Je ne saurai jamais les menaces qui ont été brandies à cette occasion. Et Monsieur le curé de poursuivre : « *Vous comprenez, me voilà bien embarrassé... Oh ! je ne vous juge pas, je n'en ai pas le droit. Je suis pécheur comme vous. Mais enfin, vous vous rendez compte ! Alors je suis allé voir l'évêque et ses collaborateurs... On a discuté un bon moment pour trouver une solution... L'abbé Jacques Perotti, il ne s'agit pas de le juger... Il fait du bon travail auprès de l'abbé Pierre. Mais tout de même, avait-il besoin d'aller dire ça à la télévision ! Il pouvait dire qu'il accompagne des homosexuels chrétiens... Voilà, vous allez lui conseiller, vu l'état de sa mère, de célébrer la messe à domicile...* »

Quel exemple parfait de la langue de bois ecclésiastique ! S'il n'existait pas, il faudrait l'inventer. J'ai appris le jour même que ma mère continuait d'aller à la messe tous les vendredis et dimanches, et sans difficulté majeure, d'autant qu'elle n'a que vingt mètres à faire pour se rendre à l'église ! Le dialogue fut donc tout sauf facile. J'avais en face de moi quelqu'un qui, visiblement, ne comprenait pas grand-chose au problème. Il n'avait pas vu l'émission, pas plus d'ailleurs que cette personne aux responsabilités importantes dans le mouvement Emmaüs, dont j'ai eu à subir les attaques.

« Monsieur le curé, je comprends la réaction d'un certain nombre de vos paroissiens... je comprends l'intolérance lorsqu'elle est la conséquence de l'ignorance. On ne connaît pas le problème, alors il fait peur, et il y a rejet. Mais je ne peux, en revanche, accepter que l'on cautionne l'intolérance, qu'on lui donne raison, et surtout que l'on ne profite pas de ce fait qui pose effectivement question pour faire réfléchir, pour éclairer les consciences, faire comprendre que l'homosexualité n'est pas un mal en soi, mais une différence que l'on peut comprendre et accepter. Qu'avez-vous fait pour cela, père ? Je vous renvoie à votre conscience d'homme et de prêtre. Vous êtes responsable de cette communauté. » — Non, non, c'est l'évêque le responsable. — Ne vous servez pas de votre évêque comme paravent... Le problème, c'est vous qui l'avez posé à l'évêque... vous avez accepté la solution, et sans doute l'avez-vous proposée vous-même. A vous de voir comment vous allez faire avancer le Royaume de Dieu dans tout cela, et annoncer l'Evangile.... Pour le moment, on nage en plein pharisaïsme. Nous, les bons, nous restons ensemble... et celui qui est jugé mauvais, impur, infidèle, il faut l'exclure.

Au nom des chrétiens et des prêtres homosexuels, je ne peux pas accepter cela. Je connais trop maintenant, par des confidences répétées, la souffrance, l'incompréhension, le rejet d'un certain nombre d'entre eux. Le rejet, ça existe. La preuve ! La persécution est toujours présente. Il y a eu des centaines de milliers d'homosexuels exterminés dans les camps nazis, les exécutions en Iran. Et il y a toujours cette persécution larvée, sournoise qui, même en France aujourd'hui, brise des vies humaines, des vocations religieuses et sacerdotales.

Voyez-vous, Monsieur le curé, ce fait nouveau me fait prendre davantage conscience de l'immense travail qui reste à faire au niveau des consciences et au niveau des institutions Eglises et sociétés. C'est pour cela que je milite au sein du mouvement David et Jonathan. Nos armes ? L'Evangile du Christ, la prière, la réflexion sur la qualité de notre vie homosexuelle. Nous sommes homosexuels. Que signifie cela pour Dieu, pour nos vies ? N'est-ce pas une Parole de Dieu dans nos vies ? Notre action ? La solidarité vécue entre nous, des réunions d'amitié et de réflexion, et chaque fois que possible, le dialogue qui interpelle l'Eglise et la société pour que la vérité se fasse, qu'elle progresse, pour que nous puissions vivre et aimer tels que nous sommes et tels que Dieu nous aime. »

Cette rencontre se termina sur le terrain de la morale et du péché :

« Peut-être n'êtes-vous plus homosexuel... Nous sommes tous pécheurs... — Monsieur le curé, je ne sais pas si vous êtes homosexuel ou hétérosexuel, et si vous êtes hétérosexuel, je n'en conclus pas que vous mettez une femme dans votre lit le soir ! Je suis homosexuel, et croyez-moi, je ne l'ai pas choisi ! C'est une réalité personnelle que j'ai dû assumer dans la liberté. Croyez-moi, je l'ai payée cher, très cher. »

Comme par hasard, la haine et le mépris ont été le plus fortement exprimés par des personnes relevant de la tendance « traditionaliste ». Ils se sont manifestés publiquement. Je ne me sens aucunement tenu à une quelconque réserve à leur égard. C'est ainsi que Pierre Debray, dans sa « Lettre hebdomadaire » m'a condamné, et a condamné les homosexuels sans appel. Les moines de l'abbaye bénédictine du Barroux, récemment ralliés à l'Eglise de Jean-Paul II après avoir sucé le lait intégriste de monseigneur Lefèvre, ont montré un acharnement hors du commun qui s'est traduit, au fil des ans, par la constitution de dossiers transmis au Vatican. Ces derniers ne concernaient pas que les prêtres et évêques français soupçonnés d'être homosexuels. Tout ce qui, à leurs yeux, sentait le soufre, était dans leur collimateur... La dernière victime en date fut monseigneur Gaillot. « Les chiens aboient, la caravane passe. »

Permettez-moi de terminer « l'événement » Agora par ces quelques lignes d'une amie :

« Pourquoi des paroles aussi vraies, aussi respectueuses de l'autre, soulèvent-elles autant de colère ? Et le plus injuste, c'est que c'est toi que l'on montre du doigt, qu'on accuse parce que, plus que nous, tu as montré du courage. »

(Mireille)

Cette première émission Agora a été le point de départ de plusieurs prestations à la radio, dans la presse écrite et au petit écran. Le 25 avril 1989, j'étais sur le plateau de « Stars à la barre ». Le 20 mars 1990, Christophe Dechavanne me recevait dans son émission « Ciel mon mardi », consacré à l'homosexualité. Il me reçut à nouveau pour une émission sur l'Eglise, et enfin pour la remise du « Ciel d'or » que je partageais avec monseigneur Gaillot et l'abbé de la Morandais. Qui allait emporter ce « trophée » chez lui ? Monseigneur Gaillot déclara : « *Ce ciel d'or, je le confie à Jacques Perotti... Qu'il continue sa mission...* » L'abbé de la Morandais termina l'émission en déclarant avec quelque relent d'autosatisfaction : « *Je suis entouré de deux prêtres qui écrivent dans la marge... Moi, j'écris en pleine page blanche !* »

J'étais présent à nouveau le 25 février 1992, sur la 5, dans « Histoires vraies ». Et enfin, Mireille Dumas m'interviewait dans son émission « Bas les Masques », du 1er juillet 1993. Enumérer les articles de presse serait fastidieux. Ils furent publiés dans des journaux allant de « Gai Pied » à « La Croix », en passant par des magazines espagnols, allemands, etc. sans oublier tout ce qui s'est écrit à propos du livre du jésuite américain viré de l'Eglise : « Les exclus de l'Eglise », publié en 1993 aux éditions Filipacchi.

Mais je ne fus pas seulement sollicité par l'Hexagone. Des télévisions étrangères m'appelèrent pour participer à des émissions variées, mais toutes orientées sur ce même thème : christianisme et homosexualité. Je cite pour mémoire, la télévision italienne (R.A.I.) venue à Bonneuil en 1990, la télévision mexicaine en 1993, la télévision uruguayenne, en avril 1993 une chaîne américaine. Sans oublier que nombre de pays reçoivent T.V.5., et de ce fait, ont pu suivre plusieurs émissions diffusées en France. Les réactions de téléspectateurs étrangers ne manquent pas.

Histoires vraies

Un débat sur l'homosexualité fut programmé le 12 février 1992, sur la cinquième chaîne. Il était animé par Marie-Laure Augry et Paul Lefèvre. Je ne reviendrai pas sur le contenu de cette émission. Il me paraît plus important de relater ce qu'elle a provoqué après coup.

Le 15 février 1992, je recevai cette lettre d'une communauté Emmaüs de la région parisienne :

> « *Monsieur, c'est la troisième fois que vous vous mettez en avant auprès des médias nationaux, en affirmant votre homosexualité sous la houlette de notre fondateur, l'abbé Pierre. Vous affichez en plus, à la boutonnière, un insigne Emmaüs-France. Nous sommes scandalisés. Marginalisés avant d'entrer à Emmaüs, nous allons l'être maintenant par votre attitude. Vous avez le droit, seulement en votre nom, de faire ce que vous voulez. En conséquence, nous demandons, par copie de cette lettre à l'abbé Pierre, à Emmaüs-International et à Emmaüs-France, de vous retirer toutes fonctions et responsabilités à Emmaüs.* »

Cette missive était une pétition signée par une vingtaine de compagnons. Elle témoigne à l'évidence que les signataires ne connaissent ni ma vie ni mon itinéraire. Comme beaucoup, ils réduisent ma personne à cette particularité affective et sexuelle, certes importante, mais qui ne m'a pas empêché d'être depuis plus de dix ans au service de l'abbé Pierre et d'Emmaüs. Si je suis intervenu si souvent à la télévision, c'est pour aider les gens à réfléchir et à découvrir ce qu'est réellement une personne homosexuelle, sa souffrance devant le rejet et l'exclusion. Et cela m'attriste de constater qu'il puisse s'opérer des choix dans l'exclusion.

Lors de sa réunion du 24 février 1992, le bureau d'Emmaüs-France a pris connaissance de cette lettre me concernant. Il a estimé que si des personnes sont en désaccord avec ma participation à cette émission de télévision, étant connu comme secrétaire de l'abbé Pierre, et portant l'insigne d'Emmaüs-France, ils sont en droit de m'exprimer leur désaccord. Mais demander mon exclusion pour la raison évoquée ne leur semble pas recevable. Ils savent que j'ai toute la confiance de l'abbé Pierre, parfaitement au courant de la situation, même s'il a toujours manifesté une sorte d'aversion vis-à-vis de l'homosexualité masculine, alors qu'il était beaucoup plus ouvert au fait de l'homosexualité féminine. Ce qui ne l'empêcha pas de me dire un jour : « *Tu m'as beaucoup appris sur l'homosexualité.* » Une des caractéristiques de l'esprit Emmaüs, c'est de relever le défi et de demeurer accueillant aux exclus.

Depuis plusieurs années, l'abbé Pierre et moi-même allions à la communauté d'Emmaüs d'Esteville, en Normandie. En 1964, avec sa secrétaire Mademoiselle Coutaz, il avait ouvert cette communauté pour accueillir des vieux compagnons. Très vite je fis partie du conseil d'administration et devins même le vice-président de l'association. Or, après l'émission « Histoires vraies », la tempête souffla sur Esteville. Le responsable me fit comprendre que je devais donner ma démission. A la réunion du conseil d'administration, il fut fait mention de mon intervention que l'on me reprocha vertement. Je fus donc exclu. Voici ce que j'écrivais à l'attention de ses membres le 8 avril 1992 :

> « Puisque vous avez cru nécessaire de reproduire dans le compte rendu du C.A., votre communiqué me concernant, je me sens obligé de vous préciser ceci : je trouve assez triste que des chrétiens formulent de tels propos. Vous m'avez condamné sans m'entendre, sans qu'aucun dialogue ait pu avoir lieu. D'ailleurs le souhaitez-vous réellement ? Vous vous abritez derrière votre vertu... vous avez la Vérité. Cela me fait penser très fort à l'attitude des Scribes et des Pharisiens de l'Evangile... et cela me rend triste ! J'ai rencontré beaucoup de gais qui essaient humblement de suivre le Christ à travers leur homosexualité. Eux aussi font partie du Peuple de Dieu. Votre attitude me confirme que le combat de libération doit continuer plus que jamais. "Le Dieu qui a peur de mon désir ne mérite pas d'être mon Dieu." (père Jacques Leclerc). Priez pour moi. »

De son côté Emmaüs International a pris le 26 mars 1992 la position suivante :

> « Suite au courrier du 15 février 1992 que vous avez envoyé à Emmaüs-International et qui concerne la présence de Jacques Perotti dans des émissions de télévision, le comité exécutif d'Emmaüs-International souhaite vous faire connaître son avis.
>
> Jacques Perotti est un ami. Beaucoup savent combien sa présence auprès de l'abbé Pierre est importante, et il a toute la confiance du comité exécutif. C'est vrai qu'il peut paraître utile de parler avec Jacques Perotti de ses interventions publiques en se réclamant d'Emmaüs. Mais quand on lui demande "ses fonctions", il est normal qu'il dise "secrétaire de l'abbé Pierre". Mais votre lettre soulève un autre problème : c'est celui de l'intervention des compagnons. Il y a, à notre avis, une réelle question qui appelle un échange au sein même

d'Emmaüs-France. De telles pratiques (en particulier les motions) peuvent créer de sérieux problèmes. »

Le point final du débat fut apporté par l'abbé Pierre dans la lettre qu'il m'adressait le 11 avril 1992. En voici quelques extraits :

« ... Je suis témoin, depuis plus de dix ans, du nombre de personnes qui t'ont été adressées par des directeurs spirituels et des supérieurs religieux, et pour qui tu fus vrai secours. Lorsque, un soir à la télévision, tu répondis à la question, peut-être insidieuse : "Vous, comment vivez-vous ? — Je vis comme l'Eglise me le demande", tu as, ce jour-là, fait beaucoup pour l'accomplissement, dans la claire vérité, de ta lutte pour le respect des humains entre eux. Que de fois ai-je souffert avec toi des désespoirs et des agonies qui étaient ton partage.

... Comme Emmaüs-France, je désapprouve farouchement le procédé amenant à des déclarations publiques de compagnons en communauté — "Tu signes ? ou non ?" — En cette situation, qui pourrait dire "Je ne signe pas", sans être, ouvertement ou traitement, considéré comme étant lui aussi "comme ça" ?

... Ceci étant dit (et, je l'espère compris par tous ceux qui veulent bien me garder leur affection alors que je ne me sens plus capable de partager en actes leurs travaux), je me dois de te demander, Jacques, pour la cause même pour laquelle tu agis, (qui n'est et n'a jamais été, à ma connaissance, un prosélytisme — le prétendre est révoltant mensonge) de considérer à l'avenir, comme à la fois sans utilité pour ta mission et source de trouble (la société étant ce qu'elle est) de donner d'autre réponse, si l'on t'interroge sur ton travail, que : "J'assume un secrétariat social ouvert à toute souffrance."

... Tu sais comment, parmi la multitude de tous ceux qui donnent leur vie aux autres, toi, Jacques, me resteras toujours présent en mon cœur dans l'effort de chaque jour pour essayer d'être encore servant, offrant, adorant.

Ton frère blessé avec tous les blessés. »
Abbé Pierre

Bas les masques

« Avec intérêt et émotion j'ai suivi, mardi 1ᵉʳ juin 1993, TV F2, le témoignage de votre cheminement. Veuillez également transmettre à l'abbé Pierre mes sentiments respectueux. Union de prière. Signé :

Pierre Seel, né le X août 1923 à Y. Arrêté et torturé. Violé par les nazis de Mulhouse en mai 1941. Interné camp de concentration allemand de Vorbruck. Déporté non reconnu à ce jour. »

Que de choses dites en peu de mots dans ce télégramme reçu le 2 juin 1993, au lendemain de l'émission « Bas les Masques » de Mireille Dumas, consacrée à la solitude affective imposée aux prêtres, et à laquelle je participai en tant qu'invité principal. Je ne vais pas revenir sur ce qui s'est dit ce jour-là. Je constate seulement que les réactions qui me sont parvenues deviennent de moins en moins négatives. En en citant quelques-unes, je n'ai pas l'intention de faire de l'autosatisfaction à peu de frais. J'y vois surtout, en filigrane, d'authentiques questions.

> « *Toujours égal à toi-même : sobre, pertinent, respectueux de l'autre, mais touchant les vraies questions.* »
>
> (un ami)

> « *J'ai eu des échos de gens à principes qui ont apprécié ta franchise et surtout la profondeur de tes interventions.* »
>
> (un prêtre)

> « *Votre ministère doit être important pour ceux qui se sentent délaissés. Pouvoir dire que le Seigneur nous aime tous.* »
>
> (un couple)

> « *Félicitations pour avoir osé être vrai. Souhaitons que d'autres se sentent encouragés à vivre pleinement le don de Dieu : l'Amour. Que d'autres encore apprennent la tolérance. Beaucoup de parents savent ce que cela veut dire. Souhaitons enfin que l'Eglise, à son tour, ose soulever un coin du voile qui l'éloigne des réalités du monde.* »
>
> (un couple)

> « *Les problèmes que vous avez soulevés vous placent, je n'en doute pas, en porte-à-faux vis-à-vis d'une Eglise qui, comme vous le disiez si justement, a du mal à évoluer, mais aussi vis-à-vis d'une opinion publique pas toujours compréhensive. Mais l'éducation chrétienne que j'ai pu recevoir, et la manière dont j'ai pu l'interpréter, me disent à quel point votre pensée est proche de la vérité.* »
>
> (un professeur)

« *Je vous ai entendu à la télévision, la semaine dernière, et j'ai vu enfin, avec joie, le véritable visage de l'Eglise, pas celle des mitres et du bazar, mais celle des hommes — les vrais — avec leurs difficultés et leurs problèmes. Merci pour cette merveilleuse émission.* »

(un prêtre marié)

« *... C'est à cette époque-là qu'une chaîne de télévision retransmit un entretien entre une journaliste et un prêtre qui affirmait et défendait son homosexualité. C'est ainsi que je fis la connaissance de Jacques Perotti. Qu'il me fût d'emblée ou non sympathique importe peu. Je fus, dès l'abord, saisi par le courage de cet homme qui savait, par expérience, les risques qu'il prenait en se dévoilant sur un plateau de télévision. Et c'est précisément parce qu'il les avait trop bien expérimentés qu'il s'exposait une nouvelle fois pour les dénoncer. Je ne tardais pas à me reconnaître dans ses propos : ils ne contenaient aucune acrimonie ; ils exprimaient toutefois avec insistance une revendication claire, celle d'exister. Son devoir de réserve, il l'exerçait, mais il exigeait qu'on lui accordât le droit de ne pas vivre mutilé. Alors qu'il assumait avec fierté son sacerdoce, on contrariait sa vocation spirituelle, on la remettait en cause parce qu'il prétendait plus de disposition et de dévouement aux autres quand son être, dans toutes ses dimensions, trouvait à s'épanouir. Il réclamait la reconnaissance de l'œuvre de Dieu dans les affirmations de son corps comme dans les manifestations de son esprit. Il y avait dans sa protestation la réponse à mes questions. Au moment où je sombrais dans l'impasse que constituent les questionnements dans lesquels ne sont perçus que des chefs d'accusation, la Providence se révélait-elle ?* »

(Michel, père de famille découvrant son homosexualité)

Toujours par souci d'honnêteté intellectuelle et d'objectivité, voici *in extenso* une lettre reçue le 10 août 1993. Elle est pour moi un morceau d'anthologie dont les outrances doivent amener à réfléchir :

« *Monsieur, bien reçu votre courrier qui n'est pas une réponse aux problèmes soulevés par ma lettre puisqu'il s'agit d'une sorte de circulaire aux interlocuteurs. En tout cas, pas une réponse aux 3 % de protestataires que vous voulez bien reconnaître. Mais une nouvelle manifestation de votre autocontentement. En toute conscience, je ne peux m'associer à cette célébration. Je vous redis donc mon désaccord avec les sophismes que vous développez dans votre pratique. Tant que vous ne les aurez pas justifiés ou abandonnés, je ne vois pas comment vous pourriez être en phase avec votre conscience.*

Opportune, importune (mots latins soulignés par l'auteur de la lettre), je vous redis donc qu'un prêtre homosexuel est doublement déviant : par l'exercice d'une sexualité anormale, par l'exercice d'une sexualité renoncée. L'apostolat des invertis ne peut se concevoir que comme une aide, un renoncement, et non une justification. Il est aussi absurde de parler des valeurs de l'homophilie que de celles du nanisme, de la scoliose ou du bégaiement. Les récentes hypothèses génétiques montrent qu'il s'agit d'une anomalie. Contrairement à des affirmations lénifiantes, l'homosexualité peut être acquise par l'exemple et l'incitation. Il y a donc une énorme menace de perversion. L'attitude de sujets normaux sexuellement doit être d'humilité (j'aurai pu dévier aussi), de compréhension (quelle épreuve pour qui en est victime), mais aussi de lucidité (refus de prendre des vessies pour des lanternes).

Quand pourra-t-on canoniser un inverti vraiment chrétien ? Il est voué à la chasteté pour rejeter l'inavouable. Vous n'êtes sûrement pas le bon sujet sur ce point. Je vous souhaite plus de lucidité, de bonne foi et d'humilité. »

Je suis venu vous dire

Un nouveau débat eut lieu le 17 janvier 1995, sur TF1, dans le cadre de l'émission « Je suis venu vous dire... ». Un feu d'artifice de questions amenèrent de ma part ces diverses réponses. On peut être homme et femme debout tout en étant homosexuel. Il est inacceptable d'entériner les deux seules éventualités que propose l'Eglise catholique pour remédier à ce « mal » : ou consulter un psychiatre, ou se marier !... Il est possible, à partir d'une sexualité, de construire une histoire à deux où l'on respecte l'autre. Il n'y a pas, dans la vie homosexuelle, que du tout-sexe. Les homosexuels sont capables, comme les hétérosexuels, d'une authentique recherche de stabilité.

A la question du mariage des homosexuels, j'ai été amené à dire qu'il fallait arriver à une sorte de partenariat, de contrat moral entre deux personnes, reconnu par le pouvoir civil et leur accordant les mêmes droits qu'aux hétérosexuels.

La plus en plus grande fermeté du Vatican a été évoquée. A mon avis, le Vatican est l'image d'une chrétienté qui est en train de mourir. Le fameux dogme de l'infaillibilité pontificale gauchit toute avancée de communion beaucoup plus forte indispensable au sein des assemblées d'évêques sur le plan national. Le Vatican vaticanise à outrance. On ne veut voir qu'une seule tête, comme dans tout totalitarisme. Comme le disait un ami, Président des « Nouveaux droits de l'Homme », on passe du pharisaïsme au stalinisme, comme d'ailleurs dans le cas de monseigneur Gaillot.

Que pense l'abbé Pierre du mariage des prêtres et des homosexuels ? Il est pour une plus grande liberté dans l'Eglise. Il n'y a rien dans l'Evangile qui soit contre le mariage des prêtres. C'est une décision purement disciplinaire qui peut très bien être changée. Quant à l'homosexualité, il admet très bien que deux hommes ou deux femmes puissent vivre ensemble. Il a pas mal d'amies lesbiennes qui vivent ensemble et qui viennent le voir. Il les aide à grandir dans l'amour et la foi. Il comprend leurs souffrances, leurs difficultés, leurs joies. Je pense qu'il est intéressant d'entendre ce qu'il disait aux membres du congrès David et Jonathan de 1990, au cours d'une conférence-débat :

> « ... Si vous parlez de l'ampleur de la réalité homosexuelle sans vous appuyer sur un minimum de données statistiques et scientifiques, vous susciterez un sentiment de rejet de la part de votre interlocuteur qui pensera que, pour vous mettre en paix, vous avez besoin de vous convaincre que le quart de l'humanité est comme vous. Sachez dire que telle étude a été faite, à telle date, dans tel pays, selon telle méthode, et que c'est d'elle que vous tirez les renseignements que vous donnez.
>
> Je crois que beaucoup de psychologues admettent maintenant que chacun d'entre nous a des virtualités homo et hétérosexuelles, et que l'on ne sait pas très bien ce qui nous fait basculer dans telle ou telle direction. Je crois que l'on peut faire observer cela, c'est-à-dire que notre tendance à la communion et à l'amour peut réellement aller dans l'un ou l'autre sens...
>
> ... Je pense que vous pouvez montrer que, par rapport à l'homosexualité, il y a tout un éventail d'attitudes, de celui pour qui il s'agit d'une tentation qui passe, finalement insignifiante par rapport à sa vie, à celui pour lequel toute l'existence est ainsi positionnée de manière définitive et sans qu'il y puisse rien...
>
> ... Il faut être conscient que pour la très grande majorité des gens,

il y a une ignorance totale de ce qu'est l'homosexualité, même en famille. Il faut que vous soyez indulgents pour le plus grand nombre, car vraiment ils ne savent pas, ils ne connaissent rien à ces questions.
... Je tiens à vous redire que lorsque vous parlez de ces questions, il y a neuf chances sur dix que ce soit du nouveau pour votre interlocuteur : sachez que vous pouvez être blessant ou incompris. »

Il m'a été aussi demandé si je pensais que, dans trois ou cinq ans, je serais encore prêtre ? Si le pape m'écoute, il ne sera évidemment pas d'accord, mon évêque non plus qui refuse de me donner une responsabilité pastorale. Si monseigneur Gaillot est un S.D.F. (sans diocèse fixe), moi, je suis un S.P.F. (sans poste fixe). Mais je serai prêtre jusqu'à ma mort, car on est prêtre pour l'éternité. Aujourd'hui, je veux dire aux homosexuels (prêtres ou laïcs) : *« Ne quitte pas le navire de l'Eglise, car c'est l'Eglise Peuple de Dieu qui nous donne le Christ. Reste dedans, et, s'il le faut, deviens un rebelle. »* Comme le disait le poète Jean Sullivan : *« Quelquefois, pour être fidèle dans l'Eglise, il faut être un rebelle. »* De nombreux saints, tels François d'Assise, ont été des rebelles. Mais il ne faut pas quitter le navire. Je dis cela aussi aux hétérosexuels, à tous ceux qui sont bouleversés par les exclusions ecclésiastiques de toute sorte, celle de monseigneur Gaillot en étant un douloureux et récent exemple.

En conclusion, loin de moi la pensée de me glorifier d'un vedettariat qui n'existe que dans la tête de ceux qui n'ont pas compris le sens de mon engagement, car lorsqu'est apparue la fameuse émission « Agora », on m'a demandé : *« Est-ce que tu ne peux pas y aller ? »,* j'étais effectivement le seul prêtre, le seul laïque, ou le seul type de David et Jonathan à pouvoir paraître à la télévision, vu mon itinéraire.

Je l'ai dit, et je le répète, mon obsession profonde est le monde des exclus. J'ai partagé celui des pauvres, des sans-logis, j'y reviendrai plus en détail. Tout ce qui a marqué mon identité homosexuelle m'a fait vivre de l'intérieur l'exclusion sous toutes ses formes dont est frappé celui qui, aux yeux de la majorité, apparaît comme « a-normal ». J'ai toujours présente à l'esprit cette phrase de saint Paul :

« Je me suis fait un sans-loi avec les sans-loi, — moi qui ne suis pas sans une loi de Dieu, étant sous la loi du Christ, — afin de gagner les

sans-loi. Je me suis fais faible avec les faibles, afin de gagner les faibles. Je me suis fait tout à tous afin d'en gagner quelques-uns. Et tout cela, je le fais pour l'Evangile, afin d'avoir part à ses biens. »

(Première épître aux Corinthiens, 9/21-23).

Oui, je me suis fait tout homosexuel à tous les homosexuels, non seulement à ceux de mon pays, de ma culture, de ma foi, mais je n'ai pas refusé d'aller plus loin sur la planète pour les dire. Je ne me suis pas senti le droit de me taire, alors que tant de gens meurtris attendaient une parole d'espérance et d'amour. Au nom de ma foi en Jésus-Christ, je ne pouvais qu'être toujours plus solidaire et parler. Malheur à moi si je n'annonçais pas la Bonne Nouvelle. Je me suis souvent dit : « *Seigneur, ai-je fait tout ce que tu attendais de moi, ai-je encore quelque chose à faire ?* » Car finalement, je crois que nous avons, chacun en nous, une présence du Christ que nous avons à faire *grandir* jusqu'au bout de nous-mêmes.

2

Un homme en voie de développement

L'enfance

Né le 26 mai 1929, à Paris, j'ai vécu une enfance paisible et sans histoire. Le milieu petit-bourgeois commerçant qui m'a accueilli était suffisamment protecteur. Ma mère, Marie-Louise, était originaire d'un petit village de l'Aveyron, Le Nayrac, entre Rodez et le plateau de l'Aubrac. Mon père, issu d'émigrés piémontais, avait une entreprise de peinture prospère, et du fait de son travail je le voyais peu. Mes grands-parents maternels étaient montés à la capitale au cours du xixe siècle, à l'instar de quantité d'autres Aveyronnais venus chercher fortune. Ils avaient réussi leur vie sociale en s'investissant dans l'exploitation de cafés, brasseries. La famille s'est installée à Saint-Cloud, puis à Paris (rue Claude-Lorrain, dans le XVIe arrondissement). C'étaient les prémices d'un style de vie privilégiée qui préfigurait ce que l'on appellera par la suite le NAP (du nom des quartiers de Neuilly, Auteuil, Passy). La voie semblait toute tracée pour une existence bourgeoise confortablement installée dans la sécurité matérielle. Le seul événement notable pour moi fut, en 1934, la naissance de ma sœur Marie-Thérèse, dite « Mitou ».

A la déclaration de la guerre, en 1939, mon père fut mobilisé. Fait prisonnier, il restera en captivité jusqu'en 1945. Dès le début des hostilités, ma mère, ma sœur et moi, sommes descendus nous réfugier dans la maison familiale du Nayrac. Commençait alors la seconde période de mon existence. Ma formation scolaire fut assurée à l'école laïque du village jusqu'au certificat d'études. L'entrée en 6e m'amena à vivre l'expérience de pensionnaire au petit séminaire d'Espalion, agglomération voisine du Nayrac. Je crois pouvoir dire que j'étais bon élève. Mais j'étais aussi un adolescent. Comme tout un chacun j'ai fait, avec mes camarades, la découverte fascinante et mystérieuse d'un corps qui se développait rapidement. Le contexte d'un collège strictement masculin ne pouvait que favoriser quelques attaches affectives vis-à-vis de certains. Aucune éducation dans ce domaine, et moins encore dans celui de la sexualité, n'était là pour orienter ce processus de découverte. Encore moins de la part de nos parents. La seule fois où ma mère m'a surpris en train de me masturber, j'ai eu droit à la traditionnelle mise en garde contre les dangers qui menaçaient mes facultés auditives... On était en plein tabou ! Si la chose était nécessaire, elle n'était d'abord et surtout pas le problème des enfants. On pourrait presque parler de l'idéologie du secret, du non-dit, alors que tout en nous n'attendait qu'éveil à la réalité qui s'ouvrait à nous.

Dans ce petit séminaire, j'ai connu ce que Montherlant décrira dans « La ville dont le prince est un enfant ». Un surveillant, jeune prêtre, est venu à plusieurs reprises s'allonger sur mon lit pour me caresser. En fait, je ne voyais pas la portée et les conséquences de cela jusqu'au jour où le Supérieur le surprit dans cette position pour le moins équivoque. Son renvoi fut immédiat, et je ne pus fournir d'éclaircissements précis sur sa conduite. Par chance, je ne fus pas inquiété.

En ce qui concerne ma vie au village durant cette période ne revient à ma mémoire que le souvenir d'un garçon, appelé Marcel, fils de voisins commerçants. Il m'attirait beaucoup, et nous passions de longs moments ensemble. Dire que nos activités et nos jeux étaient toujours innocents serait mensonge. Il nous arrivait de nous retrouver sur son lit, laissant nos mains découvrir nos corps dans des caresses qui se terminaient, le plus souvent, par la masturbation.

C'est durant cette période que je fis ma première communion. Et à ce sujet une anecdote me revient. Je m'étais amouraché d'une gamine de mon âge qui se préparait elle aussi à cette démarche religieuse, ô combien importante pour des enfants de notre âge, mais plus encore pour le milieu familial. Je me souviens lui avoir fait parvenir une déclaration enflammée... qui arriva entre les mains de la Supérieure de son école. Ma mère fut bien évidemment informée du scandale. Elle me passa un copieux savon car j'avais osé pensé à autre chose qu'à Dieu en des circonstances aussi solennelles !

Voilà en gros sur quoi a été basée mon éducation sentimentale et sexuelle. Plus de choses non dites qu'enseignées. Du fragmentaire plutôt moins bien assumé. Dois-je dire de la caricature ? Je sais que tout cela a pesé lourd sur le développement de ma personnalité.

Le collège Saint-Jean-de-Passy

1945. La Libération. Mon père est venu nous rejoindre au Nayrac depuis quelques semaines. Pour toute la famille, c'est le retour dans la capitale où nous nous réinstallons dans l'hôtel particulier que mes parents possèdent à Auteuil. Ma scolarité se déroulera au collège de Saint-Jean-de-Passy, fréquenté en majorité par des fils de « bonne famille », établies pour la plupart dans le XVIᵉ arrondissement. C'est là que je fais la connaissance de Dominique qui, sans s'en douter, va susciter en moi une véritable passion, manifestation cette fois clairement ressentie de ce besoin d'aimer et d'être aimé qui marquera toute mon existence. Le témoignage qu'il a bien voulu écrire sur cette période est intéressant à plus d'un titre, car il objective ce que moi-même je ressentais alors :

> « En 1947, j'étais un nouveau dans ce collège... Notre classe n'était pas surpeuplée et je fis vite le tour de tous les visages. Ce n'était pas le cas en cour de récréation où de nombreux élèves d'autres classes se côtoyaient. Je ne tardais pas à remarquer un garçon de mon âge, tranchant sur la foule des anonymes par son agitation, sa prolixité, sa bonne humeur que je trouvais alors affectée — les jugements à l'emporte-pièce étant à l'époque assez fréquents chez moi. Plutôt beau garçon, type méditerranéen avec cependant un soupçon de lourdeur dans le visage, bref, quelqu'un aux antipodes de mes tendances esthétiques, à vrai dire peut-être encore peu définies chez ce nouveau que j'étais, assez renfermé et plutôt enclin à la défensive. Ce beau garçon, c'était Jacques Perotti.
>
> Les jours et les semaines passaient. Dans la cour de récréation, je ne pouvais jamais ignorer Jacques pérorant au milieu d'un noyau de

camarades dont il semblait le point de mire. Pour rien au monde je n'aurais cherché à me mêler à ces palabres, préférant nouer des relations superficielles avec ceux de ma classe. Mais l'homme propose et la destinée dispose ! Un jour, descendant ce petit escalier métallique qu'empruntaient les élèves pour se rendre dans la cour, un bolide me percuta brutalement et manqua de peu de me faire tomber. C'était lui !

Je notais au passage qu'il avait revêtu un pantalon bleu pétrole dont la couleur agressive ajoutait encore à la singularité du personnage. Ce fut la première fois qu'il me regarda. Ce qu'il vit ne dut point être remarquable, le bousculé faisant la grise mine des offensés. Bien élevé, Jacques s'excusa d'un "Oh ! Pardon, Monsieur !" L'inattendu du propos eut un effet désarmant sur moi et l'affaire en resta là. La conclusion de tout ceci, c'est que Jacques Perotti, on ne peut pas ne pas le remarquer. Jacques Perotti, on ne le rencontre pas, il vous tombe dessus ! »

Dominique et moi, nous nous sommes vraiment rencontrés en 1948, lors de notre rentrée en classe de terminale. Déjà, j'aimais être entouré d'une cour me donnant au moins le change sur mon besoin d'aimer et d'être aimé. Paradoxalement, je n'étais pas d'un accès facile, bien qu'aisément exubérant. Avec lui, je sentis très vite que l'attachement était très fort. Je multipliais les prétextes de rencontres : théâtre, cinéma, concerts... Je sentais que je bousculais quelque chose en lui. Je n'en étais qu'au début d'un processus qui ne pouvait que le déconcerter chaque jour un peu plus.

« 1948. Je me retrouve en terminale sur les bancs de cette chère Maison en compagnie d'une escouade de jeunes gens d'ailleurs tous sympathiques et avec lesquels le courant passe. Parmi ceux-ci Jacques, notre vedette, qui prend conscience de mon existence et dont le regard intense et amical me fait réviser les opinions hâtives que l'année précédente avait fait naître. Nous sommes devenus d'excellents camarades et me voici enchanté. Mais c'était mal connaître mon ami. Toujours débordant de dynamisme, il multipliait les rencontres... Au fil des jours et des semaines, je pris conscience d'un attachement certain de sa part, et dans les premiers temps, je crois me souvenir que je ne trouvais pas déplaisant de faire équipe avec quelqu'un qui cherchait à percer les premières épaisseurs du cocon que les années bretonnes de mon adolescence avaient tissées. »

Dominique avait une santé délicate qui lui faisait souvent manquer le collège. Ces absences m'amenèrent à une sorte d'attaque en règle de celui qui était devenu pour moi le pôle d'une affection très forte. Les obstacles qu'il mettait à mon assiduité amicale ne me décourageaient pas, bien au contraire. Je trouvais toujours un moyen de les contourner. En vrai romantique que j'étais, bardé de toutes les protections dont m'avaient doté mon milieu et mon éducation. Je n'ai pas lâché prise.

> « Il y eut une nouvelle interruption de mes études, et je dus rester quelque temps, sinon quelques mois, à la maison. Les camarades de Saint-Jean ne m'oublièrent pas et me rendirent visite. Au premier rang, Jacques. C'était chaleureux et sympathique. Il revint, plusieurs fois par semaine, seul, puis presque tous les jours. Je fais partie de ces individus construits comme les navires, équipés de cloisons étanches... Les visites trop fréquentes de Jacques me devinrent insupportables, et j'intimai à mes frères l'ordre d'éconduire courtoisement notre visiteur, ce dont ils s'acquittèrent avec plus ou moins de doigté. Je garde le souvenir de mauvaise conscience, sachant confusément que je faisais de la peine, mais où prédominait le refus de me laisser envahir. Jacques tourna la difficulté en déposant chaque jour, sous notre porte, une missive sur du très beau papier à lettre. Au dos de l'enveloppe était écrit « MERCI », témoignage de sa bonne éducation. Mon frère Bernard, facétieux comme toujours, y ajoutait fidèlement un dessin représentant le petit groom de couleur qu'à l'époque on voyait toujours aux publicités cinématographiques.
> Et les lettres affluaient — touchantes — amicales et surtout sollicitant une véritable amitié ce qui, au début, engendrait chez moi un phénomène de rejet qui s'explique aisément par des souvenirs de l'adolescence, poursuivi et sollicité que je fus de manière terriblement louche par quelques ecclésiastiques atteints de pédophilie, et auxquels j'échappai par la fuite. Pourtant chez Jacques, il n'y avait rien de malsain. La hauteur et l'authenticité de ses propos ne me laissèrent finalement pas insensible, et petit à petit je compris la richesse intérieure de l'amitié qu'il m'offrait et à laquelle je finis par souscrire. Adhésion qui, j'en étais parfaitement conscient, impliquait une fidélité à toute épreuve, et à laquelle j'espère sincèrement ne pas avoir failli depuis quarante-cinq ans. »

« Dominique lisait plus clair que moi dans mes démarches. Je ne réalisais pas, à l'époque, que je me comportais en véritable « dragueur », néophyte et ignorant, mais aimant le jeu complexe de la séduction que je découvrais chaque jour davantage. Il n'y eut cependant jamais rien de sexuel entre nous. De son côté, il n'avait jamais senti d'attirance physique envers un autre homme. En ce qui me concerne, les quelques jeux enfantins étaient rangés bien profondément au plus obscur de mon subconscient. Il en est résulté une profonde intimité qui s'est définitivement soudée durant les vacances scolaires de fin d'année. La paroisse parisienne où mon grand-oncle était curé possédait une colonie de vacances à Saint-Jean-de-Monts, en Vendée. J'y ai amené une quinzaine de camarades de classe, et nous avons vécu là, en toute liberté, dans un cadre enchanteur : forêts de pins, dunes, plage immense, mer magnifique, météo extraordinaire.

> « *Jacques, toujours à la hauteur, révélait des qualités d'organisateur et de meneur d'hommes qui me laissaient songeur. En fait, je me sentais quelque peu bousculé dans ce qui avait jusqu'alors été mon confort personnel. L'adhésion à notre amitié était encore bien récente, et moi parfaitement conscient que rien ne serait plus comme avant. J'étais, il faut le dire, assez ébloui en constatant que j'étais un être très aimé, mais je crois me souvenir que je m'efforçais de ne point trop me complaire en cette situation, réalisant que je recevais beaucoup et donnais peu. Très vite, je voulais donner à mon tour. Mais que pouvais-je donner... heureux que j'étais d'appartenir à une famille où tout le monde s'aimait sans toutefois jamais se le dire.* »

Après ce séjour extraordinaire, tous nos camarades repartis vers leurs horizons respectifs, je propose à Dominique de partir tous les deux où bon lui semblerait. Il voulut aller dans le nord de la Bretagne, où sa famille avait une maison de vacances. Il désirait m'introduire dans son clan familial et me greffer sur ses racines. La greffe, je crois, a plutôt réussi. C'est à ce moment-là que je lui ai fait part de mon intention d'entrer au séminaire.

> « *Surprise, admiration, estime surtout, certitude que notre amitié n'était ni superficielle ni éphémère... Vint la rentrée. Séminaire pour Jacques que je visitai souvent. Amitié mutuelle toujours chaleureuse, mais pour ma part, une permanente interrogation : "Que peut-il trouver en moi de si attractif ?" A cette époque, je n'avais pas de réponse, même si, au fil des mois, je cernais de mieux en mieux la personnalité*

de mon ami — personnalité toujours très riche, mais je percevais en lui une insatisfaction latente qui se traduisait par des élans de fuite en avant, d'abord en pointillé, puis d'un caractère plus marqué quelque temps après. »

Je ne lui ai appris que beaucoup plus tard le désir que j'avais eu de vivre avec lui une relation affective plus amoureuse, physique même. Je lui faisais découvrir là une des raisons profondes qui avaient motivé mon comportement tout au long de ces deux années. Il fut profondément troublé par cette révélation. Sans le vouloir, il avait suscité en moi une flamme qui éclairait non seulement un aspect de ma personnalité, mais également une partie de lui-même. Sa nature étant autre que la mienne, il fut clair dans ses propos. Jamais il ne pourrait envisager quoi que ce soit de ce genre. Notre amitié fut suffisamment forte pour résister à cette épreuve.

« Entretemps, Jacques a été ordonné prêtre et envoyé comme jeune vicaire en banlieue rouge dans des conditions assez déplorables... C'est là qu'il se découvrit homosexuel et qu'il m'en fit part, ce qui, au premier abord, me glaça. Au fil de nos années d'amitié, je pressentais confusément la vérité sans toutefois me l'avouer, mais cette brutale révélation m'angoissa fortement, et je réalisai alors le bouleversement que mon ami devait éprouver en tant que prêtre. Aujourd'hui, cette dramatisation fera peut-être sourire, une telle situation s'étant de beaucoup banalisée. Mais si nous nous reportons quelques trente-cinq ans en arrière, le contexte social était tout autre... En survolant toutes ces années, je suis conscient que ce qui faisait le calvaire de l'un, faisait paradoxalement l'enrichissement de l'autre. A vingt ans, j'aurais ri au nez d'une quelconque Cassandre me prédisant que mon meilleur ami serait homosexuel. A trente ans, c'était chose faite, et j'en ai beaucoup souffert. A quarante ans, j'avais enfin compris que les paroissiens de cette chapelle gaie n'ont que cette voie pour développer et épanouir leur capacité à aimer. J'étais et reste toujours, pour ma part, résolument opposé à cette tendance : au début très hostile et méprisant, puis ensuite infiniment plus compréhensif. Miracle de la véritable amitié. L'amour, dit-on, est aveugle, l'amitié ne l'est pas. La nôtre a résisté à ce bouleversement, m'a appris à respecter les différences de l'autre sans que la tendance de l'un déteigne sur l'autre. »

Le séminaire

Me voici donc, en 1949, grand séminariste à Issy-les-Moulineaux. Avec le recul de l'âge, il y avait, dans ma vocation sacerdotale, plus une recherche esthétique que religieuse, plus le désir de ressembler à quelqu'un que de me construire moi-même. Parlerai-je d'ambiguïtés qui ont jalonné mon chemin ? A ma sortie de Saint-Jean-de-Passy, baccalauréat en poche, je ne savais pas exactement quelle orientation prendre. J'avais un grand-oncle, le chanoine Laurent, qui était curé de Saint-Eustache à Paris. Sa figure marquante servait un peu de pôle de référence à la famille. Il était souvent question de ses activités sacerdotales, notamment auprès des jeunes. C'est lui qui avait mis en place la fameuse colonie de Saint-Jean-de Monts. Les patronages florissaient, devenaient le *nec plus ultra* de la formation pédagogique. C'est donc tout naturellement que j'ai voulu marcher sur ses traces. Mon sens des responsabilités, mon goût de l'organisation m'ont poussé dans cette direction.

L'absence d'attirance pour les femmes, que je constatais sans pousser le raisonnement, m'a aussi fait considérer que le célibat ecclésiastique était tout naturellement adapté à mon cas. Je reconnais aujourd'hui que cela relevait davantage de l'immaturité affective et sexuelle qui était le lot de la majorité d'entre nous. Les jeux interdits de mon enfance, les passions platoniques de mon adolescence n'ont jamais, à l'époque, constitué les éléments d'une prise de conscience de mon homosexualité. Ce que j'allais vivre au séminaire est à mettre sur le même plan.

La discipline de ces maisons de formation sacerdotale ne facilitait pas l'épanouissement de ces tendances. Ce qui ne veut surtout pas dire qu'elles n'étaient pas en germe chez ceux dont la nature allait dans ce sens. La préoccupation de ces messieurs était d'abord et avant tout d'écarter toute possibilité de rencontres bilatérales sans témoin. Nous ne sortions en promenade qu'une fois par semaine par groupes de trois minimum, selon l'adage latin « *numquam duo, semper tres* » (Jamais deux, toujours trois). Au retour, il fallait rendre compte de l'itinéraire et du déroulement de cette sortie. Entre nous, jeunes de vingt ans et un peu plus, la plupart ayant accompli leur service militaire, nous devions garder des distances hors d'âge, dont l'interdiction du tutoiement n'est qu'un signe. Entrer dans la chambre d'un condisciple était un cas de renvoi immédiat. Nous ne disposions d'ailleurs que d'une chaise. Un hypothétique visiteur n'aurait pu s'asseoir que sur le lit... d'où danger ! La configuration même des lieux ne pouvait faciliter les rencontres individuelles. Imaginez une caserne où trois cents personnes vivent en vase clos. Les récréations, de courte durée, ne pouvaient pratiquement se passer qu'entre confrères de même année. Et pourtant force est de constater que nous avions tous besoin d'un minimum d'intimité, de partage, d'amitié, d'affection. Imaginez le choc psychologique que la plupart d'entre nous ont dû assumer. Après la chaleur de l'atmosphère familiale, confortable et douillette pour la majorité, il nous fallait plonger dans une sorte d'anonymat figé, abandonner quasiment les valeurs relationnelles, sous des prétextes dans lesquels la peur du sexe était sous-jacente bien que jamais dite.

Les études se répartissaient en deux cycles : la philosophie durait généralement deux ans, la théologie s'étalait sur trois. C'est à la fin de ma première année, en 1950, que je dus partir accomplir mon service militaire. Après une formation d'E.O.R. à Saint-Maixent, j'avais mes galons d'aspirant dans l'infanterie de marine. Mon affectation me conduisit à Oujda (le Maroc n'avait pas encore sa totale indépendance) dans un régiment de tirailleurs sénégalais. C'est là que je passais les six derniers mois de mon service. Mon rôle d'officier me plaisait et me permettait de mettre en œuvre mes talents d'organisateur. Pendant les week-end, il m'arrivait souvent de louer un car et d'amener les soldats français faire une balade au bord de la mer. (Pourquoi uniquement eux ? C'est une question que je me pose encore aujourd'hui.) Je vivais là dans une atmosphère qui n'avait rien de sulpicien. En tant qu'officier de garde, je me suis rendu à plusieurs reprises au B.M.C. (bordel militaire de campagne) pour contrôler l'état sanitaire des lieux et des personnes. Malgré les offres gratuites de service, je n'ai jamais été tenté par l'expérience du déniaisement, non par crainte du péché, mais parce que je ne me sentais pas du tout prêt à un tel acte...

Le retour au séminaire me fit retrouver la lourdeur et la routine du système. Je repris mes études là où je les avais laissées. C'est en 1953 que je pris l'habitude de consigner dans des « carnets intimes » mes réflexions, des citations d'auteurs qui m'aidaient dans ma méditation, mes nombreux états d'âme. En les relisant aujourd'hui, je retrouve presque intacts les événements et l'ambiance d'une époque déjà loin derrière moi. Je me permettrai d'en citer des extraits qui me paraissent éclairer *a posteriori* les situations et les bouleversements que j'ai vécus depuis. Comme il fallait s'y attendre, je me suis épris platoniquement d'un confrère. Ce que je ressentis pour lui était pur, mais pourtant marqué par une culpabilité qui prenait sa source dans les dangers des fameuses amitiés particulières. Voici ce que j'écrivais un jour à ce sujet :

> « *Immense solitude. Je crois que je perds la tête. Il me semble que des profondeurs de mon être surgissent, inconnues de moi-même, des tempêtes qu'il m'est difficile d'apaiser. Une grande lassitude de vivre ; un grand dégoût de moi-même... Est-il possible, Seigneur, de prier avec mon péché, avec ce mal qui m'empêche de vivre et me donne le vertige dès que ma pensée s'y reporte. Je ne peux pas vivre avec cela dans le cœur... Je ne serai jamais heureux à cause de cela... Que faudrait-il faire ? Ne plus le voir ? Peut-on supprimer ce qui est si fort entre nous deux ? A-t-on le droit ? Car, malgré tout, cette amitié nous dépasse et nous conduit toujours plus haut.* »

Le garçon qui polarisait alors mon besoin d'amitié s'appelait Jean. Il avait deux ans de plus que moi, et arrivait du « séminaire de vocations tardives » de Morsang-sur-Orge. Après avoir obtenu son baccalauréat, il nous avait rejoints en 1951, à mon retour du service militaire. Au clair ni avec sa vocation ni avec sa sexualité, il répondit sans réticences à mon attirance, à mes regards, aux billets que je lui faisais passer, au nombre de détails qui exprimaient chez moi ce désir d'une intimité et d'une amitié qui dépasseraient le formel des relations imposées par le règlement. Obligés de construire notre amitié en peu de temps, de l'épanouir en peu de mots, cela m'a conduit à être moins envahissant et possessif qu'avec Dominique à Saint-Jean-de-Passy, sans empêcher de faire naître quelque chose de fort. Jean lisait très clair dans mon jeu, d'autant mieux qu'il avait connu à Morsang un garçon qui s'était déclaré ouvertement amoureux de lui. Il se trouvait avec moi renvoyé à ce souvenir, et ne savait comment réagir. Jamais il n'a manifesté de refus ni de peur. Il hésitait, ne voulant pas s'avouer son attirance pour les hommes, cherchant même à s'en rassurer. Quant à moi, je constatais que l'histoire se répétait sans pour autant clarifier les choses. D'où le retour des périodes d'exaltation et d'abattement qui ne facilitaient rien pour moi.

Jean ne se sentait pas vraiment attiré par le sacerdoce. Il reconnaissait le poids de la pression externe qui s'exerçait sur lui, celle des responsables de sa paroisse du XIIIᵉ arrondissement, celle de ses amis. Il annonça en 1953 sa volonté de quitter le séminaire. Son aspiration à l'autonomie était suffisamment forte pour qu'il prît de lui-même cette décision. Cette annonce m'a bouleversé, plus même, car je me suis posé à mon tour la même question. Je lui étais tellement attaché que je ne pensais pouvoir aller plus avant sans lui. Dans une certaine naïveté, je pensais que mon sacerdoce ne pouvait être que partagé, mais en commun avec lui.

L'année sabbatique

Cet événement, on le verra, aura des conséquences que j'étais loin d'imaginer. Il me fallait prendre les moyens pour mûrir cette éventualité de renoncer moi-même au sacerdoce. Mon directeur spirituel a fort bien compris le problème et m'a permis de prendre une année sabbatique. Je fus donc envoyé faire un stage dans la paroisse Saint-Séverin de Paris. J'y trouvai là un certain dynamisme. Je pouvais me rendre utile dans de multiples activités. La difficulté fut de me faire à l'absence de Jean parti voyager en Italie, et de m'habituer à une nouvelle existence qui me paraissait assez morne. Je restais cependant en relation avec Jean d'une manière assez étroite. Mes lettres ne cessaient de l'entourer d'une affection entremêlée d'exigence et de passion, le tout accompagné de considérations que je croyais mystiques... Les séminaires et les couvents donnent certains plis dont on se défait difficilement. Mes relations avec Jean se sont poursuivies, prenant au fil des ans, des connotations différentes.

> « En moi, tout ce qui est attaché à toi, tout ce qui t'aime a été transformé, surélevé par ce nouveau caractère sacerdotal. Ton ami est prêtre et il veut t'aimer encore plus qu'avant, plus totalement, plus profondément, pour de nouvelles raisons. Je ne pense pas me tromper en écrivant qu'en toi, tout ce que je suis, tout ce que tu aimes de moi, a

subi du même coup un enrichissement profond, une nouvelle raison d'aimer. »

(lettre du 5 mai 1956)

« Plus nous avançons dans la vie, et moins de choses externes, moins d'action ne peuvent nous combler et nous satisfaire, nous y découvrons de plus en plus le relatif et l'accessoire. La difficulté, c'est de ne pas tomber dans le désespoir ; je ne vois que l'essentiel : la Foi vivante pour y échapper. »

(lettre du 3 novembre 1958)

En 1954, Jean rencontra Maud. Il l'épousa l'année suivante. Cela provoqua en moi une réaction inhabituelle : je considérais Maud comme une intruse qui venait mettre à bas l'histoire d'amour, même platonique, qui existait entre nous. Elle ne se rendait pas compte de cet enjeu. Elle ne pouvait pas comprendre que ce qui unit deux hommes peut être un lien très étroit, très intense, même si la sexualité n'entre pas en ligne de compte. Je n'ai pas alors réalisé que nous jouions avec le feu en instaurant une peu banale relation tripartite. Maud était heureuse de savoir Jean auprès de son meilleur copain. Ne voulant pas renoncer à sa présence, à plusieurs reprises, nous sommes partis en voyage, logeant le plus souvent sous la même tente... Cette période, proche du huis clos, aurait pu nous abîmer par ses ambiguïtés et ses non-dits.

« Chant de louange et de remerciement au Seigneur qui m'a donné un tel ami. Maud non pas acceptée comme une étrangère mais comme faisant partie de Jean, tous deux étant désormais indissociables sans pour autant se confondre, sans être identiques. Jean enrichi de la réalité de Maud sans la supprimer, et notre amitié enrichie par Maud qui fait partie de moi indirectement. Ce mystère terriblement complexe de l'amour qui ne détruit pas, n'arrache pas, n'exclut pas, sinon la destruction et l'arrachement permanent de tout ce qui, en nous, est égoisme et pesanteur. »

(note du jeudi 5 août 1954)

« A Jean. Tu as pris le chemin de la chair, comme Dieu te le demandait. J'ai pris le chemin de l'Esprit, comme Dieu me le demandait. Peu importe les chemins, ils mènent l'un et l'autre, ils doivent mener

l'un et l'autre à L'AMOUR. Mystère de la destinée. Pourquoi est-ce ainsi ? »

(note de juin 1956)

Emmaüs

C'est au cours de ce stage à Saint-Séverin que survint l'événement qui allait être un tournant décisif dans ma vie. Tout le monde se souvient encore (ne serait-ce que grâce au film tourné par Denis Amar, avec Lambert Wilson : « Hiver 1954 ») du premier coup de gueule d'un certain Henri Grosuès, plus connu sous le nom d'abbé Pierre, au cours de ce fameux hiver 53-54. La radio et la presse se firent l'écho de l'action que menait ce prêtre en faveur des plus démunis, des laissés-pour-compte. Je ne trouvais pas passionnants mes services paroissiaux. J'eus immédiatement le désir impérieux de rejoindre cet homme dont l'action me semblait sortir du commun. Tout ce qu'il entreprenait collait au concret de la vie. Sa présence agissante auprès des plus pauvres trouvait en moi un écho retentissant. Je suis immédiatement allé à Neuilly-Plaisance, son lieu de résidence, dans l'intention de me proposer comme volontaire à ses côtés. Mademoiselle Coutaz, sa secrétaire, m'a accueilli à bras ouverts. Le courant est passé lorsqu'elle a vu mon enthousiasme pour ce que faisait l'abbé. Celui-ci n'a pas eu besoin de beaucoup d'arguments pour m'accueillir auprès de lui.

Je pus quitter sans problème Saint-Séverin, et m'installer à Neuilly-Plaisance. Des responsabilités me furent immédiatement confiées. L'abbé Pierre avait créé, dans l'immédiate après-guerre, alors qu'il était député de Nancy, une auberge de jeunesse destinée à faire se rencontrer, se connaître, se rapprocher, des jeunes des pays qui, hier encore, étaient en guerre. J'en fus chargé. J'allais aussi très souvent avec les Compagnons d'Emmaüs faire les poubelles et récupérer tout ce qu'il était possible dans les tas d'ordures. Ce travail nous a plusieurs fois amenés dans les quartiers chics du XVIe arrondissement, où les gens de mon milieu avaient pignon sur rue. Il m'est arrivé de me demander quelles seraient les réactions de ma mère et de mes amis s'ils me voyaient trier les rebuts de leur propre consommation ! Il y avait également les récupérations dans les caves et les greniers, en vue de retaper et revendre toutes sortes d'objets, vêtements, meubles, etc.

Je me souviens parfaitement d'une « expédition » en Aveyron, de mars à avril 1954. Notre objectif était de démolir de vieux baraquements et de récupérer tout ce qui pouvait servir à la construction des « cités d'urgence » pour les sans-logis qui ne manquaient pas, même plusieurs années après la fin de la guerre. Il fallait parer au plus pressé. Les constructions, pour rudimentaires qu'elles fussent, donnaient un toit à quantité de familles totalement démunies.

Ce fut pour moi une expérience essentielle. Jusqu'alors, je n'étais préoccupé que de moi-même, de mes états d'âme, de ma conception cérébrale et intellectuelle de la vie. Les débuts furent difficiles, déconcertants : découverte d'un travail manuel pas toujours gratifiant, remise en question du rythme de vie spirituelle qui m'était familier. Mais bien vite le contact avec cette quinzaine d'hommes, exclus de la société, m'apprenait plus et mieux que mes cours de théologie. De ce qu'il faut transmettre (et emmagasiner dans son cerveau), je passais à la manière de le transmettre. Je me suis senti proche de l'humain.

Je fis là une rencontre qui a bouleversé profondément mes préjugés sociaux, marqués au coin de mon éducation petite-bourgeoise. Jacques Brousse était un prêtre-ouvrier profondément engagé dans l'action auprès du monde du travail. Son intelligence était remarquable. Je l'ai beaucoup écouté, cherchant petit à petit à découvrir, à travers lui comme à travers d'autres de la même trempe, ce que signifiait la pauvreté dont parle l'Evangile, mais que si peu de gens arrivent à mettre en pratique.

A la fin de ce séjour, je n'étais plus tout à fait le même. Physiquement j'étais à plat, mais je me sentais surtout vidé de mes forces spirituelles. Je dois avouer que mes compagnons ne me facilitaient pas la tâche. Ils étaient souvent désespérants, incompréhensibles, et rien ne m'avait préparé au choc d'une telle rencontre. A mon retour à Paris, j'écrivais dans mon carnet ces phrases qui me paraissent aujourd'hui prémonitoires des combats que j'aurai à mener par la suite et jusqu'à aujourd'hui :

« Je découvre un visage plus profond chez mes camarades. Depuis notre retour, je vois reparaître à la surface d'eux-mêmes des sentiments humains d'union, de solidarité qui n'existent pas souvent chez les bien-

pensants. L'homme est un monde mystérieux, et chaque homme est ce monde unique. J'ai approché tant que j'ai pu mes camarades et ce qui pèse sur tout homme, particulièrement sur eux. Sont-ils responsables ? Souvent non : famille, éducation, société pourrie, armée, guerre, après-guerre, etc. Et je me rends compte du blasphème, de l'hypocrisie horrible de celui qui voudrait approcher ce monde comme le spectateur du zoo se pencherait sur la fosse aux ours. De quel droit se placer en face d'eux, à l'extérieur ? Craindrait-on une contagion possible ? Il faut, pour être dans la réalité, plonger en soi-même pour ne pas oublier qui l'on est soi-même. »

(note du 1er mars 1954)

Rapidement j'ai pris conscience qu'un réel danger pouvait guetter la fondation de l'abbé Pierre. Danger difficilement contournable si l'on prétend à une certaine efficacité, mais un tel effort entrepris pour aider les autres à s'aider soi-même ne doit pas devenir une entreprise officielle de charité. Je souffrais parfois de voir comment telle ou telle personne n'était pas accueillie à fond avec tout ce qu'elle traîne de misère, d'angoisse du lendemain. L'organisation avec toutes les structures nécessaires ne doit pas faire oublier l'homme qui frappe à la porte.

« Emmaüs ne sera plus rien si la lettre l'emporte sur l'esprit, si l'on oublie que la charité est avant tout dialogue humain et fraternel, où l'on reçoit autant que l'on donne. »

La fin de mon stage à Emmaüs, en septembre 1954, me trouva très fatigué, physiquement et nerveusement. Mais j'étais riche d'une expérience que je devais, un jour, retrouver. Ma vocation sacerdotale ne me posait plus question. Je savais maintenant sur quel terrain je voulais vivre en tant que prêtre, sur quel chemin je voulais diriger mes pas. Je croyais dur comme fer que l'on ne m'empêcherait pas de travailler avec l'abbé Pierre après mon ordination.

« Hier, visite à Emmaüs... reprise des contacts humains. Ce matin, réflexions sur la place d'Emmaüs dans ma vie actuelle... Maintenir la conviction que je suis des leurs, en députation pour prier et me préparer à leur donner le Christ... Maintenir une rigueur et un tonus de vie qui me rapprochent matériellement d'Emmaüs... Il n'y a pas

dilemme et déchirement intérieur. C'est dans la mesure où je me tiens
en présence du Seigneur et que je lui donne tout mon amour, c'est
dans cette mesure-là que je retrouve Emmaüs et que je les aime vrai-
ment en profondeur... Je m'éloigne d'eux si je m'éloigne du Christ.
Tout autre essai de rapprochement qui ne serait pas alimenté par cet
amour n'est qu'illusoire parce qu'il reste trop humain... Chaque fois
que je penserai "Qu'est-ce que je fais... alors que..." montrera que je
n'ai rien compris à ce que Dieu attend de moi pour Emmaüs, et que
je n'ai pas compris ce que je dois leur donner. »

(note d'octobre 1954)

La rentrée au séminaire d'Issy, le 3 octobre 1954, se fit sans
grand enthousiasme. L'intensité de ce que j'avais vécu les mois
passés allait s'affronter à la routine dont je me sentais de plus en
plus étranger, pour ne pas dire allergique. Combien les préoccupations de mes confrères me paraissaient de courte vue ! J'avais
comme force vive intérieure le souvenir de l'abbé Pierre et des
Compagnons d'Emmaüs. Un véritable réconfort qui me faisait
mieux accepter ma condition d'intellectuel temporaire. A chaque
vacances, j'allais les retrouver car je me sentais en vérité un des
leurs, et je ne manquais pas d'amener avec moi quelques séminaristes, mon ami Jean, etc. Nous organisions des fêtes, des veillées
de Noël... Malgré certaines questions, voire réticences, qui se
posaient de temps en temps à moi, je vivais toujours dans l'espoir
d'aller un jour rejoindre leurs rangs d'une manière définitive. C'est
dans cet esprit que j'ai voulu passer mes dernières grandes
vacances de séminariste, en 1955, avec mes Compagnons
d'Emmaüs.

« Sous prétexte de contacts avec la paroisse (quels contacts ?) j'allais
oublier de me donner à Emmaüs. Il faut, c'est très important, que cette
année je ne perde pas contact avec eux. Il y a du travail de réflexion,
de maturation, à faire là. Plus que l'an dernier, il faut que je porte
Emmaüs dans mon âme et dans mon corps. Pratiquement, j'ai écrit
au père, me mettant à sa disposition pour tous les dimanches. Cela
m'est dur. Me serais-je déjà repris ? Seigneur, délivrez-moi de
l'égoïsme qui colle à ma peau. "Ayez l'esprit fervent, c'est le Seigneur
que vous servez." Donc Emmaüs le dimanche (j'avais déjà rêvé de
repas par-ci, par-là, de théâtre, de concerts, de cinéma, exactement la

vie d'un jeune mondain plein de sous... Pouah !) Chassez le naturel, il revient au galop ! »

(note d'octobre 1955)

« Seigneur, je vous cherche et je cherche votre volonté sur moi. Sera-ce Emmaüs ? L'angoisse me prend lorsque j'y pense. Emmaüs : je tremble, ma carcasse se raidit et une lourde pesanteur me remplit devant cet appel. Qu'est-ce que j'ai pour aller là ? Rien ne m'y prépare. Le réel me fait peur. J'ai mal chaque fois que je le regarde de près. Le réel... c'est très simple. Suis-je préparé à recevoir le frère qui est saoul et qui va me vomir dessus ? Que dirai-je à celui qui pleure son passé dans mes bras, ce passé qui lentement passe en moi et pèse lourdement sur mon cœur ? Que dirai-je aux parents d'un enfant idiot ? aux parents d'un bébé mort de froid ?... Et pourtant il faut se laisser envahir, se laisser clouer.

... Il y a deux choses au monde sur lesquelles l'homme ne peut rien : le péché et la souffrance humaine. Le prêtre lui-même, sans Dieu, ne peut rien. Il serait alors même moins humain que les autres hommes... Le Christ, pour se donner aux autres à travers nous, attend que nous ayons revêtu toute leur souffrance et toute leur angoisse, pour que nous leur donnions le visage du Christ dans lequel ils puissent se retrouver avec leur souffrance et leur angoisse. »

(note du 8 décembre 1954)

Que se passe-t-il en moi ? Une tempête, un vent violent me secouent. Je suis de plus en plus pénétré par le fait que mon amour de Dieu est faux, illusoire. Amour de moi-même projeté comme idéal, parce que je n'aime pas les hommes. Et pourquoi ? Egoïsme, bien sûr, mais aussi parce que ma vie jusqu'à maintenant a été une vie pour moi, une vie centrée sur la recherche de moi-même et de mon épanouissement... Ce n'est qu'une dimension des choses. Ma vie a manqué d'humains. Les hommes m'échapperont toujours et je ne pourrai les aimer, donc leur donner le Christ, si je ne vais pas à eux dans ce qu'ils sont et vivent. Comprendre cela à la lumière de l'incarnation... Dans la mesure où je me rapprocherai des hommes, et dans la mesure où je les aimerai, je me rapprocherai du Seigneur et je l'aimerai. Mouvement non successif, mais simultané. »

(note non datée)

Pour la première fois de ma vie, je pouvais donner le meilleur de moi-même dans ce travail. Et c'est à ce moment-là, en 1955, que l'abbé Pierre émit une idée qui trouva immédiatement en moi un assentiment total. Cela a progressivement germé dans son esprit, car à chaque vacances où j'allais retrouver les Compagnons d'Emmaüs, il se posait la question de tous ces volontaires qui étaient soit des séminaristes, soit des prêtres, soit des gens qui avaient une dimension religieuse importante. Pourquoi ne pas essayer de faire comme le père de Foucauld avec les Petits Frères de Jésus ? Regrouper des gens qui, dans la masse, sont porteurs de l'espérance du Christ et de l'Amour, des gens qui auraient une sorte de vie au milieu des paumés, des exclus. C'est ce que font également les Bénédictins dans la Ville, dans la région parisienne. Il est certain que ce projet n'avait rien de facile. Projet ambitieux s'il en est que de fonder des « moines compagnons » dont la vie et les travaux seraient auprès des plus pauvres.

> « L'idée du noviciat est acceptée. Mélange de souffrances et de joie que l'on ne peut dissocier. Grande espérance. Je crois que maintenant il faut mûrir la chose lentement d'ici octobre... Il ne s'agit pas de faire une simple formation humaine d'Emmaüs, mais un noviciat qui inclue la formation humaine dans la formation spirituelle. L'objectif premier et essentiel, c'est la formation spirituelle d'Emmaüs. »

(note d'avril 1955)

Il y eut même des sessions organisées pour permettre à des séminaristes d'approfondir leur désir de se donner à Emmaüs sous une forme spécifique. Dirigées par l'abbé Duvallet, responsable de stage, elles fixaient de façon très claire les objectifs que ces postulants ne devaient pas perdre de vue. Il n'était pas question pour eux de venir à Emmaüs faire simplement une expérience personnelle, encore moins pour faire du social, pour réaliser la découverte de la misère humaine si cela n'avait pas encore était fait ! Emmaüs n'ayant jamais été une école où l'on enseigne la théorie de la charité, il fallait savoir s'approcher de ses réalités vivantes comme un pauvre, un assoiffé de vraies richesses. Le risque du néophyte pouvait également être de croire qu'il était possible de faire le tour de la question en quelques jours. L'humilité était une condition *sine qua non* pour accueillir tout ce qui était vécu comme un pauvre, démuni de tout et surtout de soi-même. Pas question de vouloir marquer son passage de son empreinte personnelle, comme quelqu'un qui ne serait pas profondément convaincu qu'il n'est qu'un serviteur inutile.

L'objectif de ces semaines de réflexion était avant tout de travailler silencieusement et humblement à réaliser quelle pourrait être la place d'un sacerdoce authentique et dépouillé au milieu d'un monde de souffrance et de misère humaines. Concrètement, nous répartissions nos journées entre la prière, l'Eucharistie, le travail en équipes de deux ou trois envoyés dans différentes communautés, des réunions de mise en commun, des discussions soit avec l'abbé Pierre, soit avec l'abbé Duvallet, soit entre nous. Les contacts avec les hommes des communautés qui nous intégraient dans leur travail devaient également apporter à chacun de nous une ouverture indispensable.

L'abbé Pierre m'avait confié une certaine responsabilité dans ce projet que je partageais de très près avec le père Radenac, franciscain. Nous avons vite réalisé qu'il ne fallait pas se presser de notifier et de statuer, car un faux pas risquait d'être néfaste. Il fallait voir vraiment clair dans la forme que nous aurions à donner à cette nouvelle branche qui devait croître sur le tronc Emmaüs. Sans entrer dans les méandres juridiques entre ce qui différencie institut régulier et institut séculier, il y a une troisième forme qui se nomme institut religieux. Selon les constitutions choisies, il fallait envisager la situation des prêtres. S'agirait-il d'hommes animés de l'esprit d'Emmaüs et pouvant être simplement détachés de leur diocèse pour un temps, mais avec quelle possibilité effective de leur part ? Ou bien de prêtres totalement intégrés à une Société de Prêtres (style Prêtres du Prado) ? C'est pour tout cela qu'en 1956, au moment de mon ordination, j'avais demandé au cardinal Feltin de rejoindre l'abbé Pierre. J'espérais qu'un jour je verrais apparaître cette communauté de religieux implantés à fond dans le monde des exclus, de la souffrance, de la misère.

Nous nous sommes attelés à cette idée, poursuivant la réflexion et la mise sur papier de l'objectif recherché : genre de vie, d'apostolat, etc., conscients qu'il n'y avait aucune priorité à trouver d'abord une étiquette... Nous avons également consulté des spécialistes en théologie, en vie religieuse, en droit canon. Il fallait donner à cette future institution toutes les bases spirituelles et juridiques nécessaires. Malheureusement, ce projet ne vint jamais à terme. Et quarante-cinq ans après, l'abbé Pierre estime bon que cela ne se soit pas fait, parce que le Seigneur ne le souhaitait pas et que ça aurait peut-être pu donner une coloration trop religieuse à Emmaüs. C'est son point de vue, à la fin de sa vie. Il n'empêche que dans les communautés Emmaüs, il y a très souvent un prêtre ou un religieux qui est là pour travailler avec les Frères, pour être présent, prêt à l'écoute et au dialogue.

Je ne peux terminer ce chapitre sans rendre hommage au père Jean-Yves Barral, décédé en février 1995, qui fut durant toute sa vie un fidèle serviteur de l'esprit d'Emmaüs, au sein des communautés d'Emmaüs de l'U.A.C.E. (Union des Amis et Compagnons d'Emmaüs... une des fédérations de la galaxie Emmaüs). Il s'intéressa aussi beaucoup au projet dont je viens de parler.

3

Dans le sérail

Le 26 février 1956, je fus ordonné sous-diacre. Avant la réforme du droit canon en 1966, cette étape revêtait une importance capitale pour celui qui se destinait au sacerdoce. Ce jour-là, on franchissait le pas, c'est-à-dire que l'engagement au service de l'Eglise, sans avoir le caractère des vœux religieux, était considéré comme définitif et irrévocable. Il comportait entre autres la promesse de vivre dans le célibat, et sauf cas extrêmement rares, il ne pouvait être annulé que par l'autorité romaine. Ma préparation fut aussi sérieuse que possible.

> « *Dans trois jours, je serai sous-diacre. Je ne sais pas si je me rends compte de cet événement. Je suis au tournant de ma vie... Cela arrive naturellement... C'est vrai que je le désire depuis longtemps... Mais suis-je prêt ? Suis-je adulte ?*
> *... Il faut, sous peine de trahison, que mon sous-diaconat transforme ma vie. C'est une œuvre d'amour qui prend, par cet ordre, un caractère sacré et impératif. Le Christ me demande impérativement de l'AIMER, lui seul, tout entier, par tout mon être...* »

(note du 22 février 1956)

> « *Oui, je réalise de plus en plus lucidement que dans quelques jours, c'est le don définitif à Dieu. C'est souvent angoissant... Tu sais, ce n'est pas l'angoisse qui doit être la plus forte mais, de plus en plus, c'est la conviction que mon être tout entier pénètre dans un ordre qui me dépasse de toutes parts.* »

(lettre à Jean du 10 février 1956)

La décision de m'ordonner prêtre, prise par l'archevêque de Paris, suivit de très près mon sous-diaconat et mon diaconat. A cette époque, la France était en pleine guerre d'Algérie. Mon grade d'officier de réserve risquait de favoriser mon rappel sous les drapeaux. Prêtre, je pouvais partir là-bas autrement que pour le service armé. C'est donc le 22 avril 1956 que je reçus l'ordination sacerdotale en la cathédrale Notre-Dame de Paris. Il était normal que j'aille célébrer mes « premières messes » dans les lieux qui marquèrent mon cheminement : au collège Saint-Jean-de-Passy, à Saint-Eustache en souvenir de mon grand-oncle chanoine, sans oublier Emmaüs à Neuilly-Plaisance. J'ai précieusement conservé la feuille qui se faisait l'écho de celle-ci :

> « *Beaucoup d'entre nous, les anciens surtout, ont bien connu le grand Jacques et la barbe en collier qu'il portait à l'époque où, tant à "Paul Doumer" qu'aux "Peupliers", il employait tout son temps à être auprès de nous, acceptant, avec une inaltérable bonne humeur, toutes les tâches, si ingrates fussent-elles.*
>
> *Séminariste, il avait pour un temps abandonné ses études pour venir partager notre vie de tous les jours, puis la vocation s'affirmant, il nous quitta pour entrer au grand séminaire.*
>
> *Le voici prêtre aujourd'hui, et nous en sommes tous fiers et heureux.*
>
> *En souvenir des mois passés avec nous, il eut la touchante pensée de venir dire sa première messe en notre petite chapelle de Neuilly-Plaisance, où il avait si souvent dirigé la chorale du moment.*
>
> *Jacques a toujours été un ami précieux pour tous, et combien compréhensif pour certains. Qu'il trouve ici l'expression sincère de la profonde amitié de tous ceux qui l'ont connu et ont su apprécier déjà, quand il était parmi eux, les qualités nécessaires à l'accomplissement du sacerdoce dont il est maintenant revêtu.* »

(« La Ronde », revue d'Emmaüs, 12 mai 1956)

Certain de pouvoir enfin rejoindre ces Compagnons avec qui j'avais tant partagé depuis plus de deux ans, heureux d'envisager de me donner tout entier aux côtés de l'abbé Pierre, notamment dans la perspective de cette communauté religieuse que nous portions dans notre cœur, je rencontrai mon évêque, le cardinal Feltin. Sa réponse négative pèsera lourd sur mes premières années de ministère : « *Son affaire n'est pas assez structurée, pas assez sûre.*

Vous irez en paroisse comme tout le monde. » Son obstination était toujours aussi forte un an plus tard : « *J'ai bien fait de ne pas vous permettre d'y aller ; vous voyez bien que leur œuvre n'est toujours pas structurée.* » La structure ! Quel grand mot, quelle tarte à la crème pour quelqu'un comme moi qui écrivais en juin 1956 :

> « *A certains jours, je regrette le temps de l'adolescence. Je voudrais que l'adolescence dure toujours. C'est si vibrant, si riche, si mouvementé, si palpitant... Bien sûr, attention à moi si je me prends à regretter cette étape. Ne serait-ce pas le signe que l'âge adulte, avec toutes ses valeurs profondes, m'est encore étranger ? Chaque âge a ses richesses. Garder de l'adolescence tout ce qui est enthousiasme, aventure, vie intense, ferveur. L'âge adulte ne sera pas celui que je vois sur tant de visage d'hommes : l'âge où l'on dort.* »

Bobigny

Mon premier poste fut donc celui de vicaire à Saint-André de Bobigny. La commune avait comme caractéristique d'être, historiquement, la première à avoir une municipalité communiste. En outre, l'Ecole des Cadres du Parti Communiste Français était installée sur son territoire. Mon travail, au départ, était peu passionnant car administratif, répétitif, fonctionnaire... Mais ce fut malgré tout une expérience inoubliable, car proche des aventures de Don Camillo et Peppone ! Dans cette paroisse ouvrière rouge peuplée surtout de maraîchers, c'était un peu à celui qui emmènerait le plus de jeunes en colonie de vacances, à celui qui organiserait la meilleure kermesse. Le patronage communiste constituait une rivalité redoutable et parfois musclée. Combien de fois les Jeunesses Communistes n'ont-elles pas fait le coup de poing contre nous ? Il suffisait que nous organisions un spectacle ou une manifestation pour que des commandos viennent déchirer nos affiches. A charge de revanche s'il le fallait. Lors d'une campagne électorale pour un référendum, on collait des « OUI » sur la Maison du Peuple. Les communistes collaient des « NON » sur le presbytère ! Aux dires de certains paroissiens que j'ai rencontrés à l'occasion de la parution de ce livre, « *c'était une période sanglante* ». Ce qui est à prendre évidemment *cum grano salis*, avec une certaine exagération verbale.

Si la vie paroissiale traditionnelle n'était pas épanouissante pour moi, en revanche ma présence auprès des enfants et des jeunes me permit de vivre des expériences inoubliables, de réaliser des choses fantastiques. J'étais chargé de l'organisation des catéchismes et du patronage des garçons. Je me souviens avoir monté pour mes gars des galas qui faisaient baver d'envie les « rouges ». Comme il n'était pas question d'avoir la fameuse Maison du Peuple (nous étions considérés comme les ennemis du peuple...), il fallait louer le cinéma de Pantin. Je faisais venir des vedettes de l'époque, des gens que j'allais repérer à la sortie de leur spectacle, et à qui j'avais le culot de demander de nous donner un peu de temps. C'est ainsi qu'Eddy Mitchell et ses « Chaussettes Noires » donna pour nous un de ses premiers galas. J'ai pu faire venir aussi Jacques Brel, Dalida, Barbara, etc. Il m'est également arrivé d'organiser des soirées de catch. Succès assuré auprès de mon auditoire populaire qui ne dédaignait pas pour autant les représentations théâtrales. Les bénéfices servaient à financer les camps de vacances où j'emmenais mes jeunes. Combien de garçons se souviennent encore de toutes ces activités, de cette ambiance, et m'en parlent à l'occasion ! A la kermesse que nous organisions chaque année durant tout un week-end, les maraîchers venaient le samedi matin vendre leurs légumes au profit de nos organisations.

Il y avait une tradition parmi les jeunes : après chaque messe, ils se réunissaient au bar pour boire un café. Un jour, l'idée leur vint de se retrouver « chez eux ». On mit donc en chantier un local paroissial complètement pourri, délabré, où tous, jeunes et adultes, sont venus mettre la main à la pâte. Il est alors devenu un lieu de rencontres, non seulement à la sortie de la messe, mais aussi bien en semaine que le dimanche après-midi. Ce local était plus encore que cela. C'est avec émotion que nous avons évoqué l'épisode avec mes amis, le héros étant présent. Pierre, de retour d'Algérie, venait de passer quelque temps dans un foyer de jeunes. Ancien « Orphelin Apprenti d'Auteuil », il n'avait plus de famille. Très déprimé à cause de sa solitude, il était prêt à rempiler plutôt que de se mettre à faire des conneries.

Un de ses amis de régiment habitait à Bobigny. Il eut l'idée de me le présenter, malgré les réticences de celui qui ne voulait pas

se laisser mettre le grappin dessus par un curé... Je l'ai logé momen-
tanément dans notre local... et il n'a jamais quitté Bobigny car il
s'y est marié ! En vérité, j'aimais que les jeunes prennent leur
dimension, leurs responsabilités, voire même des risques.

Les lignes qui suivent racontent ma rencontre avec tout un
groupe de mes anciens jeunes et de leurs épouses. Avec quelle joie
ils ont évoqué leurs souvenirs ! Avec quel bonheur je les ai partagés !

> « *Avant l'arrivée de Jacques, la paroisse menait tranquillement son
> train-train : patros, catéchismes, messes, etc. Votre arrivée a secoué les
> mentalités, et principalement celle des jeunes. On était "accro" et vous
> étiez un sacré élément fédérateur ! J'avais 17 ans, et je me suis dit :
> "Miracle, quelqu'un va nous faire bouger." Et on a bougé. On n'a pas
> bougé, on a remué. On a même fait bouger la municipalité, qui était
> loin d'être commode, en lui demandant de nous laisser défiler dans
> les rues avec trois fanfares. Et cela a été possible parce que Jacques
> était très estimé, ouvert à tout le monde. Il est arrivé avec un autre état
> d'esprit marqué par la camaraderie, l'entraide, l'amitié. Il n'avait pas
> un comportement coincé, et surtout il savait écouter les gens sans
> jamais les rembarrer. On avait l'impression qu'il se moquait des
> carcans de l'Eglise. Il voulait évoluer, et les adultes lui faisaient
> confiance parce que les jeunes poussaient. Automatiquement si les
> jeunes bougent, les vieux bougent. On était toujours prêts à revenir
> donner la main, à part quelques "pisse-froid". Quand on avait parlé
> de Perotti et de sa bande, on avait tout dit ! A son départ, ce fut la
> tristesse pour tout le monde. Même le maire est venu assister à la messe
> de son départ ! »*

En même temps que tout cet enthousiasme, je découvrais aussi
un certain envers du décor : l'univers sacerdotal avec tout ce qu'il
a de terre à terre, de médiocre, de frustrant, « d'a-humain ».
Combien de jeunes prêtres n'ont-ils pas été déstabilisés pour le
restant de leurs jours à cause de conditions matérielles de vie au-
dessous du seuil de tolérance psychologique, à cause d'un isolement difficile à décrire au lendemain de la joie d'une ordination.

En ce qui me concerne, l'abbé Huat, curé de Bobigny, souffrant
d'un ulcère à l'estomac, ne communiquait pratiquement pas avec
ses vicaires. C'était un prêtre pas facile, très autoritaire. En trois
ans, je ne me souviens pas l'avoir entendu prononcer plus de dix

mots au cours des repas de midi que nous prenions ensemble ! Cela ne pouvait guère favoriser les échanges... d'autant que sur les trois vicaires que nous étions, un était très souvent absent car il était prêtre-ouvrier. Le semblant de vie communautaire qui aurait pu naître autour de la table n'était de toute façon guère favorisé par les locaux d'habitation. Aux vicaires était affecté un vieux pavillon délabré, sans chauffage ni eau chaude, sans douche. Etait-ce un rappel de ce que j'avais vécu avec l'abbé Pierre en 1954-55, et prémonitoire de ma collaboration future avec lui auprès des abris et des S.D.F. ? Si les conditions matérielles ne sont plus, de nos jours, aussi piteuses et lamentables, je ne suis pas sûr que les situations humaines, psychologiques et affectives aient radicalement changé. Comme je l'ai vécu il y a une quarantaine d'années, combien de jeunes prêtres vivent-ils refermés sur eux-mêmes, supportant mal leur isolement ?

Ma vie sacerdotale, comme celle du plus grand nombre de mes frères prêtres, a donc commencé dans ce contexte difficile. Les sécurités du séminaire n'existent plus. Un voile se déchire : celui qui masquait la réalité affective propre à tout homme, y compris à celui qui se destine au sacerdoce. Quoi d'étonnant que surgissent alors des pulsions émanant du tréfonds de ma personnalité, m'attirant vers les êtres de même sexe que le mien, révélant avec force mon besoin d'aimer et d'être aimé. Comment assumer une telle découverte ? Comment ne pas remettre en cause mon engagement envers le Christ et l'Eglise ? Comment demeurer prêtre à part entière ? Comment demeurer homme à part entière ? Comment refuser à la fois la démission et la double vie ?

A cette époque, la libération des mœurs était loin d'être ce que nous connaissons aujourd'hui. Personnellement, je n'aurais pu impliquer ma vie affective et sexuelle dans mon milieu professionnel et je n'étais absolument pas attiré par les adolescents, contrairement à ce qu'a pu écrire, encore récemment, et de façon aussi lapidaire que calomnieuse, un pseudo-journaliste du nom de Pierre Debray. Il vomit régulièrement son fiel mensonger dans le magazine non conformiste intitulé « Le Crapouillot ». C'est ainsi que, dans le numéro hors série du 4 février 1995, intitulé pompeusement « Les secrets du réseau Gaillot », il ose écrire en exergue de son article « L'abbé Pierre, protecteur et modèle de Mgr Gaillot », les phrases que voici. Jugez plutôt :

« *Lors de la déposition de monseigneur Gaillot, l'abbé Pierre se porta aussitôt à la tête des protestataires. Assurément, il ne pouvait manquer une si belle occasion de faire parler de lui. Il y a plus. Les deux hommes ont noué, depuis longtemps, des liens d'amitié. Ils semblent qu'ils se soient connus grâce à un ecclésiastique quelque peu sulfureux, l'abbé Perotti. Celui-ci avait été chassé de son ministère par l'archevêché de Paris à la suite de plaintes de parents qui lui reprochaient de montrer trop de tendresse pour les enfants du caté- chisme. L'abbé Pierre s'empressa de le recueillir et d'en faire son secré- taire.* »

Et voilà, en quelques lignes seulement, trois prêtres agrafés de la façon la plus ignoble : celle qui consiste à salir par le mensonge ou la contrevérité. Je ne me suis jamais pris pour une blanche colombe, mais certaine bave ne peut manquer de faire mal lorsqu'elle est aussi venimeuse. Les lecteurs de Pierre Debray devraient mieux s'informer sur l'éthique journalistique de leur pen- seur.

Pour le prêtre que j'étais, comment concrétiser ces pulsions, comment trouver un partenaire ? Un seul moyen : la drague avec tout ce qu'elle comporte d'insatisfactions larvées. Il m'est donc arrivé d'aller dans des quartiers comme Pigalle, ayant pris la pré- caution de troquer ma soutane contre des vêtements civils. Ma vieille 4-chevaux n'était pas la meilleure cabine pour se changer, mais que ne ferait-on pas dans ces cas-là ?

C'est ainsi que j'ai rencontré des homosexuels, en recherche comme moi. Des gigolos, des prostitués, garçons souvent passion- nants mais aussi terriblement blessés. Il m'est arrivé d'éclater en larmes quand tel ou tel venait me raconter sa vie avec quelques détails douloureux. J'ai essayé d'en aider financièrement, dans la pauvre mesure du possible. Et le matin, je rentrai chez moi, fré- quemment démoli psychologiquement, ayant tenté d'arracher une absolution rapide au premier confessionnal ayant ouvert ses grilles vers 6-7 h du matin... Mais ce n'était pas cela que, profondément, je cherchais. Je garde de ces années difficiles, de ces rencontres furtives et sans lendemain que beaucoup d'homosexuels de cette époque ont vécues comme une déchéance, un souvenir globale- ment mauvais.

Bien sûr, ma personnalité sacerdotale se révoltait avec violence contre cette pente. Je ne pouvais étouffer mes désirs, mais ne trouvais aucune solution. Il y avait de nombreuses raisons qui expliquaient mon désarroi : le manque d'amitié sacerdotale, de vie d'équipe, le peu de goût pour le travail classique de vicaire, la vie souvent infernale du presbytère, ma négligence dans la vie spirituelle, et évidemment mon affectivité tumultueuse et complexe. Je suis allé faire une retraite en octobre 1958, chez les pères jésuites de la Maison Manrèse. Voici ce que je notais dans mes carnets :

> « Le temps s'écoule vite. Deux ans et demi que je suis prêtre. Que de choses. Que d'illusions, de désillusions sur ma paroisse, ma vie et moi-même. Il faut l'avouer, je ne suis ni heureux, ni épanoui au presbytère de Bobigny. Ce serait trop long à expliquer : beaucoup d'éléments entrent en jeu... Le plus profond est peut-être mon inadaptation à la condition de vicaire, ceci rejaillissant sur mon sacerdoce lui-même... Peu à peu une pente s'est dessinée, je l'ai suivie... elle conduit vers l'abîme où je suis tombé. A Manrèse, ces quatre jours sont ceux de la dernière chance. Je veux être lucide, je ne remets rien en question... mais que dois-je faire ? »

Deux ans plus tard, en septembre 1960, je n'avais guère progressé :

> « Qu'ai-je fait depuis deux ans ?... Je comprends, pour l'éprouver moi-même, qu'il y a des souffrances inouïes parce que toujours présentes, lancinantes, qui viennent de notre être personnel, de la façon dont nous sommes bâtis psychologiquement. Et là de nouveau, par la force des événements passés cette année, je reviens à mon drame personnel, à ce qui m'angoisse tant en ces jours face à face avec le Dieu Vivant et Amour...
>
> Que de ponts coupés, que de solitude amère. A qui parler ?... Je fais le mal que je ne VEUX PAS, mais je le fais quand même. Y a-t-il chose plus absurde, divorce plus criant dans l'existence ?... Je n'aurais jamais dû me laisser pourrir pendant trois ans à Bobigny, dans cette vie au presbytère...
>
> Le plus grave, c'est que je me suis désacralisé. Il me semble être devenu un individu comme les autres qui, le matin, célèbre un office et remplit quelques fonctions diverses, mais le cœur n'y est plus... A Manrèse, il y a deux ans, j'étais surtout effrayé de ma situation de l'époque. Aujourd'hui, les choses ont empiré, et se sont développées

à tel point que je suis toujours effrayé (quoique l'on s'habitue à tout, même aux pires situations), mais qu'en plus, étant donné que, depuis quelques années, la pente a continué et aujourd'hui s'accélère, je ne vois pas où cela va s'arrêter...

Je ne pensais pas, le jour de mon ordination, que j'aurais tant à souffrir. Que le sacerdoce est douloureux pour moi. Si mon mal est une maladie, pourquoi en serais-je responsable ? De toute façon, la solution n'est pas en arrière de moi, mais devant moi. A quoi bon se torturer l'esprit et dire que ce n'était pas ma voie, que jamais les êtres de mon espèce ne devraient jamais accéder au sacerdoce ?... Seigneur, il doit y avoir une solution qui ne soit ni la démission, ni la double vie... et pourtant sincèrement je ne vois pas encore laquelle. »

J'avais cependant déjà l'intuition que Dieu m'aimait comme j'étais, que je ne pouvais être tenu pour coupable de cette écharde dans la chair que je n'avais pas choisie, et qui s'imposait à moi avec une telle force !

J'ai la certitude que le Christ Jésus me dit : « *Je t'aime comme tu es... tu crois que je ne te connais pas à fond ? Je suis plus grand que ton cœur. Si tu reviens à Moi, je réaliserai en toi infiniment au-delà de tout ce que tu peux désirer. Tu as tout gâché par ta faute, et surtout ton manque d'amour. Viens, suis-moi, et nous rebâtirons encore plus beau qu'avant.* »

Le 19 octobre 1959 j'envoyais à Jean cette lettre :

« ... Je me voyais repartir encore un an avec le curé... pour ne rien faire de passionnant. J'étais démoralisé. Et puis l'inattendu est arrivé : Biscotte a été changé. Il est nommé coadjuteur à Paris dans le XIe, et nous avons depuis hier un nouveau curé. C'est l'abbé Monteix, vicaire à Pantin. Il est sympa. Il arrive avec quelques idées, et surtout le désir de travailler... Tu vois, je suis prêt à redémarrer, mais j'ai du mal. Il faut repartir à zéro, et en trois années on s'essouffle ! »

Ce pauvre curé, que nous surnommions irrévérencieusement Biscotte, a donc laissé la place à un autre prêtre plus vivant. Celui-ci vint s'installer à Bobigny avec sa mère, ce qui *a priori* ne pouvait que changer l'atmosphère de la cure et de la paroisse. Un de ses premiers soucis fut de faire remettre en état les logements des vicaires. Mon père se chargea des travaux de peinture, ce qui créa des liens amicaux entre le curé Monteix et ma famille.

Mais un bonheur ne vient jamais seul. Il est parfois accompagné d'une tuile, d'autant plus douloureuse qu'elle est inattendue. Quel est le prêtre qui n'a pas, sans le vouloir, hanté les fantasmes d'une femme en mal d'amour ? Tant que cela reste platonique ou maternant, on arrive à en sourire. Mais lorsque, tout de go, une déclaration d'amour en bonne et due forme vous tombe dessus, c'est déjà à prendre avec un certain recul. Quand, de surcroît, l'enflammée est une religieuse, il y a de quoi paniquer ! Comment réagir devant une telle charge, quand on n'est en rien attiré par le sexe opposé au sien ? Je l'ai carrément éconduite, sans vraiment penser que l'affaire irait plus loin. Illusions perdues pour la femme consacrée, mais non pas les ardeurs vengeresses ! Elle ne trouva rien de mieux que de me dénoncer à l'évêché... non pas d'avoir cherché à la séduire elle-même (ce qui aurait pu se comprendre), mais d'être l'amant d'une institutrice de l'école laïque. Rien que ça ! Je souris encore à la pensée que, malgré mes goûts homosexuels, je donnais pourtant le change...

Je fus informé de tout ce patacaisse par un confrère voisin, le curé de Drancy, qui m'apprit l'existence des bruits qui couraient sur mon compte. Mon propre curé lui-même ne fut mis au courant que lorsqu'il apprit mon changement pour lequel il n'avait pas été consulté. Dans cet avatar, aucune convocation ne me permit de m'expliquer sur ce prétendu scandale. Pas de confrontation avec la dénonciatrice. Je fus sans autre forme de procès viré de Bobigny, et nommé par monseigneur Le Cordier, alors évêque auxiliaire de Paris en résidence à Saint-Denis, dans la paroisse Saint-Marcel, au cœur du XIIIᵉ arrondissement de Paris. Au milieu des souffrances intérieures que j'ai endurées à ce moment-là, j'ai eu par chance le soutien et l'affection du père Monteix, d'un autre vicaire, le père Chapin, sans oublier l'attitude compréhensive et amicale des paroissiens qui savaient bien de quoi il retournait.

Ce qui m'est arrivé est loin d'être un cas isolé. Combien de prêtres ont eu à passer sous le couperet de telles méthodes dont l'autoritarisme ne le cède qu'à une certaine forme d'obsession antisexuelle de la part de la hiérarchie catholique. On passe volontiers l'éponge, quand on ne garde pas un silence proche de la complicité, sur tout ce qui touche à l'argent, à la plus ou moins réelle compétence pastorale, à l'encroûtement sénile dans une charge, etc. Mais s'il s'agit de mœurs, on ne discute pas, on coupe la branche pourrie.

L'analyse

Tout ceci s'est passé en juin 1961. J'ai évoqué plus haut, dans le témoignage de mes amis de Bobigny, mon départ de cette paroisse où, malgré toutes mes difficultés personnelles, j'avais commencé à être reconnu, accepté, estimé. Je me suis retrouvé bombardé dans une grosse paroisse parisienne. Habitant seul dans un appartement de quatre pièces, au cinquième étage d'un immeuble, je ne pouvais prétendre à une quelconque vie communautaire. La solitude a fini par avoir le dessus et faire tomber mes derniers remparts. La crise était bel et bien là, fleurissant sur les décombres des difficultés accumulées depuis plusieurs mois. Je suis allé voir le père Claude Longère, vicaire général du diocèse chargé des relations avec les prêtres. Il m'a orienté vers un prêtre-psychologue, l'abbé Merilhou, qui dirigeait à Cambo-les-Bains, dans les Pyrénées-Atlantiques, un centre de soins pour prêtres en difficulté. Mon état d'esprit est clairement décrit dans la lettre du 30 octobre 1961 que j'envoyais à mon ami Jean :

> « Eh oui ! j'ai quitté Paris. Comment t'expliquer tout par lettre ? Je sentais venir la cassure ; la faille que je porte en moi s'est ouverte plus fortement depuis mon départ de Bobigny... Je ne pouvais plus vivre comme cela le sacerdoce du Christ. Alors j'ai pris les grands moyens. Au diable ma réputation de type bien ! Après des démarches humiliantes, des visites médicales épuisantes moralement, j'ai obtenu un congé de maladie illimité, et je suis au centre médico-psychologique de Cambo, réservé aux prêtres. Je suis là depuis trois jours, et certainement pour de longs mois, pour suivre un traitement psychiatrique à raison de trois séances par semaine, de trois quarts d'heure chacune. On appelle cela des entretiens... Je vis dans le difficile, mais peu importe si je retrouve l'équilibre psychologique et la densité de ma vie sacerdotale... »

Pour tous mes proches, amis et famille, il n'était question que d'une « cure de repos consécutive à une immense fatigue nerveuse ». En fait, j'étais soigné pour ce qui était encore classé dans la catégorie des maladies psychologiques. Les journées étaient longues, très longues parce que l'on se trouve face à soi-même. Seuls la prière et le travail intellectuel permettaient d'y rendre possible la seule présence qui compte.

Début février, le centre quitta Cambo pour s'installer à quatre kilomètres de Bordeaux, ce qui rendait plus facile l'éventualité de recevoir des visites. Mais je ne devais pas y séjourner longtemps. Courant mars 1962, l'abbé Merilhou me conseilla de rentrer à Paris pour voir le professeur Wildocher, disciple de Lacan, en vue de commencer une analyse. Cette thérapie allait durer trois ans, au rythme de deux à trois rencontres par semaine. Grâce à elle, j'ai pu regarder en face mon identité homosexuelle, et j'ai pu comprendre la place qu'elle tenait et devait tenir dans ma vie d'homme et de prêtre. J'arrivais enfin à réaliser que je n'étais pas un monstre, que j'étais né comme ça. J'étais homosexuel. Point. Voir clairement est une chose. Effacer le déchirement intérieur en est une autre. A la fin de l'analyse, tous les problèmes n'étaient pas résolus. Je n'étais pas tout à fait prêt à vivre avec Jean-Pierre la relation qui venait de s'établir entre nous, et qui fut traversée de fortes poussées de culpabilité et de dégoût. Je craignais comme un recul, une fuite vers l'impasse, un goût morbide de taquiner le danger :

« ... *Pourquoi ce brusque retour vers un univers que je veux quitter ?... Jean-Pierre comprendra-t-il que mon refus est le signe d'un plus grand amour ? Il est entré dans ma vie par cette faille de mon être. Je dois le porter dans ma responsabilité et ma prière...* »

(janvier 1963)

« *...Pourquoi cet attachement à lui, sinon comme la recherche vaine de l'autre, échec car ce n'est pas l'autre, mais toujours moi que je recherche... Pourtant, Jean-Pierre, il y a de l'amour vrai dans les sentiments que j'éprouve. C'est ce qui ajoute aux difficultés de la rupture... Ma souffrance ce soir, comme beaucoup d'autres soirs, est intolérable. Il faut s'y tenir, c'est la croix, c'est le vrai sacerdoce. Ce qui a ajouté à la souffrance absurde, c'est cet appel du cœur et des sens vers une voie aberrante et qu'il faut contrarier...* »

(février 1963)

« *Me convertir à l'humilité, accepter d'être cet homme défaillant ? Suis-je en sursis ?... Quitter cet état de vie pour trouver le vide et l'insé-*

curité, la banalité... cela n'est pas dans le sens de la vie, pas plus que le suicide. Comme la souffrance absurde est lourde à porter. »

(27 février 1963)

« ... Jean-Pierre que j'aime et que je n'aime pas. Qui m'attire et que je hais parce qu'il est présence insoutenable de l'incohérent et du néant. Je me cherche pour me perdre et pour te perdre.

... Doubles conflits en moi : entre l'ordre ecclésiastique, le milieu familial, l'analyste, et mes aspirations affectives et sexuelles qui sont contrariées par eux, entre mes tendances sexuelles et en négatif mon désir sexuel de la femme qui se présente comme dévorante. »

(avril 1963)

« ... Les événements intérieurs se précipitent. Il faut agir humaine-ment, mais les événements ne doivent pas me laisser passif. Il y a un choix à faire. Je ne dois pas reculer devant. Jean-Pierre n'est peut-être pas une aberration. Que veut le Seigneur là-dedans ? »

(17 avril 1963)

Asnières

De retour à Paris après mon séjour hospitalier dans le Sud-Ouest, il fallait résoudre la question de mon activité sacerdotale. Retourner à Saint-Marcel eût été suicidaire. Ma famille était restée en relation avec l'ancien curé de mes grands-parents, le chanoine Michel. Par son intermédiaire, je fus mis en contact avec M. l'abbé Oppenot, curé de Sainte-Geneviève d'Asnières, qui obtint facile-ment ma nomination de vicaire dans sa paroisse. C'était l'opposé de Bobigny quant à l'esprit : ensemble assez bourgeois, activités classiques. Mais, comme à Bobigny, j'habitais avec les autres vicai-res. La communication y était possible. Le travail avec des laïcs, des jeunes foyers à la qualité humaine et spirituelle indéniable, était positif. J'ai gardé avec certains d'entre eux de forts liens d'amitié qui m'ont soutenu dans mes errances, et surtout dans mon analyse qui commençait. Ils m'ont permis d'affronter sereinement ma vie, mon sacerdoce, mes responsabilités. La mort subite du curé, remplacé par son premier vicaire, M. l'abbé Le Saint, nous donna un surcroît de travail, mais l'entente entre nous était bonne.

Dans cette trame je continuais à tisser des rencontres, plus ou moins occasionnelles, toujours en quête d'un amour à partager. Je continuais à souffrir, et ce d'autant plus quand je me trouvais affronté à des réactions négatives, comme celles de ce prêtre qui, un Mercredi saint, me refusa l'absolution parce que je n'avais pas le fameux ferme propos. J'avais un ami avec lequel je ne voulais pas rompre. Une affection sincère nous liait. Et je souffrais d'une part de davantage subir de tels oukases que de mes propres angoisses et de mes propres actes, d'autre part de constater combien rares étaient les prêtres qui acceptaient de comprendre les réalités de la vie sans se référer continuellement à un code, à une loi, à des principes. Ce fut aussi à cette époque que mes parents découvrirent mon homosexualité. Pour eux, ce fut le drame. Pour moi la catastrophe, d'autant plus humiliante que cette révélation leur arriva par des détours dont j'ignorerai toujours le chemin. La cause elle, m'était hélas bien connue : un garçon rencontré occasionnellement, connaissant mon identité sacerdotale, avait tenté de me faire chanter...

Le clash

« Après plusieurs mois de vie mouvementée, j'éprouve en ce soir de 2 mars 1970, le désir de reprendre au fil des jours l'histoire d'une vie qui n'est ni pire ni meilleure que celle des autres, mais enfin une vie que je sens plus palpitante que jamais, plus douloureuse aussi.

Je n'ai rien écrit depuis mon long passage à Asnières... Sept ans ! C'est énorme, parce qu'il s'est passé beaucoup de choses, beaucoup de rencontres. C'est peu parce que je suis toujours à la recherche de moi-même... »

Tout a commencé à craquer à nouveau pour la énième fois, au début décembre 1968, un soir de vente de charité, où, entouré comme à l'habitude de nombreux amis, j'avais ingurgité quelques doses de whisky... L'alcool possède toujours un certain pouvoir de délier les langues, de faire remonter à la surface de notre conscience ce que l'on croit enfoui à jamais dans l'inconscient... Oui, ce soir-là, devant pas mal d'amis, de jeunes foyers, j'ai éclaté : *« J'en ai marre de mon boulot, marre de Le Saint, marre de ma vie... mon sacerdoce est un énorme canular, c'est une erreur invraisemblable, etc. Peu à peu, le processus s'est mis en place... Ce soir-là, j'avais déjà quitté Asnières. Avais-je quitté le sacerdoce... ? Peut-être était-ce déjà fait depuis longtemps ? Nul ne peut répondre à cette question. »*

Oui, cette fois j'ai fait éclater le scandale. J'ai osé dire et crier que je n'étais pas bien dans ma peau, que je n'étais pas fait pour être prêtre. La cassure se présentait au grand jour. L'enracinement et l'expérience de l'amour m'avaient modelé et modifié à mon insu. L'évolution humaine et spirituelle se précisait. Il fallait que je trouve une nouvelle forme de vie sacerdotale qui me permette une expérience humaine que je croyais nécessaire. Pour le moment, le ministère paroissial était terminé pour moi. J'ai tenu mon contrat en terminant l'année scolaire. J'en venais à penser aux petites annonces que j'aurais peut-être à passer : *« Prêtre de quarante ans, désirant changer d'orientation, cherche situation se rapprochant de celle de public relation. »*

C'est donc dans la suite logique de ce scandale que je suis allé voir l'évêque du nouveau diocèse de Nanterre, de qui je dépendais. Monseigneur Delarue fit montre d'une très grande compréhension et d'une totale ouverture d'esprit lorsque je lui exprimai le désir de suspendre provisoirement mes fonctions sacerdotales. Je désirais vivre une expérience humaine dégagée de toute obédience ecclésiale. *« Si c'est votre chemin, suivez-le, me dit-il. N'hésitez pas. Et quand vous voudrez revenir, faites-moi signe. »* Mon départ fut en revanche plutôt mal interprété dans la paroisse que je quittai en 1969. Les événements de mai 68 avaient provoqué un tel raz de marée dans le clergé que beaucoup ont pensé que, moi aussi, je voulais me marier. Personne n'était au courant de mon homosexualité. Ce départ provoqua chez les paroissiens de nombreux témoignages de sympathie et d'affection. J'en désorientai aussi un grand nombre qui avaient trouvé en moi un homme d'écoute, de partage, disponible pour leur montrer le chemin qui mène au Christ. Mais celle qui a certainement le plus souffert de cette décision fut ma mère. Permettez-moi de citer quelques lignes de mon homélie le jour de ses obsèques, le 28 août 1985 :

« Ma chère maman, comment pourrais-je oublier ta souffrance silencieuse lorsqu'en 1969 j'ai demandé et obtenu de mon évêque un congé dans mes activités sacerdotales... Je devais à cette époque, pour être vrai avec moi-même, pour assumer une responsabilité, une affectivité différentes, je devais prendre une certaine distance par rapport

*à ce qu'avait été ma vie jusqu'alors... Tu as vécu ces longues années
dans le respect de mes choix, sans jamais juger ni condamner ! Une
fois seulement tu m'as confié : "Je prie et je sais que tu reviendras." »*

J'avais fait un premier pas au sous-diaconat. J'en faisais un autre
ce jour-là. Il fallait maintenant en assumer les conséquences.

4

Hors de l'Église...

Club Méditerranée et agence immobilière Havas

Il fut question, un moment, de demander ma réduction à l'état laïque. Mais cela n'aurait pas résolu le problème. Au contraire, je me rendais compte que le sacerdoce m'avait marqué pour la vie, bien que je l'aie si mal vécu. Il fallait avant tout que je trouve une situation sociale qui me permette, par une valorisation de mon humanité, de retrouver ma foi et mon sacerdoce. Courant avril, je prenais contact avec la Banque de Paris et des Pays-Bas. Je rencontrai également Gilbert Trigano, P.-D.-G. du Club Méditerranée. Par sa situation et sa réussite, je m'attendais à voir un véritable businessman impressionnant : j'ai trouvé un homme angoissé par les problèmes de l'homme. Rendez-vous fut pris pour la semaine suivante avec son état-major où je fis la découverte d'un univers profane très intéressant. Se trouvaient présents, entre autres, Geneviève Baillac, jeune auteur de théâtre, mystique mais les pieds sur terre, ainsi que le fils de Maurice Thorez, Paul, qui se révéla être un véritable philosophe humaniste.

Le 15 juin, mes premiers pas au Club Med me conduisirent à Cefalù en Sicile. En septembre, départ pour Corfou. Découverte magnifique de la Grèce et de ses sites incomparables. Mon rôle, avec Geneviève et Paul, consistait à animer des forums de réflexion sur des problèmes de société. Et Dieu sait s'il n'en manquait pas déjà à cette époque agitée post-soixante-huitarde. Paradoxalement, cela plaisait aux vacanciers, alors que l'on aurait pu s'attendre à les voir ne consommer que des produits de loisirs et de détente.

Mais ce n'était pas tout à fait du goût du directeur dont le seul souci était de distraire les membres du Club sans se poser « inutilement » des questions trop sérieuses en période de vacances... Au retour, mon enthousiasme était quelque peu retombé. Paul Thorez venait d'être limogé, mais je ne fus pas jugé capable de prendre sa suite. Geneviève Baillac fit tout ce qu'elle put pour me faire embaucher à plein temps, mais en vain.

Les relations personnelles de mon beau-frère Helmut, important industriel allemand, me permirent d'être présenté à M. Jacques Schumacher. Le 26 janvier, un coup de téléphone de son secrétariat me convoque pour un entretien le soir même. Accueil sympathique qui aboutit à la proposition de me prendre à l'essai dans l'Immobilière Havas comme chargé des contacts et des premiers entretiens avec les clients éventuels. Le résultat s'avéra très positif. L'acquisition d'un studio dans le XVIe arrondissement me permit d'avoir un chez-moi pour recevoir mes amis, accueillir une rencontre de passage... Dans ce contexte tout nouveau pour moi, je me mis à fréquenter des lieux où ma vie homosexuelle pouvait être vécue sans contraintes. Je fréquentais assidûment « Le Fiacre », bar-restaurant aujourd'hui disparu, « Le César » bar-dansant, « Le Vagabond », restaurant qui est toujours fréquenté par une clientèle fidélisée d'habitués et de jeunes ne se retrouvant pas dans les décibels des boîtes branchées de la capitale. C'est là où je continue d'aller plus ou moins régulièrement, mais fidèlement, aimant faire découvrir ce lieu à mes hôtes provinciaux de passage, essentiellement des prêtres et des religieux.

J'avais trop souffert de la solitude pour ne pas chercher à tout prix à en sortir. Mais j'avais aussi trop d'exigences pour me satisfaire de rencontres faites au petit-bonheur-la-chance, pourtant les seules faciles à réaliser. Je ne me suis jamais considéré comme un « dragueur », terme spécifique du jargon homosexuel. J'avais toujours été attiré, et je l'étais plus peut-être encore à ce moment-là, par tout ce qui relève de la tendresse et de l'affectif, par ce qui pouvait me permettre de ne pas descendre, mais de monter. En relisant mes notes de l'époque, je fus surpris de constater qu'un soir j'avais été accroché par une émission sur Thérèse d'Avila :

« Je me sens près de son cœur et de sa vie. Je suis aussi dans le désert de Dieu et je réalise avec acuité que si les apparences ont changé, le fond du problème de ma destinée n'a pas changé, lui. Il faut avancer, il faut s'élever, il faut chercher Dieu... La montée humaine est amorcée. Je ressens de plus en plus vivement la rigueur et la morsure du quotidien. Il me faut entrer dans l'épaisseur humaine, c'est là qu'un jour je retrouverai le Christ. »

Un autre jour, je me demandais si ma vie ne serait qu'une longue passion. Je sentais à nouveau m'envahir l'angoisse, compagne fidèle de mes journées depuis tant d'années. Et pourtant, était-ce une grâce de la Semaine Sainte ? Voici ce que je pensais alors :

« Quand j'essaye de me laisser envahir par la joie, il y a toujours dans ma vie quelqu'un ou quelque chose, ou moi-même, qui m'empêche de la vivre. La joie comme un au-delà insaisissable et pourtant réel, car ce soir où tout semble vide et futile, je suis là, vivant, j'existe et le monde existe, et les êtres existent... mais il n'y a qu'un être, il n'y a qu'une vie qui puisse donner toute la joie. C'est la petite étincelle brûlante qui est présence de Dieu en nous. En lui, nous avons la vie, le mouvement et l'être... Je me réjouis de la présence de Dieu dans la vie des êtres, dans l'amour des êtres. Je veux aimer jusqu'à cette profondeur. »

A travers les amis rencontrés et avec qui j'ai pu partager autre chose que le plaisir sexuel, mais avec qui rien n'a pu se construire de durable, je me suis souvent demandé si l'amour m'était interdit. Je souffrais toujours de ne pas aimer et de ne pas être aimé, car malgré les apparences, c'était toujours cela que je recherchais. Je ne croyais pas au bonheur pour aujourd'hui et pour demain, mais je savais qu'il existait quelque part car il nous arrive de le toucher furtivement, comme à la sauvette. J'étais conscient des handicaps que mon histoire personnelle avait dressés sur ma route. Au moment où, si je peux m'exprimer ainsi, la voie était libre, j'avais encore tout un poids de culpabilité et de tourments qui ne me facilitait pas la tâche. Entre le rêve d'un garçon avec qui j'aurais pu partager ma vie, et la réalité dont je ne pouvais faire abstraction, il me fallait trouver les moyens d'aller toujours de l'avant. Dans tout cela, mélange de joie et de souffrances, ma pensée a toujours gardé le contact avec le Christ. Mes notes disent combien déjà je me sentais responsable, dans la foi, de ce monde qui était totalement le mien. Je ne renie rien de ce que j'écrivais alors :

> *« Il faut aimer. Le seul péché est de ne pas aimer. Seigneur, je sais maintenant que ma vie est une passion. Je la donne pour tous les homosexuels du monde. Si les gens savaient la passion et l'héroïsme de leur vie... Bien sûr, là aussi, il y a du repli sur soi, de l'égoïsme et de la turpitude... mais chez les gens dits normaux, n'y a-t-il que de la normalité et de la sainteté ?*
>
> *Quand viendrons-nous à bout de cette stérile et mauvaise querelle entre homosexuels et hétérosexuels ? Pour des raisons multiples et variées, l'homosexuel a plus de mal à ne pas sombrer dans la déchéance. Mais s'il a le cœur de s'élever et de vivre dans le difficile, alors quel être magnifique il peut devenir ! Il y a en lui la force virile, le courage, et aussi la tendresse et la douceur féminine. Il vit plus que les autres. »*

Jean-Louis

Le 21 janvier 1973, je reprenais mes carnets après un long silence. Je n'avais pas envie d'écrire car les gens heureux n'ont pas d'histoire. Et moi, depuis le 23 février 1972, j'étais heureux, et sans vouloir contredire l'adage, cela a quand même été toute une histoire ! Je venais de vivre un véritable fiasco sentimental avec René. Revenant d'un dîner chez des amis, je me rends sans arrière-pensée au « Vagabond ». Mais peut-on aller là-bas vraiment sans arrière-pensée ? Il y a peu de monde. Au bar, un jeune homme d'une trentaine d'années attire mon regard. Il est souriant, disponible, et le contact s'établit le plus naturellement du monde. Nos mains se recherchent, se rencontrent... et nous voilà partis chez moi. Que peut-il arriver à deux homosexuels qui se retrouvent seuls et se plaisent ? Jean-Louis allait en fait tenir une place capitale dans ma vie affective, dans ma vie professionnelle. Le témoignage qu'il m'a écrit le montre bien :

> *« Cette rencontre devait changer complètement le cours de ma vie. Jacques était un bel homme de neuf ans mon aîné. Je fus attiré par son côté grand seigneur, son humour, sa culture. Il m'apprit qu'il était*

prêtre, mais qu'avec l'autorisation de son évêque, il avait pris du recul par rapport à l'Eglise pour travailler dans le civil. Nous nous vîmes de plus en plus souvent. Jacques était très gentil avec moi, il me sortait beaucoup au restaurant, au spectacle. C'était merveilleux, je n'avais jamais connu cela. Son contact m'apportait beaucoup, j'avais l'impression de m'élever, et cela me changeait de la vie de Monsieur Tout le Monde que j'avais connue avant lui. J'essayais d'évoluer au mieux dans cette nouvelle vie. Je voulais être digne de l'intérêt que Jacques avait pour moi et ne pas le décevoir. »

Je n'ai pas aimé Jean-Louis tout de suite. Nous sortions tous les deux d'une épreuve redoutable, celle de la déception amoureuse. Nos cœurs, affolés d'avoir aimé et de s'être trompés, risquaient de s'aveugler et de se tromper à nouveau par besoin de compenser très vite le vide qui s'était creusé pour chacun de nous. Ce danger a d'ailleurs failli nous coûter notre amour, car je redoutais de m'attacher encore. Il travaillait dans un bar, propriété de sa sœur, à Sainte-Geneviève-des-Bois, après avoir été marié, père de famille, brocanteur, agent de maîtrise et divorcé. Après une liaison de sa femme avec un douanier, il lui révéla son homosexualité. Considérant que c'était une maladie, elle le traîna devant leur médecin de famille qui lui donna peu d'espoir de le récupérer s'il était vraiment « atteint »... Ce qui avait très fortement marqué Jean-Louis, c'est la grande souffrance de sa jeunesse : celle, à quatre ans, d'être mal aimé par des parents divorcés qui se le renvoyaient comme une balle de tennis. De ces circonstances malheureuses dont il fut la victime innocente, lui sont restées une agressivité latente et une méfiance chronique. Mais il avait surtout un très grand besoin d'être aimé — ce qu'il n'avait pas trouvé auprès de sa femme, de s'appuyer sur son amour, même si, comme malgré lui, il ressentait parfois le besoin de s'échapper pour sauvegarder une liberté dont il était jaloux, pour ne « pas étouffer ».

Lui et moi étions novices, non pas en homosexualité (quoique relativement), mais en matière de vie commune. Jamais nous n'avions vécu l'un et l'autre avec un garçon. Il avait bien vécu sept ans avec sa femme, mais à quel prix ! Moi, avec personne, et à quel prix ! Nous redoutions de franchir le pas... et les circonstances ont joué pour nous. La mort de mon père, le 5 octobre 1972, eut pour conséquence inattendue que je pus reprendre à mon compte « Le Printanier », un bar-brasserie qui avait appartenu à ma grand-mère maternelle. Affaire prospère employant une dizaine de personnes, le bail des gérants ne fut cependant pas reconduit. Après Havas-Immobilier, je devins donc patron de bar, et Jean-Louis apporta les compétences qui me manquaient pour assumer ce nouveau travail. Il était préparé à prendre des responsabilités qui devinrent vite importantes. Le succès du « Printanier » ne fit que se confirmer. Nous avons donc commencé notre vie à deux, et je découvrais que notre rencontre nous avait touchés au plus profond. Que cette fois enfin, au-delà du désir épidermique, un amour discret mais brûlant, tendre mais souvent tourmenté, nous avait atteints, lui et moi, alors que nous n'y pensions pas.

Toute médaille ayant son revers, force me fut de constater que nos relations prenaient petit à petit la tournure de bien des épisodes que j'avais vécus précédemment. Il me fut difficile de vivre dans l'incertitude que Jean-Louis entretenait. Il y eut un jour le « coup » du cousin de Lyon amené à l'appartement alors que je ne devais pas m'y trouver... Il y eut surtout Michel, rencontré par Jean-Louis en mai 1973, dont il tomba tout de suite violemment amoureux. J'ai conseillé à Jean-Louis d'aller consulter une psychologue. Il fut décidé de prendre entre nous certaines distances. Période de turbulences douloureuses pour les deux, qui se termina définitivement en juillet 1974. Je reçus alors de la psychologue de Jean-Louis les conseils que voici :

> « ... *Peut-être cette rupture est-elle définitive ?... Mais s'il reste une chance et que vous y teniez la seule chose à faire est d'abonder dans le sens de Jean-Louis, sans drame ni reproche surtout. Abondez dans sa décision en faisant appel à votre grandeur d'âme. Redevenez le grand frère...*
>
> *Vous êtes un idéaliste, vous ne pouvez l'ignorer... Accrochez votre chariot à une étoile, c'est pour vous votre seule possible consolation....*
>
> *L'amour se pèse au poids des larmes. Que le vôtre est lourd ! Il n'y a que Dieu pour le comprendre et vous en aimer davantage, lui qui ne cesse de vous mettre à l'épreuve à travers cet "amour" aux multiples visages. Mais pour vous et votre équilibre, ne fuyez pas dans la facilité.* »

Jean-Louis resta au « Printanier » jusqu'en 1979. La lassitude m'avait gagné, je sentais à nouveau la dépression s'approcher, sa présence dans le cadre du travail n'arrangeant pas les choses. Je ne pouvais oublier qu'il m'avait toujours trompé et qu'il refusait de trouver en lui cette capacité à m'aimer totalement, dans la joie, jusqu'au bout. Je me suis installé dans la solitude, la rage au cœur. L'indifférence manifeste de mon ami, son aigreur, me blessaient profondément. Je n'arrivais pas à me détacher. Le 8 août, voici ce que mon acharnement aveugle me faisait écrire :

« ... Il existe deux types d'hommes : les esclaves et les seigneurs. Les esclaves le sont d'eux-mêmes ou des autres, de leurs instincts, de leurs faiblesses. Tu peux redevenir esclave alors que je sais depuis le premier jour que tu fais partie de la race des seigneurs. C'est inscrit en toi-même, si tu ne peux pas encore le vivre à pleine vie, à pleine joie. Le seigneur seul est capable de donner sa vie, sa joie, son amour, parce qu'il possède ses richesses. Il en a conscience, alors il peut les communiquer. Il sait qu'il doit communiquer, partager. L'esclave lui, ne le peut pas... il ne fait que prendre. »

En contrepoint à ces lignes que je ne signerais plus aujourd'hui, voici la réponse de Jean-Louis :

« Avec le recul, aujourd'hui, je pense que cette rencontre avec Jacques, sûrement la plus importante de ma vie, était trop précoce... Je n'étais pas prêt à m'investir complètement. J'aurais voulu lui être fidèle et passer ma vie avec lui. Il a transformé la mienne, et je n'ai plus été le même après. Cette assurance qui m'a permis ensuite de m'installer à mon compte, c'est grâce à lui ; ce goût que j'ai pour les belles choses et cette aspiration à vouloir toujours m'élever, c'est à lui que je les dois. »

Cette situation plus ou moins bâtarde prit fin courant 1979, lorsque je vendis « Le Printanier ». Jean-Louis fit l'acquisition d'une petite affaire « Le Moulin des Prés ». De mon côté, je rachetais le « Paris-Montmartre » que je gardai jusqu'en octobre 1981, date de mon retour dans le giron de l'Eglise officielle. Je m'étais tellement investi dans cette relation que tous ceux que j'ai pu rencontrer par la suite n'effacèrent jamais ce sentiment que je garde encore aujourd'hui vis-à-vis de Jean-Louis. Il est et demeurera le seul garçon que, durant toute cette longue période de ma vie, j'ai vraiment aimé. Il est et demeure un véritable ami. Il me faudra attendre novembre 1993 pour connaître à nouveau ce sentiment inexplicable qui mobilise toutes les forces d'un être. Au soir de ma vie, j'ai éprouvé pour Miguel un amour tel que j'ai pensé que tout était encore possible. La communion entre nous a été profonde, et je croyais que, enfin, j'allais partager ce que je suis avec lui. Mais cela ne fut pas possible pour de multiples raisons, dont ses propres engagements et les milliers de kilomètres qui nous séparaient. Ma vieillesse aurait pu être éclairée par le partage d'un amour vrai. Elle sera à l'image de la plus grande partie de ma vie, marquée par une solitude affective incommunicable.

Olaf

Le regard que je porte sur mon itinéraire ne serait pas complet si, à propos de Jean-Louis, je ne mentionnais pas ce compagnon de route merveilleux et fidèle que fut Olaf. Ce bouledogue bringé est arrivé dans ma vie parce que Jean-Louis ne le voulait plus dans la sienne. Il m'en fit cadeau en juin 1978, et ce fut immédiatement la complicité entre lui et moi. Mais que l'on ne se méprenne pas sur les lignes qui vont suivre. Je ne gagatise pas à propos d'un animal, si attachant soit-il. Je constate simplement qu'il a joué un rôle équilibrant dans ma vie, qu'il a eu une place à tenir et que sa mort fut pour moi une épreuve difficile. Je sais les clichés éculés qui circulent à propos de ces efféminés qui se promènent au bout de la laisse de leur caniche frisotté... Mais si l'on accorde un peu de sérieux à ce que peut avoir de privilégié la relation homme-chien, l'on comprendra que quinze ans de compagnonnage avec Olaf ne peuvent être psychologiquement neutres. J'ai voulu garder sur une cassette les sentiments que ce compagnon disparu en mai 1992 m'inspirait :

« Olaf, je veux encore parler avec toi, près de tes cendres. Te souviens-tu en juin 1978... Jean-Louis qui avait été mon ami, et qui n'était pas très doué pour vivre avec un chien, a décidé de te donner à moi. Au début je fus un peu déstabilisé. J'avais eu un boxer quelques mois auparavant. A cause de son agressivité envers les clients, il m'avait

fallu le donner... et toi tu arrivais, petit bouledogue bringé de six mois. Tout de suite, ce fut le coup de foudre... Tu étais seul, moi aussi depuis plusieurs années, avec un cœur qui en crevait de ne pas aimer et de ne pas être aimé. Alors ce furent presque quinze ans d'un compagnonnage rempli de tendresse et d'amour. Que de complicités entre nous deux. Il est arrivé parfois qu'un ami possible veuille entrer dans notre intimité... Tu faisais vite sentir que tu n'étais pas partageur... devant un moment de tendresse, tu approchais du lit... tu aboyais fort, tu montais sur le lit... et tu repartais furieux... C'est vrai que tu as été mon garde-fou, mon garde-vertu. Sais-tu combien de fois je me suis privé de sortie, au restaurant, au cinéma, au concert, au théâtre, pour ne pas te laisser seul ? C'est vrai qu'un lien très fort nous unissait, qui ressemble à de l'amour... C'était de l'amour sans sexe bien sûr ! Mais quand le moment de tendresse était là, et c'est toi qui en décidais, avec quel regard profond me fixais-tu, les paroles étaient superflues.

Quand un être entre dans ta vie, tout change. Joies et contraintes pour que l'autre soit lui-même, et heureux. Reconnaître à l'autre son espace de liberté et de relative autonomie. Mais en fait, toi qui m'écoutes (auditeur de la cassette) tu sais bien que l'on reçoit beaucoup de l'autre. C'est l'autre qui me fait exister. C'est de lui que je reçois mon bonheur. Alors quand on va rencontrer l'Eternel qui est Amour, c'est l'infini du bonheur et de la joie, c'est la fête éternelle. Comment, toi, mon cher Olaf, pourrais-tu en être absent ? Sans toi, il me manque une partie de moi-même jusqu'à ce que je te retrouve.

Je reconnais que tu as eu du mérite de vivre avec un type comme moi. D'abord au "Printanier", à la merci des clients, des chiens, dans une atmosphère enfumée. Ensuite de 1979 à 1981, au "Paris-Montmartre", et puis le 8 décembre 1981 au dixième étage du 2, avenue de la Liberté, les retrouvailles avec l'abbé Pierre qui blêmit en te voyant... : "Comment va réagir Mademoiselle Coutaz ?" Nous nous embrassons tous les trois, et toi, astucieusement, tu viens te blottir aux pieds de Mademoiselle Coutaz, assise dans son fauteuil : "Oh ! comme il est gentil, Jacques. C'est à vous ?" L'abbé Pierre et moi nous regardons... La partie est gagnée. Avec moi, tu as vécu dans l'intimité de l'abbé Pierre pendant plus de dix ans. J'avoue que ce cher père était très maladroit dans son comportement vis-à-vis de toi. Il ne savait pas te caresser. Dans l'ascenseur, il ne faisait que te taquiner avec sa canne...

Mes activités avec l'abbé Pierre nous obligèrent à des séparations périodiques de huit à quinze jours. Ma mère ou ma sœur t'accueillaient avec joie.

Te souviens-tu de ce jour du mois d'août 1990... où l'on m'a volé ma voiture avec toi dedans... Je pousse des cris en sortant de la boulangerie où j'étais entré une minute plus tôt. Je cours dans les bureaux de l'association Emmaüs, à côté de chez nous... Que faire... Appeler la police ? Je ressors, et joie, tu es là devant la porte de l'immeuble... tu m'attends... "Alors, on a voulu me larguer ?" Je te serre dans mes bras. Merci mon Dieu.

En juillet 1991, tu fais un œdème du poumon. L'abbé Pierre fera le sien en novembre... ce qui fait que vous prenez tous les deux le même médicament... L'abbé en a souri. Peu à peu, je sens que tu diminues. Janvier 1992, ablation de l'œil droit. Un dimanche soir d'avril, tu me fais une première crise, tu te couches sur le côté, la colonne vertébrale rentrée, les pattes raidies pendant quelques instants... et tu urines. Le calme revient à 23 h chez le vétérinaire. Nous devons aller à Bonneuil les 23 et 24 mai pour un week-end de nouveaux de David et Jonathan. On part à 8 h pour que tu ne souffres pas de la chaleur. En voiture, nouvelle petite crise. A Bonneuil, deux autres crises. Je décide le samedi soir à 22 h de rentrer à Charenton. Dans la nuit, deux autres crises. Vers 10 h du matin, tu fais une crise plus sérieuse dans le couloir du rez-de-chaussée... Une locataire de l'immeuble qui a un chien et qui adore les animaux me dit : "M. Perotti, il est bien mal. Je vous en supplie, ne le laissez pas souffrir." Je te remonte dans mes bras... C'est dimanche. Il faut trouver le vétérinaire de garde. Je téléphone. Course folle en voiture... Je me perds dans Créteil... Où est cette fichue clinique ? Mes pensées sont confuses... Peut-on reculer encore, trouver un remède miracle ?

Quelques instants d'attente, et nous voici dans le cabinet du jeune vétérinaire. Là, sans hésiter, je me dis qu'il n'y a plus rien à faire. Je fais le chèque, donne les instructions pour que le corps soit transféré au centre d'incinération animale de Nogent-sur-Marne... Tu es là, sans forces, sur la table... je te caresse... Je sens qu'il faut faire vite. Je t'embrasse en te disant : "C'est parce que je t'aime que je fais ça" et, sans attendre la piqûre finale, je m'enfuis précipitamment en sanglotant dans la voiture. J'attends quelques minutes avant de repartir.

Olaf, tu es maintenant en paix. Pourquoi aurais-je honte de dire que j'ai sangloté pendant tout le trajet du retour à Charenton ? L'appartement est désormais vide... Et pourtant je te vois partout. Je connais tes petits endroits. Dans ces heures douloureuses, je commence à me reprocher de ne pas avoir eu le courage de t'accompagner jusqu'au bout.

L'incinération est fixée au 26 mai, à 9 h. C'est le jour de mon anniversaire. A Nogent, j'ai voulu te voir une dernière fois. Tout congelé, les pattes repliées... dernier baiser... et le corps disparaît dans la machine qui, une heure plus tard, me donnera tes cendres.

Depuis ce jour, tu es de nouveau à Charenton, avec, sur le coffret, une très belle photo de toi que j'enverrai à ceux qui t'ont aimé. J'ai tout de suite annoncé ta mort à mes proches. L'abbé Pierre, averti par un ami italien, m'envoie un télégramme : "Jacques, je suis de tout cœur avec toi... On se téléphone... Jacques, il faut prendre un autre chien."

Pour moi, une nouvelle étape d'une vie commence : apprendre à vivre sans toi, faire l'expérience du manque, et l'accepter totalement.

Toi qui n'as jamais vécu avec un frère animal, tu ne peux comprendre. Ne me juge pas.

Toi qui as connu l'amour, quel que soit l'être aimé, toi seul peux comprendre. Alors prie pour moi.

Olaf, à bientôt... Je t'aime. »

Avec le recul, lorsque je fais la « bioscopie » de cette période, je n'éprouve aucune honte de quoi que ce soit, et je dis cela en sachant que nombre de bien-pensants vont grincer des dents. J'ai vécu dans une certaine forme de liberté qui semblera aliénation pour les tenants de la morale pure et dure. Si j'ai tenu à faire apparaître autant de fois ce que j'écrivais alors, c'est pour bien montrer que le doute qui m'a souvent habité n'a jamais été désespérance, car la plus haute forme de l'espérance, c'est le désespoir surmonté. Chacun à notre place, avec l'intégralité de nos expériences, nous devons tous surmonter la vie, mais la meilleure façon de le faire, c'est de l'aimer. Et j'ai aimé la vie. Et j'ai aimé l'amour que je n'ai jamais considéré comme un principe à appliquer, mais comme une vie toujours radicalement nouvelle à découvrir. L'amour sous toutes ses formes a été le seul but de ma vie. Il a dicté toute ma conduite jusqu'à aujourd'hui avec bien des lacunes et des faiblesses... Je me rends compte chaque jour davantage que c'est bien la réalité la plus noble et la plus difficile à atteindre et à vivre. Il faut sans cesse se hisser au-delà de la possession égoïste. L'amour, c'est l'irruption de l'autre qui bouleverse, qui nous jette en dehors de nous-mêmes et qui fait que nous nous trouvons nous-mêmes. C'est au milieu de cette vie que je n'ai jamais perdu le contact avec le Christ. Je pense souvent à cet épisode de la Samaritaine à qui le Christ fait toucher du doigt les limites de l'amour qu'elle vit lorsqu'il la rencontre. Celui qui partage son lit n'est pas

son mari. L'acte répréhensible en lui-même la renvoie essentiellement à sa façon d'être en relation avec les autres, car Jésus n'est
pas venu prêcher une morale d'actions, mais bien de relations. Ce
que nous faisons n'a de valeur morale que parce que cela nous met
en relation vraie ou fausse vis-à-vis des autres. Au cours de ce qui
fut pour moi une découverte du monde homosexuel, de ses problèmes, de ses échecs, de ses souffrances, de ses aspirations profondes, j'ai petit à petit découvert que Dieu, par là, me faisait signe.
Mes actes pouvaient devenir porteurs d'un message que j'ai eu
souvent bien du mal à comprendre. Mais il n'en était pas moins
réel, impérieux. Loin de me condamner, Dieu me demandait de
valoriser toujours plus ma relation à Lui en améliorant ma relation
aux autres. Il fallait que je me mette au service de mes frères homosexuels. J'entendais au fond de moi, de plus en plus clairement cet
appel : « *Ce monde-là, c'est le tien. Pourquoi ne pas aller vers lui ?*
Pourquoi ne pas reprendre maintenant ce sacerdoce que tu as si mal
vécu, pourquoi continuer à avoir mal à ton sacerdoce en le laissant
sous le boisseau ? Pourquoi ne pas faire maintenant ce que j'attends
de toi et que tu es prêt à faire pour tes frères ? »

J'étais en quelque sorte tissé de tous ces hommes et femmes
marqués par leur condition peu commune. Pourquoi ne pas leur
apporter une parole qui reflète le message évangélique ? Cette
minorité n'avait-elle pas droit à autre chose qu'à des discours loin-
tains et abstraits d'une Eglise enfermée dans ses sécurités et ses
refus de dialogue ? J'ai vraiment l'impression que l'Esprit-Saint a
fait mûrir en moi cette idée d'un nouveau visage pour mon sacerdoce. Je l'ai laissé faire.

5

Homo sacerdotalis

Emmaüs et l'abbé Pierre

« Mon cher père,
D'abord un grand merci pour avoir accueilli celui qui, après bien
des errances, vous revenait dans la sincérité de son cœur. Le temps et
le recul nous ont manqué sans doute pour sérier les problèmes, et la
nécessité pour moi de retrouver un travail rémunéré me semble avoir
mis au second plan le problème essentiel pour moi d'une réinsertion
sacerdotale dans la ligne de mon être profond. Je sais que vous allez
recevoir l'abbé Pierre. Il vous racontera notre rencontre pleine d'espé-
rance du "8 décembre". Il y a des années qu'immergé dans le matériel
et les activités commerciales contraignantes, je demande au Seigneur
un signe qui éclaire enfin ma route. Le signe est là, éblouissant au
point que, depuis ce jour de l'Immaculée Conception, je tremble en
moi-même. A moi, si indigne serviteur, il est proposé de vivre à nou-
veau au contact de cet amour brûlant qu'est l'abbé Pierre. Il s'agit
encore pour moi de perdre ma vie, mais cette fois-ci n'est-ce pas pour
la sauver ? »

J'écrivis cette lettre à monseigneur Jacques Delarue, évêque de
Nanterre, le 11 décembre 1981. Je lui exprimais très clairement
mes intentions profondes : *« Je reviens porteur d'un monde que je*
ne quitterai jamais, celui de mes frères et sœurs homosexuels. » Son
accueil révéla la même ouverture d'esprit qu'il avait manifestée
lors de mon départ d'Asnières en 1969. Je revenais. Il m'accueillait
tel que j'étais. Restait à trouver l'activité qui me permettrait de
répondre au plus près à mes aspirations. Le ministère paroissial

était exclu. L'espérance du « 8 décembre » n'attendait que le feu vert de mon évêque. De fait, j'avais retrouvé l'abbé Pierre qui ne m'avait pas oublié malgré les longues années de silence. Notre premier contact par téléphone avait été encourageant et émouvant : « *Jacques ! C'est toi ! Que deviens-tu ? Mademoiselle Coutaz me demande souvent de tes nouvelles. Elle est très malade... Prends ta voiture et viens me voir.* » Cette rencontre ne pouvait être autre chose qu'une « heure de vérité » concernant tout ce que j'avais vécu. Sa réaction a été à la hauteur de sa dimension spirituelle et humaine. Bien que personnellement non concerné par la réalité homosexuelle, il ne vit aucune difficulté à accepter ma proposition de revenir travailler à ses côtés dès que mes affaires matérielles seraient réglées, entre autres la vente du « Paris-Montmartre ». Sa visite à monseigneur Delarue ne fit que confirmer son acceptation de me voir partager son ministère auprès des plus pauvres. Bien des années plus tard, dans le charivari des réactions provoquées par mes prestations médiatiques, il m'écrivait une lettre dans laquelle il montrait combien, dès le départ, il m'avait compris :

> « *Après ma visite à ton évêque, je connus la vocation à laquelle il était impossible de te dérober, de soutenir dans leur vie spirituelle ceux qui, se trouvant donnés à la vie par le Créateur et se trouvant, au plus intime de leur humanité, autres que le plus grand nombre, voulaient vivre leur foi, et aussi d'aider la société à ne plus accabler ceux qui sont ainsi, de mépris et de condamnation.* »

En janvier 1982 je prenais donc mes fonctions auprès de l'abbé Pierre. Au départ, je ne travaillais qu'à mi-temps car un vieil ami du père, Roger Dick, lui consacrait trois jours par semaine. Il y avait beaucoup à faire car l'abbé n'avait guère le charisme de l'organisation et de la gestion. Cette responsabilité était l'apanage, depuis les débuts, de Mademoiselle Coutaz, dont la présence d'esprit et le sens pratique avaient permis à Emmaüs de vivre et de grandir dans une marche quotidienne pas toujours facile à assurer. Je peux témoigner que c'est sur elle qu'a reposé, durant de nombreuses années, la mission de l'abbé Pierre, et on peut la considérer à juste titre comme la cofondatrice d'Emmaüs. A lui le combat sur le terrain, à elle la présence discrète et efficace au sein de structures de plus en plus lourdes. Elle fut pour moi une pédagogue de premier plan, sans se considérer comme propriétaire exclusive de son expérience. Elle m'a donné sa confiance, et m'a redonné confiance. Mais je ne devais pas partager de longues semaines avec elle. Déjà très malade à mon arrivée, son état s'aggrava assez rapidement, et elle nous quitta pour Dieu le 16 mai 1982. Une des plus importantes pages d'Emmaüs se refermait avec elle lorsqu'elle fut inhumée dans le cimetière proche de la communauté d'Esteville, fondée en Normandie pour les Compagnons trop âgés pour continuer leur activité.

Cette mort fut une épreuve très difficile pour l'abbé Pierre. C'était une partie de lui-même et d'Emmaüs qui disparaissait. Ayant pris mon travail à plein temps, je vins m'installer à ses côtés à Charenton, où je dus assurer le remplacement de Mademoiselle Coutaz dans le quotidien du père. Cette présence auprès de lui m'a amené à plusieurs reprises à investir toute mon énergie pour lui permettre de sortir d'un état dépressif qui ne pouvait que nuire à son action. La période la plus difficile fut sans doute 1982-1984. Je découvrais que les moins de quarante ans ne le connaissaient pas. Il avait disparu de l'actualité depuis près de vingt-cinq ans. Je crois pouvoir dire en toute modestie que je lui ai permis de retrouver son tonus. La suite des événements de ces dernières années a montré qu'il était encore et toujours capable de prendre « les armes de la charité ». Son audience retrouva toute sa dimension à partir de la fameuse conférence de novembre 1984 au Palais des Congrès.

Cette collaboration a été passionnante pour l'homme avide de contacts que j'ai toujours été. D'une part, je continuais à être au cœur même de la misère humaine qui rejoignait le père via son secrétaire. D'autre part, je prenais la dimension mondiale de l'action qui était menée par Emmaüs. Le travail d'accompagnement indispensable à l'abbé Pierre m'a ainsi fait participer à des réunions Emmaüs-International au Pérou, à New York, à Cologne, au Japon, en Corée, etc. Le dernier grand voyage que nous fîmes tous les deux nous conduisit à Tamanrasset, sur les traces du père de Foucauld qui avait tant marqué de son empreinte celui qui servait les plus pauvres et les exclus, et dont il aurait aimé suivre l'exemple en fondant la communauté de moines compagnons. Pèlerinage pour les quatre-vingts ans d'un homme qui s'était enfoui totalement dans le dépouillement au cœur des masses à qui ne suffisait pas une parole de consolation, mais qui avaient besoin de la vérité des actes.

L'âge et la fatigue ont amené un changement radical dans la vie de l'abbé Pierre, et par conséquent dans la mienne. Dès 1985, il dut prendre une semi-retraite au monastère bénédictin de Saint-Wandrille, en Normandie. Ce qui n'affecta alors que peu mes responsabilités, car son secrétariat fonctionnait toujours à plein régime, et je devais souvent être en rapport avec lui pour telle ou telle question : voyage, rencontre avec des personnalités, etc. Survint l'accident pulmonaire de 1992. A partir de ce moment-là, l'abbé Pierre se retira définitivement à Esteville où il pouvait être pris plus efficacement en charge au point de vue santé. Cette décision mit pratiquement fin à ma collaboration avec lui, car mon activité se limitait désormais à trier le courrier qui arrivait à Charenton et à le répartir vers les instances décisionnaires, ce qui ne prenait guère plus d'une heure par jour. Mes responsabilités étaient quasiment nulles. De plus, j'arrivais à l'âge de soixante-cinq ans, celui de la « retraite » pour les prêtres diocésains. Il fallait être réaliste. Bien que rencontrant régulièrement encore le père pour le tenir au courant des activités de Charenton, je ne suis plus aujourd'hui le secrétaire de l'abbé Pierre. L'évêque du diocèse de Nanterre ne veut en aucun cas me donner un ministère qui me permettrait de garder à mes yeux un minimum de motivation sacerdotale. La seule chose qu'il accepte d'assurer, car le droit canon l'y oblige, c'est ma subsistance matérielle : « *Si vous avez besoin d'argent, n'hésitez pas à me le faire savoir...* » (dont acte).

Au terme de ce parcours hors du commun avec un homme hors du commun, je voudrais faire état de deux choses qui m'ont profondément marqué. Tout d'abord, la confiance indéfectible du père à mon égard concernant mes prises de position publiques sur le fait homosexuel. Certains de mes frères Compagnons m'ont fait souffrir en manifestant leur totale méconnaissance de ma vie. Ils affichaient ainsi un tri effectué dans le lot des exclusions, donnant à penser qu'il y en a de bonnes, d'acceptables (la pauvreté), et de mauvaises, d'inadmissibles (l'homosexualité). Jamais l'abbé Pierre n'a cautionné, en privé ou en public, une telle attitude. Il a toujours su garder la barre vent debout parce que c'est fondamentalement un homme qui a su reconnaître Dieu dans les pauvres, les nus, les prisonniers, les affamés, les malades. Ce qui m'amène au second point dont je ne peux que me réjouir. Si cette période de ma vie a été épuisante (il m'a été parfois lourd de suivre sa vitalité et le foisonnement de ses initiatives), elle a été aussi enrichie de l'intimité spirituelle avec l'un des hommes les plus marquants de son temps. Resteront gravées à jamais dans mon cœur les eucharisties que nous avons célébrées ensemble, quasiment tous les jours, depuis 1982. Différents sur nombre de points, nous étions unis au plus profond de notre être par le sacrifice du Christ qui nous donnait la force d'être, chacun dans notre vocation, témoins d'un Amour qui nous dépasse tous.

David et Jonathan

« *Depuis bientôt deux ans, c'est l'Esprit du Christ qui conduit ma vie... du moins j'en ai conscience et je le laisse faire... C'est par grâce que nous sommes sauvés... Comme c'est vrai pour moi. Je le vis tous les jours. Quelle grâce aussi de vivre auprès d'un saint (un saint = un homme pécheur totalement donné au Christ).*

Comme je l'ai dit à monseigneur Delarue en décembre 1981, je reprends ma vie sacerdotale dans sa totalité, au service de l'abbé Pierre et d'Emmaüs, mais je reviens également porteur de tout le monde homosexuel que je ne renierai jamais et pour lequel je fais le sacrifice de ma vie... Je suis entré depuis quelques mois au mouvement David et Jonathan, et il est question que je m'y insère de plus en plus... Si Dieu me prête vie, je voudrais travailler dans ce milieu où le Christ, là aussi, nous précède toujours. Milieu difficile, éprouvant, mais plein de valeurs humaines et évangéliques qu'il faut faire grandir... Préparer le chemin d'une homosexualité humble, ouverte au véritable amour. »

Ces notes, écrites le 7 avril 1983, me fournissent la transition pour parler de ce qui a été le deuxième point fort de ma réinsertion sacerdotale. Autant je ne pouvais m'engager seul dans la Voie Royale où se trouvent les invités au Royaume, autant je ne pouvais concevoir de partir, tel Don Quichotte, en chevalier solitaire pour prendre d'assaut les moulins tournant aux vents des préjugés anti-homosexuels de la société et de l'Eglise. Voulant être, comme je l'ai dit plus haut, tout homosexuel à tous les homosexuels, portant le souci de ces minorités incomprises et rejetées, je ne pouvais que m'investir dans un mouvement professant haut et fort son attachement au message du Christ. J'étais prêt à entrer à David et Jonathan et à mener un engagement de pair avec celui que j'avais à Emmaüs, car j'avais compris que ce mouvement permettait de se regrouper et d'agir au nom de sa foi dans le Christ. Cela m'apparaissait meilleur et plus valorisant pour la personne homosexuelle que de se réunir pour parler seulement de l'homosexualité. Commencer par en haut n'empêche pas de penser au bas. Et je crois aussi que ce qui m'a attiré dans ce mouvement c'est qu'il est soutenu par un élément glorifiant qui est : « *Nous ne sommes pas qu'un corps, un sexe, nous avons une foi, nous croyons à l'amour, à la vie au-delà de la mort.* » Et ceci sans un quelconque relent de fanatisme religieux, ce qui m'aurait à jamais écarté de cette organisation !

A quand fixer le début de ce mouvement, désormais le plus ancien dans la communauté homosexuelle ? La réponse relève presque de l'archéologie, tant les événements de ces dernières décennies se sont succédé en un enchaînement rapide. Il faut remonter aux années trente. Un prêtre, l'abbé Max Lionnet avait eu un cheminement rude et solitaire au début de sa vie sacerdotale. Cette solitude « décapa » sa foi, et il fut obligé de chercher l'essentiel. Par la confession, il rencontra un certain nombre d'homosexuels à qui il chercha à donner une parole de consolation, ce qui n'était pas courant à l'époque. Un jour, il achète dans une librairie une revue intitulée « Arcadie », publication d'une association portant le même nom, fondée en 1954 par M. Baudry, à qui je voudrais rendre hommage. Les années cinquante-soixante furent lourdes de répression anti-homosexuelle. Favoriser un regroupement de cet ordre reflétait alors un courage. L'abbé Lionnet prit contact avec M. Baudry qui lui envoya de nombreux garçons ayant des problèmes avec leur foi. Peu de gens aujourd'hui connaissent le travail extraordinaire de ce prêtre, aussi bien dans sa charge de vicaire de paroisse que dans ce qu'il appelait, avec humour, son ministère parallèle.

Dans le cadre des activités culturelles d'Arcadie, M. Baudry organisa un jour de décembre 1971 une table ronde sur le thème « Christianisme et homosexualité ». A cette conférence, l'Eglise catholique était représentée par l'abbé Max Lionnet, l'Eglise réformée par un certain pasteur Breitmayer. Le révérend archiprêtre Greanaker, de la cathédrale américaine située près de l'Etoile à Paris, parlait au nom de l'Eglise anglicane, et le diacre J.-P. Marty au nom de l'Eglise orthodoxe. Chacun avait été prié par André Baudry d'exposer brièvement la position disciplinaire de son Eglise sur l'homosexualité. Cette rencontre fut présidée par un jeune homme B.C.B.G. d'une vingtaine d'années, Gérald de la Mauvinière. Ce choix était très habile car Gérald était un laïc catholique, ayant pignon sur rue. Sa carte de visite de membre du Conseil National des Conférences de Saint-Vincent-de-Paul le rendait pratiquement inaccessible aux coups de crosses locaux ou romains, mais le présentait surtout comme sensible, en fidèle disciple de M. Vincent, dans la main tendue aux marginaux. A la fin de la table ronde, Jean-Marie Bioche émit l'idée d'un appel à ceux qui, au-delà de cette conférence, désiraient se retrouver pour voir comment prendre eux-mêmes en main leur identité chrétienne et homosexuelle. Ce fut le départ d'un projet cher à l'abbé Lionnet : faire se regrouper des homosexuels chrétiens. Les efforts conjugués de ces trois hommes aboutirent bien modestement au début, anonymat et discrétion obligeaient. C'est ainsi qu'en janvier 1972, la « Maison Arcadie » oublia pour un soir sa neutralité et sa laïcité de règle, et permit à quelques personnes de se réunir. Cette date est considérée aujourd'hui comme l'acte de naissance de David et Jonathan. Voici quelques souvenirs confiés en 1983 par Gérald :

> « Là, l'abbé Lionnet n'a pas voulu diriger la réunion, et c'est moi qui l'ai animée. Nous avons commencé par dire ensemble le "Notre-Père". Ce fut extraordinaire. On s'est demandé si c'était la suprême prière ou le suprême blasphème ! Il y avait un blocage de tous, nous n'étions pas du tout libérés ! Nous étions une dizaine à cette première réunion. Les gens ont essayé de se dire, de partager. Ça a été la première fois en France que des homosexuels ont prié ensemble de manière officielle. »

Cette courte évocation du début de David et Jonathan montre en trois points l'esprit du mouvement. Tout d'abord, c'est un laïc qui « préside », montrant par-là que ce qui était en train de naître n'était pas un apanage ecclésiastique. En second lieu, la place de la prière du Notre-Père donne sa véritable dimension spirituelle à cette rencontre d'hommes qui ne renient pas leur foi. Enfin, le partage, la reconnaissance de l'autre dans son identité intégrale. Tout cela se trouvera amplement développé plus tard dans un texte

« constituant » appelé « La Charte ». Mais déjà tout y est. Est-ce surprenant si l'on croit que l'Esprit souffle où il veut... ?

Par la suite, David et Jonathan « prit corps » à partir de la rue de l'Abbaye, à Saint-Germain-des-Prés, avec des gens aussi divers que peu faits pour vivre quelque chose de commun, mais pourtant liés par leur foi et leur désir d'écoute et de partage. La bande magnétique de la table ronde, entendue par les groupes de province d'Arcadie, a fait tâche d'huile à Lyon et Marseille. Un courrier important est arrivé, criant la solitude de nombreuses personnes. Il fallait faire quelque chose. Le premier bulletin était lancé en octobre 1973. Une commission théologique fut mise en place pour réfléchir sur les implications de la foi chrétienne dans une vie d'homosexuel. La dimension caritative ne fut pas oubliée. Une commission prit en charge les plus « paumés », les « lépreux du monde homosexuel » qui pouvaient trouver compréhension et chaleur humaine.

Gérald est mort en 1990, le jour de la Pentecôte, alors que se tenait le congrès annuel de David et Jonathan. Nous y avons vu une coïncidence évidente. Dieu sait donner des signes parfois très clairs. Sa disparition fut ressentie par tous les membres de David et Jonathan avec une immense douleur. Gérald avait déjà, dans une extrême humilité, laissé la direction du mouvement à François Laylavoix et à un conseil d'administration. Sa mort nous le rendait présent avec une efficacité d'un autre ordre, bien plus réellement. Aucun de nous ne pensait à le canoniser, mais nous avions la certitude que son travail véritable auprès des homosexuels pouvait commencer sans les limites du corps, de l'esprit, de la maladie. Ce qu'il avait entrepris, parce qu'il croyait en l'homme, parce qu'il croyait en Dieu, gardait toute sa force et son dynamisme. Sa mémoire resterait signe. Lors de la messe, célébrée en l'église Saint-Merry, nous nous sommes retrouvés plusieurs centaines, venus de toute la France. C'est lui qui nous rassemblait. Parmi les nombreuses prises de parole, voici ce que je disais ce jour-là :

> *« C'est Gérald qui nous réunit ce matin, et nous avons tous beaucoup de peine. Gérald, tu es parti vers le Royaume de la Vie éternelle et de l'Amour. Dans la foi, nous sommes sûrs que tu es arrivé au bout du chemin. Mais nous qui sommes là, notre peine est immense. Avec tes chers parents, que j'ai appris à mieux connaître et à aimer vraiment,*

nous avons été témoins de ta lutte courageuse contre la maladie... De mois en mois, tu savais que tu allais vers la mort, vers ce grand passage difficile à franchir pour chacun de nous... Et cette réalité qui s'avançait vers toi, tu l'as acceptée dans la paix. Père que ta volonté soit faite... ma mission est accomplie.

C'est vrai, chers parents, chers amis, que Gérald vient d'achever une vie bien remplie, une vie totalement consacrée, au sens religieux du terme, au service des plus souffrants, dans les Conférences de Saint-Vincent-de-Paul où il servit de nombreuses années. Il découvrit au cours de son existence d'autres exclus, d'autres marginaux. Avec l'aide de deux prêtres, il sut les rassembler pour leur donner l'espoir, leur montrer que, dans le Royaume de Dieu il y avait, pour chacune et chacun d'entre nous, un chemin d'espérance et de libération.

Dans cette eucharistie, avec mes frères prêtres qui sont tes amis, nous célébrons dans l'Espérance ton départ vers le Père, mais nous célébrons d'un même cœur la messe d'action de grâces pour l'action que tu as accomplie. Gérald, merci. Que le Dieu d'Amour t'accueille dans la Paix. »

David et Jonathan réagit

L'année 1976 a donné une nouvelle vie au mouvement. De quasiment informel qu'il était, il s'est structuré : bureau national et conseil regroupant les représentants de chaque groupe de province. Mais le fait le plus marquant fut la « bombe vaticane » lancée sur les ondes de Radio-Vatican, le jeudi 15 janvier 1976. Il s'agissait d'une déclaration de la Congrégation pour la Doctrine de la Foi sur « certaines questions d'éthique sexuelle ». Des extraits en furent diffusés à travers le monde par le truchement des radios, journaux, télévisions. Il en ressortait une condamnation pure et simple, absolue, de trois pratiques sexuelles extrêmement répandues : les relations préconjugales, l'homosexualité et la masturbation. Gardons bien à l'esprit que c'était il y a vingt ans. On peut constater qu'il n'y a pas eu une avancée, non dans l'acceptation d'un fait de société, mais seulement dans son approche et sa compréhension. Si je tiens à en parler dans ce livre, si je tiens à fouiller dans les archives, ce n'est pas pour soulever la poussière. C'est parce que les réactions du moment sont encore d'une parfaite actualité, et des hommes comme l'abbé Max Lionnet ont dit, à leur manière, ce que je pense aujourd'hui.

Le soir-même de la diffusion de cette déclaration, l'abbé Lionnet était assailli d'appels téléphoniques. Un courrier important lui apportait l'écho de la consternation avec laquelle le document romain avait été reçu par les homosexuels, et du mal qui en avait découlé pour beaucoup après ce « coup de barre à droite ».

> « *Votre Eglise est perdue. Quand vous écrivez que, hors de l'Eglise, il ne peut y avoir un véritable amour de Jésus, vous nous incitez à chercher cette Eglise... La catholique n'est pas chrétienne... Je ne souffre pas d'apprendre que je suis en état de péché mortel... Bientôt, le Vatican ne sera plus qu'un musée et une assemblée de vieillards hargneux et cruels.* »

David et Jonathan ne pouvait rester silencieux. Trop de gens disaient leur crainte de voir anéantir les espoirs qu'ils avaient mis dans ce mouvement. Des réunions de travail furent organisées, au cours desquelles fut élaboré un communiqué, remis à la presse le 18 janvier 1976. Ce fut le premier de l'histoire de David et Jonathan. Malheureusement, les médias ne se passionnaient pas encore pour de tels sujets, et il est pratiquement resté confidentiel. C'est la raison pour laquelle, vingt ans après, je me permets de le citer :

> « *Les homosexuels chrétiens sont surpris de voir que leurs actes ont été confondus avec les relations sexuelles préconjugales et la masturbation, sous prétexte que leur génitalité n'est pas orientée vers la procréation. Dans ces trois situations, les engagements humains et psychologiques sont de nature différente. Solidaires des autres personnes condamnées, les homosexuels déclarent que la méconnaissance de ces différences, reflétée dans le plan de la "déclaration", disqualifie l'autorité du document.*
>
> *Peut-on considérer que l'homosexualité puisse être innée et incurable, et obliger ceux qui se reconnaissent définitivement tels à vivre une continence absolue, don exceptionnel accordé par Dieu à un petit nombre. L'angélisme prescrit aux homosexuels relève de la plus grave irresponsabilité. Les conséquences humaines, psychologiques, sociales, d'une continence imposée et non choisie sont sans proportion avec les soi-disant désordres graves des actes homosexuels.*
>
> *Reprenant les condamnations de l'Ancien Testament dans un*

contexte de lutte contre l'idolâtrie, saint Paul considère les relations homosexuelles comme la conséquence d'un refus de Dieu. Les homosexuels chrétiens d'aujourd'hui ne se sentent pas concernés par cette interprétation. Ils entendent affirmer leur foi en Jésus-Christ sans reconnaître à quiconque le droit de contester leur fidélité au Seigneur sous prétexte de leur sexualité.

Tous les hommes et femmes qui ne peuvent avoir d'enfant sont-ils destinés à être enfermés dans une solitude humaine, affective et sexuelle totale ? Dans la tradition catholique, le premier but de l'union conjugale est de favoriser l'épanouissement chrétien des époux. Sans revendiquer une parodie de mariage pour les homosexuels, ne peut-on considérer qu'il leur serait possible de s'aider à grandir ensemble dans le Christ ?

Les homosexuels sont surpris que dans les principaux aspects extraits du document, les références explicites à la Loi d'Amour promulguée par le Christ Seigneur soient absentes. Des condamnations qui se réfèrent au droit naturel peuvent-elles concerner des chrétiens ? »

Dans les mois qui suivirent, la Commission théologique de David et Jonathan s'est attelée à un long travail de réflexion s'attachant à comprendre la démarche d'un tel raisonnement et ses failles logiques. Il ne s'agit pas d'appeler à la révolte contre l'autorité de l'Eglise romaine, mais bien de relativiser certaines affirmations au regard de l'Evangile ou de documents émanant du Concile Vatican II. Un exemple suffira pour montrer comment il est possible de tirer à soi les couvertures et d'affirmer des choses contradictoires lorsque l'on veut condamner. Le chapitre 3 de la déclaration affirme :

« En matière morale, l'homme ne peut porter des jugements de valeur selon son arbitraire personnel : au fond de sa conscience, l'homme découvre la présence d'une loi qu'il ne se donne pas à lui-même et à laquelle il doit obéir... Il porte une loi que Dieu a inscrite dans son cœur : sa dignité est de la suivre, et c'est sur elle qu'il sera jugé. »

Voilà. Inutile après cela d'en appeler à autre chose ! C'est pourtant oublier que le document conciliaire *Gaudium et Spes* (n° 16) déclare :

« La conscience est le centre le plus secret de l'homme, le sanctuaire où il est le seul avec Dieu, et où sa voix se fait entendre. C'est d'une manière admirable que se découvre à la conscience cette loi qui s'accomplit dans l'amour de Dieu et du prochain... Toutefois, il arrive que la conscience s'égare, par suite d'une ignorance invincible, sans perdre pour autant sa dignité. »

J'avoue que des textes comme celui-ci font chaud au cœur, car ils mettent bien les choses à leur place. Depuis le pontificat de Jean-Paul II, on a l'air de vouloir, dans les sphères vaticanes, les mettre en veilleuse. Aurait-on si peur que cela de voir ce que l'Esprit-Saint a inspiré à l'Eglise ? Sera-t-il longtemps possible de mettre sous le boisseau la lumière ? Je partage totalement la position de monseigneur Gaillot lorsqu'il écrivait dans la revue « Passage », d'octobre 1989 :

« Vatican II a été un commencement, maintenant il faut inscrire ses orientations dans la vie de l'Eglise. Les questions concernant la liberté religieuse, l'autonomie des Eglises, le respect des cultures, toutes choses amorcées au Concile, doivent prendre corps aujourd'hui, et rapidement. Le message du pape n'est pas complet à l'égard des problèmes de notre temps. Ce qui compte pour l'Eglise devrait être ce qui est vécu à la base...

... Par ailleurs, les appels à la morale, les conseils d'abstinence dans la vie sexuelle sont en dehors de notre temps. Il est pour moi important de prendre en compte ce que vivent les hommes, les femmes, les jeunes, dans la société d'aujourd'hui. Il faut comprendre la vie de notre époque. C'est à partir de là seulement qu'une parole peut être énoncée.

... A un homosexuel rejeté, je tiens le discours qu'il n'est pas rejeté, qu'il y a toujours un chemin possible, et je ne lui impose pas de règles morales. A l'égard des malades du sida, c'est la même chose, on doit se porter vers eux d'emblée... Tous ceux qui souffrent d'exclusion méritent notre attention. Le sida n'est pas une punition de Dieu, c'est absurde, ignoble, de penser cela, et pourtant on entend de tels discours ! »

Le 29 décembre 1976, sous le titre *« Personna humana »*, le Cardinal Frantisek Seper, Préfet de la Congrégation pour la Doctrine de la Foi persistait et signait :

« *A notre époque, en contradiction avec l'enseignement constant du Magistère et le sens moral du peuple chrétien, d'aucuns, s'attachant à des éléments de nature psychologique, se mettent à juger avec bienveillance, voire à excuser totalement les relations homosexuelles qu'entretiennent certaines personnes. Ils font la distinction, d'ailleurs non injustifiée, entre les homosexuels dont l'inclination, née d'une fausse éducation, de l'immaturité sexuelle, de l'habitude, du mauvais exemple ou de causes similaires, est temporaire ou du moins pas inguérissable, et les homosexuels qui sont tels de façon permanente en fonction d'une espèce d'impulsion innée ou d'une construction défectueuse, que l'on estime ne pouvoir soigner.*

En ce qui concerne ce second groupe, certains arguent que leur pente est si naturelle qu'elle doit être considérée comme rendant licites les relations sexuelles à l'intérieur d'une sincère communion de vie et d'amour, similaire au mariage, dans la mesure où les intéressés ne s'estiment pas capables de mener une vie solitaire.

En ce qui concerne le soin pastoral des âmes, il va de soi que les homosexuels doivent être accueillis avec douceur, nourris de l'espoir qu'ils pourront surmonter leurs propres difficultés et l'aliénation sociale qui les atteint. C'est avec prudence que l'on jugera de leur culpabilité morale. En revanche, il est exclu de recourir à une méthode pastorale qui leur conférerait une excuse morale, sous prétexte que les actes de ces hommes sembleraient convenir à leur condition. En effet, selon l'ordre moral objectif, les liaisons homosexuelles sont des actes privés de leur relation nécessaire et essentielle à une fin bonne. L'Ecriture Sainte les réprouve comme de graves perversions, et va jusqu'à les présenter comme la funeste conséquence du rejet de Dieu (cf. Romains 1/24-27). Certes, ce jugement des Ecritures ne permet pas de conclure à la responsabilité personnelle de tous ceux qui souffrent de cette anomalie, mais c'est une attestation claire du désordre intrinsèque des actes homosexuels, qui ne peuvent d'aucune manière recevoir quelque approbation. »

Le ton était clairement donné en ce qui concerne le traitement homosexuel : un respect individuel de façade, l'ignorance ou le refus des recherches dans tous les domaines des sciences humaines, un mépris de la charité comme loi première. Ce texte fait un amalgame de préjugés pseudo-théologiques. Il y aurait dans l'homosexualité un refus de Dieu qui atteint en pleine figure tous les gays chrétiens. Comment ne pas admettre alors l'opposition de plus en plus forte à une telle religion dont les discours et les actes ne relèvent que d'une lecture réductrice de l'Ecriture ? Il est intéressant de noter au passage que des théologiens (non suspects aux yeux de Rome, tels le père Xavier Thévenot, lui-même non suspect de partialité à l'égard des homosexuels) critiquèrent ce texte reflétant un profond mépris de tout ce qui pouvait permettre à un homosexuel de vivre en harmonie avec sa différence sexuelle innée, et non acquise, comme le suggère le document romain. Il devenait indispensable que David et Jonathan puisse intervenir intelligemment chaque fois que la hiérarchie catholique aborderait publiquement la question de l'homosexualité. La Commission théologique avait du travail sur la planche. Elle fut à la hauteur de sa mission lorsque, le 23 juillet 1992, la toujours féconde Congrégation pour la Doctrine de la Foi publie « Quelques considérations concernant la réponse à des propositions de lois sur la non-discrimination des personnes homosexuelles ». Je n'ai pas l'intention d'entrer dans le détail d'un tel texte que le lecteur intéressé trouvera facilement dans la revue « La Documentation Catholique » de l'époque. Je ne vais pas non plus vous plonger dans les nombreuses pages nées de la réflexion de la commission Etudes et Recherches de David et Jonathan. Ce serait tomber dans la technique intellectuelle que vous n'attendez pas du témoignage que j'essaie de vous donner. Je vous propose simplement le communiqué de presse du 19 octobre 1992. Il reflète bien notre état d'esprit, le mien comme celui de tous les membres de David et Jonathan : l'impérieux désir de dialoguer avec les responsables hiérarchiques.

Les homos chrétiens interpellent les évêques : **« ECOUTEZ-NOUS. »**

Au moment où les évêques de France vont se réunir à Lourdes pour leur assemblée plénière annuelle, le conseil d'administration de l'association David et Jonathan (Christianisme et Homosexualité) interpelle les pasteurs de l'Eglise catholique à propos du dernier document romain rendu public le 23 juillet 1992 : *« Quelques considérations concernant la réponse à des propositions de loi sur la non-discrimination des personnes homosexuelles. »*

Une nouvelle fois la Congrégation pour la Doctrine de la Foi intervient de manière scandaleuse dans un débat qui ne concerne *a priori* que la société civile. Ce document est un appel à la discrimination basée sur la différence sexuelle. C'est un appel au racisme. Nous pouvons lire en effet, au paragraphe 11 : « ... *Il y a des domaines dans lesquels ce n'est pas une discrimination injuste de tenir compte de l'orientation sexuelle, par exemple, dans le placement ou l'adoption d'enfants, dans l'engagement d'instituteurs ou d'entraîneurs sportifs, et le recrutement militaire...* » A quand le retour au port obligatoire du triangle rose déjà tristement célèbre ?

En tant que mouvement chrétien, David et Jonathan ne peut accepter un tel discours qui relègue les homosexuel(le)s au fond du placard. Là, ils pourraient « assumer » en toute « liberté » une chasteté qui les mettrait en règle avec la doctrine romaine. Encore une fois, l'Eglise, conformément à SA vérité et à son discours traditionnel, condamne les homosexuels et lesbiennes comme étant « objectivement désordonnés ». Et l'ex-Saint-Office de préciser au paragraphe 12 : « ... *Entre autres droits, toute personne a le droit au travail, au logement, etc. Néanmoins ces droits ne sont pas absolus. Ils peuvent être légitimement limités en raison d'un comportement externe objectivement désordonné. Ceci est parfois non seulement licite, mais obligatoire. D'ailleurs, ceci vaudrait non seulement dans le cas d'un comportement coupable, mais même dans le cas d'actions de malades physiques ou mentaux. Il est ainsi accepté que l'Etat puisse restreindre l'exercice des droits, par exemple, dans le cas de personnes contagieuses ou malades mentalement, afin de sauvegarder le bien commun...* » De qui parle le cardinal Ratzinger, signataire du document ? S'agit-il d'une position soutenant les « sidatoriums » ? Depuis quand les droits de l'homme sont-ils divisibles en tranches ?

Aujourd'hui, David et Jonathan s'étonne du silence de la quasi-totalité des évêques de France quant à ce document. Est-il un silence « gêné » motivé par les multiples rappels à l'ordre du Vatican à l'encontre de certains pasteurs audacieux ? Pasteurs vibrant d'une audace légitimée par une charité en référence constante à l'Evangile du Christ. Est-ce tout simplement un silence approbateur ? Il rejoindrait en cela le discours des évêques dans le Catéchisme National pour adultes paru en 1991. Nous lisons au chapitre « Homosexualité » cette définition : « désordre intrinsèquement pervers... »

Au-delà de cette position du Vatican qui tend à rejoindre ceux qui se réjouiraient de notre « disparition », nous répondons : nous existons et nous cherchons, comme tous les chrétiens, à vivre notre vie à la lumière de la Parole de Dieu. Nous souhaitons le dialogue avec tous, en particulier avec les communautés chrétiennes et les responsables des Eglises. Aujourd'hui, nous disons aux évêques de France : « Rencontrons-nous et dialoguons. »

David et Jonathan, le 19 octobre 1992

La charte

1984. David et Jonathan voit enfin la mise en forme d'une véritable structure associative (loi de 1901) qui lui donnera des bases juridiques solides. La Charte, dont il a été question plus haut, est adoptée au cours d'une assemblée générale, en 1987, fruit de réflexions intensives de tous les membres du conseil d'administration faisant « remonter » le travail de la base. Ce texte mérite une lecture approfondie. Il ne me paraît pas déplacé de le livrer dans ces pages qui, encore une fois, ne se veulent pas simple biographie, mais regard sur tout ce qui me touche au plus profond de moi-même.

Le mouvement David et Jonathan se veut un lieu de dialogue, dans l'humilité, le respect, la confiance, l'ouverture, qui permette à chacun de s'épanouir. Les homosexuels font partie de l'Eglise, des Eglises, du Peuple de Dieu, au même titre que les autres. La vie divine et spirituelle est partie intégrante de notre vie, et donc de notre sexualité. David et Jonathan n'a qu'une ambition : faire venir le jour où chacun pourra vivre au milieu de sa famille, dans sa profession, dans sa confession et dans la société, tel qu'il est, dans sa vérité et dans sa lumière.

Ce que nous voulons construire ensemble

Le mouvement est riche de la diversité des origines et des expériences des personnes qui vivent le partage et la réflexion dans ses groupes. Il a maintenant des racines et une histoire qui l'appellent à mieux cerner et formuler ses buts. Sans être le seul, David et Jonathan est un lieu où chaque personne peut s'exprimer dans toutes les dimensions de sa vie.

David et Jonathan : lieu d'accueil

Beaucoup d'hommes et de femmes homosexuels sont confrontés à la solitude. Certains vivent difficilement sarcasmes et rejet. En outre, les lesbiennes sont souvent ignorées. Le groupe David et Jonathan est un lieu d'accueil, de rencontre, d'écoute, de partage et d'amitié. Cet accueil se fait dans un profond respect de l'autre, quels que soient son âge, son sexe, sa vie affective et sexuelle, son ethnie, son origine, son milieu, sa confession religieuse, son histoire, son secret. Refusant tout jugement *a priori,* ses participants font ainsi l'apprentissage, jamais achevé, de la découverte mutuelle. Les groupes David et Jonathan sont ouverts à tout homme et toute femme, chrétien ou non, homosexuel ou non, qui adhère à cette Charte.

David et Jonathan : lieu de réflexion

A ceux qui veulent engager ou approfondir une recherche sur la sexualité, leur vie, leur foi, le mouvement apporte des outils de réflexion au sein des groupes, dans la confrontation des idées et des existences. S'enrichissant de toutes ces différences, chacun est appelé à mieux se connaître. Il peut alors s'exprimer librement dans un entourage d'amitié, dégager ses propres objectifs de vie, tendre à l'unité de sa personne et partager avec les autres richesse intérieure et joie de vivre.

Cette recherche personnelle ou en groupe est exigeante : elle nous rapproche de ceux qui travaillent dans les domaines de la sexualité, de la théologie, et plus généralement des sciences humaines sur les différences au sein de la Création, avec lesquels nous établissons un dialogue.

David et Jonathan : lieu d'interrogation et de libération

Certains homosexuels, certaines lesbiennes ont pu arriver à un épanouissement harmonieux de leur personnalité, et à une bonne intégration dans la société. Certains autres, non. Aux uns et aux autres, David et Jonathan propose de :

• reconnaître les bienfaits et la joie de l'amour et de l'amitié vrais, libérateurs d'une fausse culpabilité que beaucoup veulent nous imposer, et que parfois nous entretenons vis-à-vis de nous-mêmes.

- s'accepter tel que l'on est, malgré l'environnement, et croire en soi.
- s'ouvrir à l'autre, aux autres.
- refuser le « ghetto » et la condamnation de l'homosexualité.
- lutter contre toute forme de racisme, de marginalisation et contre toute forme de sectarisme.

Le mouvement est, à ce titre, solidaire des victimes des exclusions, des injustices, du mépris. Il est aux côtés des organisations, associations, Eglises françaises et étrangères, lorsqu'il s'agit de dénoncer de tels méfaits. Agir et lutter pour le respect et la reconnaissance des différences, c'est interroger la société, c'est agir et lutter pour les droits de l'homme et leur application. David et Jonathan : Lieu de recherche et de découverte du don de Dieu

Aujourd'hui, à ceux qui commencent à vivre leur homosexualité, comme à ceux qui la vivent harmonieusement, le mouvement pose la question : « Libérés, pourquoi faire ? » David et Jonathan est un lieu de recherche spirituelle ouvert à tous, chrétiens et non-chrétiens, où chacun en fidélité à son histoire et à sa conscience cherche à donner un sens à sa vie et à se réconcilier en profondeur avec lui-même, avec ses frères, et, pour le croyant, avec Dieu.

Comme toute personne, l'homosexuel reconnaît ses limites et ses fautes, mais il ne situe pas celles-ci dans son orientation sexuelle. Il est simplement un être en recherche et en devenir qui met sa foi en Dieu qui est Amour et Pardon.

L'échange et le partage vécus dans le mouvement David et Jonathan permettent à ses membres d'atténuer la complaisance qu'ils seraient tentés d'avoir avec eux-mêmes, ainsi que retrouver les voies qui conduisent vers Dieu. C'est ensemble qu'ils sont ainsi appelés à grandir dans l'amour fraternel et dans l'engagement de la foi. L'originalité de cette démarche permet à David et Jonathan d'interroger les Eglises pour une meilleure approche dans leur réflexion morale sur la sexualité.

Ce que nous croyons

La Création, dans sa diversité, sa complémentarité, sa richesse, intègre la sexualité comme don de Dieu. Chaque être doit, quelle qu'en soit la forme d'expression, en faire une force de vie et d'amour. L'homosexualité est notre chemin, souvent difficile, parfois privilégié avec ses limites comme celles qui bordent toute voie. Elle doit nous conduire à réaliser notre vocation d'hommes et de femmes — quels qu'en soient les obstacles — et à mener une authentique vie de foi.

Dans l'Evangile, Jésus-Christ nous fait découvrir que Dieu aime les hommes tels qu'ils sont. Il les appelle, leur laissant la liberté de lui répondre. Démarqué de tout pouvoir profane ou religieux, Jésus montre à tous, quel que soit leur état, le chemin.

Avec lui, nous avons foi en tout homme, quelle que soit sa différence. Nous savons que chaque homme est plus grand que l'image qu'il donne de lui, et qu'il ne peut pas être réduit à une des particularités de son être. Reconnaître, accepter, assumer sa sexualité doit ouvrir à la rencontre des personnes que la société rejette au mépris de leurs richesses humaines et qui font partie du monde des exclus, plus spécialement aimés de Dieu.

Mon appartenance à David et Jonathan

Cette période va être marquée par l'apparition du sida dont on sait que l'Eglise catholique a voulu ignorer la gravité et les implications dans la vie quotidienne jusqu'au fameux « baiser » du pape Jean-Paul II à un enfant américain malade. Le monde homosexuel, un des premiers frappés, fut une fois de plus considéré comme le bouc émissaire qui devait être chargé de tous les péchés. Ce fut, au contraire, pour David et Jonathan, la prise de conscience aiguë que cela le concernait au premier chef, qu'il y avait non seulement à réfléchir, mais à agir. Pour beaucoup de militants, il y eut l'impérieuse nécessité de s'investir dans la lutte contre cette maladie, d'entrer dans des structures associatives (AIDES, etc.) spécialisées dans l'information et l'accompagnement. L'accueil et le service prennent une véritable dimension missionnaire dans laquelle il n'est pas question de voir un quelconque prosélytisme, mais l'acceptation de la différence homosexuelle avec tout ce qu'elle peut véhiculer de souffrances.

C'est donc en 1982 que j'entrai en contact avec David et Jonathan. Mon retour à la vie sacerdotale, je l'ai déjà écrit, comportait le désir de me mettre au service du monde homosexuel, en lien étroit avec ma foi chrétienne. Un tel mouvement ne pouvait que me permettre cet investissement dont j'ignorais jusqu'où il allait me mener, notamment parce que je fus nommé assez rapidement vice-président, et par la suite attaché de presse. Lorsque j'y entrai, l'ambiance était encore frileuse, quelque peu coincée. On voulait garder une image convenable, ne pas faire de remous, ne pas afficher trop de militantisme. Ceci n'est en aucun cas une critique de ma part, mais une simple constatation de fait. L'évolution s'amorça avec l'élection de François Laylavoix au poste de président, avec le foisonnement des groupes de province qui ont poussé Paris à sortir du cocon, et avec l'acquisition d'un local opérationnel situé 92 bis, rue de Picpus. Les groupes ne sont pas restés uniquement axés sur la « parole » ou la révision de vie. Petit à petit, des activités nouvelles ont vu le jour : meilleur accueil des nouveaux, relations aux autres associations gaies et relations internationales, théâtre, sans oublier un groupe de recherche biblique et un groupe de prière. Ce dernier fut ma responsabilité privilégiée pendant plusieurs années. Temps de silence et temps de partage alternaient, pour nous permettre de laisser la Parole de Dieu entrer en nous et d'y découvrir ce qu'elle pouvait apporter à notre vie de chrétiens homosexuels, sans rien mettre entre parenthèses.

Que le lecteur, homosexuel ou non, me pardonne d'avoir peut-être été long sur l'historique de David et Jonathan. Je ne voudrais surtout pas donner l'impression d'un plaidoyer *pro domo*, mais je ne peux me regarder objectivement sans trouver ce mouvement profondément inscrit dans le filigrane de ma vie. J'ai évoqué les positions que nous avons été amenés à prendre, face à des textes romains. Je veux insister sur le fait que les documents émanant de David et Jonathan sont parfaitement le reflet de ce que je veux dire à mon Eglise, aux Eglises. Ce livre n'a de sens que s'il se fait l'écho de tout ce que nous ressentons encore aujourd'hui, de tout ce que nous voulons exprimer, sereinement mais fermement.

Se découvrir dans toutes ses dimensions, s'accepter tels que nous sommes, s'aimer dans notre différence, c'est déjà dire Dieu. Nous sommes, nous aussi, création de Dieu, nous ne croyons pas que l'hétérosexualité soit la seule forme de sexualité qui puisse se pratiquer de façon sanctifiante. L'homosexualité est un don de Dieu, il faut pouvoir l'accepter de sa main et la vivre avec allégresse. Pour qu'il nous soit possible de dire Dieu, il faut rompre les entraves par lesquelles les sociétés et les églises nous empêchent d'être des chrétiens à part entière lorsque nous faisons usage de ce don.

Eglises, arrêtez vos discours de mort qui ne savent proposer aux hommes que des interdits. Donnez-nous des paroles de vie et d'espérance. Tout en ne lançant de défi à personne, nous proclamons fermement notre droit d'exister et de vivre pleinement comme Dieu nous a fait. Nous voulons être dans les Eglises des témoins, des signes qui affirment que la génitalité, la sexualité, la tendresse peuvent et doivent jouer un rôle essentiel dans l'édification du Corps du Christ. On ne va pas à Dieu en dépit de sa sexualité, de son affectivité, mais en les vivant pleinement.

Dieu se dit dans chaque histoire d'amour qui essaie de vivre les valeurs évangéliques. Dieu se dit chaque fois qu'un homme se met debout pour vivre dans la liberté de sa conscience d'homme.

Etre homosexuel en 1995 demeure encore un parcours semé d'épreuves, et beaucoup d'entre nous risquent de rester blessés à vie à cause de l'ignorance et de la peur qui nous excluent. Le nombre de lettres que je reçois, de femmes, d'hommes, de jeunes qui découvrent leur homosexualité et se voient dans l'impossibilité d'en parler à quiconque, montre qu'il y a encore un chemin énorme à parcourir. Dans la société civile comme dans l'Eglise, l'homosexualité reste un sujet tabou, et véhicule l'image de la déviance. Le jeune ne peut en parler, ni à ses parents ni à ses copains. Il se sent marginalisé et risque, soit d'étouffer pour un temps ses tendances (mais à quel prix !), soit de s'enfermer dans un comportement dangereux pour son équilibre psychologique ou sa santé. Ne pas pouvoir communiquer, c'est ne pas avoir les moyens de devenir adulte, et pour communiquer dans ce domaine-là, quel abîme à franchir ! C'est pour cela que j'ai pu trouver à David et Jonathan un terrain où il est possible d'être vraiment un homme d'écoute et d'accueil, d'autant plus que beaucoup n'osent pas ou plus mettre les pieds à l'église. Blocages résultant d'un passé plus ou moins proche ou refus d'entendre un discours moral qui se cantonne quelquefois au niveau du préservatif ? Toujours est-il que cela ne fait que me confirmer dans le malaise que je partage avec mes frères homosexuels lorsque je constate, et regrette, qu'aucun dialogue vrai, constructif, ne puisse être ouvert avec les évêques, avec les responsables des autres confessions, chrétiennes ou non. Oui, l'Eglise écrit sur nous, parle de nous, mais ne parle pas avec nous. Et pourtant notre demande de dialogue est très forte, car elle refuse de voir l'homosexualité telle qu'elle est. Il y a urgence à ouvrir le dialogue pour faire reculer l'ignorance et l'exclusion. C'est un des grands espoirs que je porte avec mes amis de David et Jonathan.

On aura compris que David et Jonathan a été capital dans ma vie de prêtre. Je peux affirmer que jamais ne m'est venue à l'esprit l'idée que je participais à une gay church à l'américaine, et que mon apostolat m'enfermait dans un ghetto spiritualo-religieux. Tout en moi me faisait, et me fait encore refuser cette notion. Je veux dire, en revanche, avec force, que j'ai de plus en plus conscience qu'il existe un authentique Peuple de Dieu homosexuel, auquel une parole de libération et de promesse est adressée. Le Peuple plus innombrable que les étoiles promis à Abraham n'est pas un monolithe. Le Peuple conduit par Moïse à travers le désert était un ramassis de tout ce qui fleurissait dans l'exclusion sur la terre d'Egypte. Le Peuple de Dieu, aujourd'hui, ne peut être encore et toujours que diversifié et en marche, dans lequel les communautés de base que sont les groupes homosexuels ont leur place pleine et entière. Ils ont à recevoir des autres leurs richesses humaines et spirituelles. Ils ont à faire partager les leurs. Pas moins, mais pas plus que les autres, ils ne dérogent à la nécessité du salut qu'apporte le Christ.

6

De tout, un peu...

J'ai commencé ce livre en parlant longuement de mon activité médiatique au cours de ces dernières années : presse, radio, télévision. C'est grâce à elle que j'ai pu rompre le silence qui couvrait d'une chape de plomb le monde homosexuel dans son ensemble, le monde homosexuel chrétien en particulier. C'est grâce aussi à elle que j'ai pu avoir un rôle à jouer auprès de cas dont on ne parle jamais. Mon rôle en tant qu'homosexuel prêtre fut loin d'être négligeable, aussi bien auprès de gens mariés que de garçons qui désiraient voir reconnue l'authenticité de leur amour. J'ai eu l'occasion également de lancer des jalons pour permettre à d'autres de se faire entendre, que ce soit par le biais d'un livre comme « Les exclus de l'Eglise » de John McNeill, ou par la mise en route d'une enquête sociologique auprès de prêtres homosexuels par le père Julien Potel. J'ai œuvré pour que des prêtres puissent se retrouver dans un cadre « libérateur ». Arrivé à ce stade de mon itinéraire, je voudrais vous faire part de ce qui est peut-être la partie immergée de mon ministère auprès des homosexuels. D'où le titre de ce chapitre.

Les gens mariés

Un voile pudique cache souvent des situations dramatiques, pratiquement inextricables, que des couples traînent comme un boulet pendant des années. Combien de fois n'arrive-t-il pas d'entendre qu'un tel ou une telle, après dix, quinze, vingt ans de mariage, vient de virer sa cuti. L'humour a bien du mal à cacher l'incompréhension, quand ce n'est pas la condamnation. Personnellement, j'ai été le témoin de nombreuses révélations de ce genre, porteuses presque toujours de drames conjugaux peu faciles à assumer par les intéressés. Rappelez-vous ce que j'écrivais à propos de mon ami Jean-Louis et du comportement de sa femme à son égard. Le premier réflexe fait immédiatement penser à une maladie honteuse qu'il faudra soigner, éradiquer par tous les moyens qu'offre la psychanalyse. Et cela n'est pas le domaine réservé du « trompé ». Bien souvent celui (ou celle) qui rompt une vie selon la norme porte comme une blessure incommunicable cette découverte tardive. Comment cela a-t-il pu arriver ? Il est difficile de faire prendre conscience, ou de prendre conscience soi-même, que les préférences qui se manifestent aujourd'hui ne sont que la résurgence de ce qui a été occulté, refusé, à l'époque où la vie sexuelle ne pouvait se concevoir que dans un mariage. Tant que les sécurités ont fonctionné, il n'y a pas eu de problème. Viennent une crise dans le couple, des difficultés professionnelles ou familiales, une interruption de relations sexuelles avec son conjoint, etc., et voilà les verrous qui sautent d'autant plus violemment que le sas était bien étanche. Mais le drame est amplifié lorsque l'affaire est découverte, et ce d'autant plus que rien ne laissait prévoir une telle situation.

A maintes reprises, j'ai eu à intervenir auprès du conjoint dont la vie s'effondrait après tant d'années marquées au coin de l'amour partagé, de la confiance réciproque, du dévouement mutuel. Quelles montagnes de préjugés n'ai-je pas eu à affronter, à combattre avec douceur, compréhension, mais aussi fermeté ? Quelle luttes contre des envies suicidaires, quelles approches compréhensives face à la dépression, quelles mises en garde contre des comportements tendant à faire payer à l'autre sa tromperie par un autre cocufiage ! Sans relâche, j'ai dit et redit la nécessité d'un regard lucide sur l'autre et non sur ses actes, seul moyen de comprendre que, malgré tout, il y avait place à une certaine continuité de l'amour, semblable à celle que Dieu a pour nous et qui ne peut que juger le jugement.

Dire que j'ai réussi chaque fois à ramener la paix dans les ménages serait proprement orgueilleux et mensonger. Je sortais le plus souvent complètement à plat des ces rencontres, rarement satisfait car il est toujours facile de parler mais moins facile de rejoindre en vérité celui qui est blessé, et de lui donner ce dont il a le plus besoin. Mais quelle joie, quelle action de grâces lorsque j'ai pu, une fois ou l'autre, amener un homme et une femme à se refaire confiance, à croire que l'amour était encore possible entre eux, en s'acceptant dans une différence encore plus nouvelle, à se remettre à l'école du vrai détachement qui suppose un respect absolu de l'autre, de ses vouloirs, de ses attentes. Face à la solution de rupture pure et simple des deux époux, je me suis toujours efforcé de les amener à éviter l'amertume destructrice des départs. Avec un minimum de bonne volonté, il y a toujours une place possible pour respecter le mystère de l'autre et pour garder à l'affection, à la tendresse, leur rôle de ciment de la vie commune. Au risque d'en choquer plus d'un, je demeure persuadé que le vocabulaire de l'amour et du mariage véhicule une conception étroite de la relation à l'autre. Les expressions *« appartenir à quelqu'un », « se donner à quelqu'un »* sont ambiguës. Elles peuvent refléter d'authentiques valeurs d'oubli de soi, mais aussi signifier que l'autre est considéré comme sa propriété, son bien propre. Elles sont loin d'être neutres, et n'autorisent en rien le partenaire à annihiler ou à annexer la liberté d'autrui. Même après un engagement personnel librement consenti, il n'y a pas de droit absolu sur l'autre. Son mystère reste entier et insaisissable et appelle le renouvellement continu et spontané du don. Difficile à admettre, je le reconnais. Mais il faut à tout prix reconnaître la différence entre le don et les modalités historiques du don.

Les bénédictions d'amour

> *« L'on peut se trouver en face de couples homosexuels qui vivent une vie authentique et l'amour le plus altruiste, à la qualité duquel n'atteignent pas bien des ménages normaux. »*
>
> Abbé Marc Oraison,
> « Les Homosexuels », Casterman, 1973.

Il m'a souvent été demandé ce que je pensais, et si j'avais célébré, des mariages homosexuels. Je dois reconnaître que j'ai eu parfois l'impression que l'on me tendait un piège, et que l'on voulait m'amener sur un terrain miné. Comment Perotti va-t-il réagir ? Je reconnais à l'Eglise le droit de définir ce qu'elle entend être des sacrements, c'est-à-dire des signes privilégiés de sa foi en Jésus-Christ mort et ressuscité. Au cours des âges, sa position a varié, et il faudra attendre le XIIIᵉ siècle pour avoir le septénaire que nous connaissons. Un sacrement doit dire quelque chose de la relation mystérieuse entre l'homme et Dieu, au sein de cette communauté de foi qu'est l'Eglise. Et lorsqu'il s'agit du mariage d'un homme et d'une femme, bien que l'approche théologique diffère entre l'Eglise romaine et les Eglises d'Orient, le langage est clair. Il dit, reprenant la position de saint Paul, que cet acte personnel fait entrer le couple dans la démarche d'amour qu'a eu le Christ pour toute l'humanité. Le Christ a aimé l'Eglise et il s'est donné à elle. De son côté, l'Eglise reconnaît en Christ celui qui rend fécond son amour pour lui. Ce qui me gêne, en revanche, c'est que, au cours des siècles, la théologie du sacrement de mariage est devenue de plus en plus réductrice au point que la seule finalité reconnue à cette union est la procréation. Il est vrai qu'il y a les textes incontournables de l'Ecriture, comme celui de la Genèse : « *Croissez et multipliez-vous.* » Mais que fait-on de ce magnifique chant d'amour chargé d'érotisme qu'est le Cantique des Cantiques ? Combien de catholiques l'ont-ils lu sans se cacher derrière leur petit doigt ? Combien, aujourd'hui encore, acceptent d'y voir un chant d'amour où la passion sensuelle affleurant à toutes les lignes n'est rien d'autre qu'une expression de l'amour divin vécu par l'humanité ? Pourquoi avons-nous tellement peur du corps et de ses désirs ? Pourquoi les choses du mariage sont-elles encore si souvent considérées comme sales et exclues d'un dialogue constructif parents-enfants ? Une telle attitude explique, ce qui ne veut pas dire que je le cautionne, le comportement de la jeunesse actuelle face au plaisir sexuel qu'elle découvre et qu'elle vit en le banalisant à outrance. Leur soif de vivre à fond devrait quelque part interroger les familles et l'Eglise sur leur propre langage en la matière.

Pour en revenir à la question qui m'a été posée, ma position est claire. Il ne peut y avoir de confusion entre le sacrement que se donnent un homme et une femme et ce que souhaitent certains homosexuels/les lorsqu'ils demandent une reconnaissance publique et religieuse de leur amour. Leur désir n'est pas de plagier, encore moins de caricaturer les hétérosexuels. Il est d'entrer, à leur façon, dans cette dynamique de l'amour divin qui s'exprime par des signes et n'est en rien réservé à une catégorie sociale. Si l'Eglise se donne le droit de bénir des armes de mort, les homosexuels n'ont-ils pas le droit de demander à cette même Eglise de bénir leur amour, même s'il n'est pas procréateur ?

Sur le plan civil, on sent pointer (et c'est déjà une réalité dans certaines démocraties) une évolution dans la législation visant à reconnaître à deux homosexuels vivant ensemble un juste équilibre de leurs droits sociaux. Je ne suis pas à même de porter un jugement, mais je me réjouis de voir admise une forme de partenariat qui permettra d'avoir un statut social favorisant la stabilité et la sécurité des personnes. Au cours de l'émission « La Marche du siècle » du 10 octobre 1990, Dominique Fernandez ne recommandait pas une reconnaissance de l'union civile, mais il précisait :

> « Si le mariage homosexuel est une absurdité, il n'est pas logique que le couple homosexuel ne puisse pas bénéficier des mêmes droits sociaux que le couple hétérosexuel. Quand deux personnes vivent ensemble, elles devraient, par exemple, avoir le droit de pouvoir léguer leur héritage à l'une des deux. Qu'il s'agisse de deux hommes ou de deux femmes. »

Tout dernièrement, dans l'émission « L'Heure de vérité », Madame Elisabeth Badinter défendait à nouveau ce droit. Du côté de l'Eglise, c'est un euphémisme de dire qu'il ne faut rien attendre. Personnellement je ne peux me contenter d'une telle fin de non-recevoir. Si je veux être totalement prêtre, je ne peux que répercuter toute la réalité humaine qui vient à moi. C'est pour cela qu'il m'est arrivé de célébrer des cérémonies d'action de grâces avec des homosexuels qui présentaient à Dieu un cheminement déjà long, ou qui mettaient leur engagement en référence à un Amour qui les transcende et valorise le leur. De quel droit aurais-je exclu d'une telle démarche des gens présentant une qualité humaine et spirituelle à laquelle peu de jeunes fiancés normaux peuvent prétendre. Que l'on ne me parle pas de l'instabilité homosexuelle sans m'évoquer le nombre de catastrophes conjugales prématurées qui remplissent les bureaux des juges chargés des divorces ! D'éminents canonistes en viennent à penser que 90 % des mariages célébrés à l'église n'ont aucune valeur sacramentelle à cause de l'immaturité psychologique des conjoints...

C'est dans cet esprit-là que j'ai reçu un jour deux garçons, Carl et Bernard, qui ont accepté que je raconte leur histoire. Au bout de dix ans de vie commune sans problème majeur, ils ont ressenti la nécessité de faire une démarche qui, sans rien changer à leur engagement mutuel, manifesterait le lien qui les unit. Ils ont fait des démarches infructueuses auprès de la mairie de Paris. Mais ils se rendaient compte que, indépendamment des droits civils dont ils auraient pu bénéficier, une telle cérémonie n'avait rien de vivant. Tout est terminé en cinq minutes. Ils voulaient autre chose de plus significatif. Ils ont rencontré David et Jonathan, et tout naturellement ont été orientés vers moi. Bernard avait eu un parcours personnel et familial riche. Ayant pris lui-même l'initiative de faire sa première communion à dix-huit ans, il était toujours resté très religieux. Carl et lui voulaient donner à leur vie cette marque. En entrant progressivement dans leur démarche au cours de plusieurs rencontres, j'ai pu me rendre compte du sérieux de leurs motivations, et j'ai accepté sans problème de célébrer la bénédiction de leur amour.

Je pensais faire cette célébration dans mon petit oratoire privé de Charenton, mais c'était sans compter sur le nombre de participants prévus : environ cent trente personnes réunissant la famille de Carl, les relations de travail de Bernard, de nombreux amis, etc. Et fait à souligner dans cette assistance, il n'y avait que huit homosexuels ! Tout le reste était hétérosexuel. Qui l'eût cru ! Pour pallier l'exiguïté de mon oratoire, il fallut trouver un lieu adéquat, à savoir une église... Mince affaire ! Bernard connaissait, depuis vingt-cinq ans, un prêtre, curé dans la banlieue parisienne. Il m'a fallu le rassurer sur le sens de ce que nous désirions faire. Son accueil fit chaud au cœur et son ouverture d'esprit fut exemplaire. Cérémonie sans ambiguïté. Un mot d'accueil de ma part, un échange de promesses et d'alliances entre les deux garçons, et la messe fut dite. Ce n'était pas une messe de mariage, mais une réunion de gens venus célébrer autour de l'eucharistie un amour humain. Personnellement, j'en ai été très impressionné : l'assistance, le lieu, le sérieux de la démarche de Carl et de Bernard, tout portait à toucher du doigt que l'amour, quelle que soit sa forme, nous fait approcher Dieu.

Cette journée a fortement marqué les participants. Bernard et Carl en parlent encore avec émotion, mais sans jamais perdre leur lucidité. Ce qu'ils ont voulu faire demeure, même dans le monde homosexuel, le fait d'une minorité. Leur analyse est intéressante à plus d'un titre. Le faible nombre d'homosexuels à leur célébration tend déjà à montrer une certaine réticence de leur part vis-à-vis de tels actes. Ils ne sont pas prêts, dans leur majorité, à faire un pas supplémentaire, à s'investir dans une relation plus étroite. Ils peuvent se sentir dépassés par la perspective d'un engagement devant quelqu'un de consacré dans une église, et de devenir ainsi tributaires de l'autre. Dire son amour à quelqu'un en un tel lieu suppose que l'on a l'intention de faire quelque chose qui va durer. Et beaucoup n'y sont pas prêts. Il y a aussi la crainte de faire comme les hétérosexuels, de rentrer dans un moule. En ce qui me concerne, cet exemple, hélas trop rare, porte en lui un grand espoir. La réalité humaine est chemin d'incarnation. Sans rejeter la révélation de Jésus-Christ à travers la Bonne Nouvelle de l'Evangile, il y place aussi pour une parole libératrice qui ne vient pas se plaquer de l'extérieur. Ne devrions-nous pas méditer un peu plus souvent la parabole du figuier stérile que nous propose saint Luc (13/6-9) ? Pourquoi condamner ce qui, demain, portera du fruit ? Mais je sais que cela se rapproche de la théologie de la libération, c'est-à-dire d'une approche condamnée par l'Eglise catholique...

Les triangles roses

J'ai cité plus haut le télégramme de Pierre Séel. Pour la majorité d'entre nous, c'est un illustre inconnu. Il a cependant écrit, avec la collaboration de Jean le Bitoux, chez Calmann-Lévy, en 1994, un émouvant et sobre témoignage « Moi, Pierre Séel, déporté homosexuel ». Et c'est à ce titre-là que je veux aborder un point d'histoire qui reste totalement occulté, dont la mémoire collective semble vouloir à tout prix se débarrasser. Avec tout le monde homosexuel que je porte, je ne veux pas me taire devant cette situation proprement injuste. Je m'appuie sur l'article qu'Emile Letertre écrivait le 12 mai 1995 dans « Témoignage Chrétien ».

Qui d'entre nous savait, ou se souvient que dans l'enfer de la déportation il y avait dix-huit couleurs de triangles ou d'étoiles, destinés à différencier Juifs, Tsiganes, asociaux, malades mentaux, handicapés et, bien entendu, homosexuels. Le but affiché étant la déshumanisation totale de ceux qui, d'une manière ou d'une autre, sont différents.

Qui se souvient que, dès 1933, Hitler, voulant en finir avec ceux qu'il considérait comme improductifs, dégénérés, contre nature, inaugura les Triangles Roses à Dachau, puis à Sachsenhausen ? Au nom de la pureté de la race et de sa nécessaire reproduction, il faut exterminer tous ceux qui lui font honte.

Ce que l'on ignore aussi, c'est que les Triangles Roses étaient déjà, du fait même de leur couleur, exclus du monde de la déportation. Pire, exclus du souvenir à jamais inscrit dans le cœur de ceux qui sont revenus. Pendant quarante ans, Marc, un ancien déporté, a réappris à vivre en homme, totalement muet sur l'incommunicable. Atteint d'un cancer, il se confiera un jour sur son lit d'hôpital : « *Ce n'est pas de ma déportation que j'ai le plus souffert dans ma vie. Si la Gestapo avait su ça, elle m'aurait flanqué un triangle rose au lieu du triangle rouge des résistants que je portais. Et ça, je n'ai jamais pu le dire à quiconque. Ni même me battre pour que mes frères les Triangles Roses soient enfin reconnus.* »

Le nombre de Triangles Roses qui connurent les camps de la mort entre 1943 et 1945, atteint certainement plusieurs centaines de milliers. Mais aucun de ceux qui sont revenus de cet enfer n'a droit, jusqu'à ce jour, à une reconnaissance officielle. Les Tsiganes ont dû attendre 1980... Honnêtement, voyez-vous un homme, ancien déporté, venir se présenter dans une administration de victimes de la guerre pour réclamer le plus petit droit à une reconnaissance ? Ils traînent toujours le boulet du mépris qui les a marqués durant leur internement. Ils étaient, et sont toujours coupables d'être homosexuels. Malgré la loi Badinter de 1992 supprimant le délit d'homosexualité, la France reste le dernier pays d'Europe à refuser les Triangles Roses. Mathausen, Francfort, Amsterdam, Cologne, leur ont érigé plaques ou monuments. Chez nous, cinquante ans après leur sacrifice, toute reconnaissance officielle, titre ou pension, leur sont refusés. C'est à peine si, pour le défilé au Mémorial de la déportation, le 30 avril 1995, cinq d'entre eux ont été tolérés...

Robert Badinter disait un jour : « *La France doit cesser d'ignorer ce qu'elle doit aux homosexuels.* » Je fais volontiers mienne cette phrase que je ne peux qu'adresser à mon Eglise qui, elle aussi, doit sortir d'un tel refus de se souvenir. Je ne peux que me réjouir lorsque j'entends un Jacques Gaillot dire que *« les homosexuels nous précéderont dans le Royaume des Cieux »*. Si notre monde, notre Eglise, sont malades, ce n'est pas parce qu'ils ont en leur sein des homosexuels. C'est parce que leur mémoire est trop courte, et qu'ils sont toujours prêts à ranger dans la catégorie du détail ce qui est, en fait, une caractéristique identitaire et constitutive de leur être même.

> *« La mémoire est la santé du monde*, écrivait Erik Orsena à propos de l'esclavage triangulaire. *La mémoire est la petite voix qui, nous répétant "plus jamais ça" nous ouvre la porte du présent, un présent tout neuf. Il ne faut pas tricher avec la mémoire. La vérité, présente ou passée, agrandit toujours celui qui prend le risque. La mémoire n'est pas seulement la santé du monde : c'est le terreau des rêves. »*

A plusieurs reprises, notamment en 1984 à Lyon, à l'issue du congrès annuel de David et Jonathan, une gerbe a été déposée au Mémorial de la déportation, montrant par là que le mouvement veut s'associer sans réserve au respect de cette mémoire.

Les exclus de l'Eglise

J'ai mentionné plus haut le souci qu'a eu David et Jonathan de s'ouvrir aux autres associations gays, tant en France qu'à l'étranger. Si notre mouvement peut se prévaloir de l'ancienneté, il ne prétend pas à l'exclusivité. Un peu partout à travers le monde sont apparus des groupements chrétiens homosexuels. Je cite pour mémoire H.U.K. (Homosexuelle und Kirche) en Allemagne et en Autriche, « La Communauté » en Belgique et en Suisse, Dignity aux U.S.A., etc. Au cours d'un voyage à New York en 1984, j'ai fait la connaissance d'un prêtre, le révérend John McNeill qui avait été exclu des Jésuites pour ses prises de position retentissantes en faveur des homosexuels. J'avais lu et apprécié à sa juste valeur son ouvrage « L'Eglise et l'homosexualité », traduit en français en 1982 aux éditions protestantes Labor et Fides, de Genève. Un véritable plaidoyer venant d'un homosexuel qui, depuis une vingtaine d'années, se consacrait à l'accompagnement psychologique et moral de ses frères homosexuels. Dans cet ouvrage, McNeill réfutait les positions traditionnelles de l'Eglise. Il réfutait aussi l'idée que Dieu aurait souhaité que tous les hommes soient hétérosexuels et que l'homosexualité constituait de ce fait une déviation par rapport au plan unique de Dieu. Au lieu d'accepter l'idée que les homosexuels doivent tenter de changer d'orientation, « au moyen de la prière ou de la thérapie » ou « d'une vie de célibat absolu », il revendiquait pour les homosexuels le droit à l'épanouissement sexuel. Voici ce qu'il disait lui-même à ce sujet :

> « *L'Eglise a toujours maintenu que tout acte homosexuel, allant à l'encontre du plan de Dieu, était un péché, comme l'est de ce fait l'amour vécu par deux hétérosexuels qui les éloigne de Dieu. J'ai pour ma part soutenu que, dans la mesure où l'amour entre deux lesbiennes ou deux homosexuels est constructif, il n'offense pas Dieu ni ne transgresse en aucune façon le plan divin. Il peut, au contraire, être un amour saint qui médiatise la présence de Dieu au sein de la communauté tout aussi bien que l'amour hétérosexuel.* »

On comprend qu'aucun éditeur catholique n'ait osé publier ce qu'écrivait un prêtre que l'Eglise avait interdit de sacerdoce en même temps qu'elle lui imposait le silence total. Cependant, il refusait de se taire. Ayant décliné l'ordre qui lui était donné de ne plus parler des questions d'homosexualité et d'éthique sexuelle, chassé de l'enseignement dans les écoles catholiques, il a fait le choix de se consacrer à un ministère direct auprès des gays pour tenter de répondre aux questions clés que se posent lesbiennes et homosexuels dans le domaine spirituel. Son choix, « J'ai décidé que je devais d'abord obéir à Dieu », relève d'une interprétation nouvelle de la théologie de la libération. Notre rencontre se fit dans le cadre d'échanges entre Dignity et David et Jonathan.

En 1988, il publiait à Boston « Tacking a change on God », ouvrage consacré cette fois à la spiritualité des homosexuels. La lecture de ce livre m'apporta une joie profonde car je trouvais clairement exprimé, avec une rare force d'émotion et de conviction, tout ce que je ressentais, tout ce que j'essayais avec plus ou moins de bonheur de dire et de vivre. M'est apparue tout de suite la nécessité de le faire paraître en français pour qu'un plus grand

118

nombre puisse profiter de son expérience. Ce fut chose relativement aisée grâce à mon amie Marguerite Le Clezio qui en assura
la traduction. Mais lorsqu'il fallut trouver un éditeur, les choses
furent plus difficiles. On sentait encore les effluves de soufre du
premier ouvrage. Les thèses de Drewerman faisaient grincer des
dents la hiérarchie. Il était donc périlleux de se lancer dans une
telle aventure, et même Labor et Fides refusaient de prendre des
risques.

Mais je me suis battu pour que ce livre voit le jour. J'étais bien
placé pour savoir que l'homosexualité restait un sujet extrêmement
difficile à aborder dans l'Eglise, sujet à haut risque, mais je voulais
coûte que coûte faire se débloquer le dialogue. Le thème est tabou,
et en parler à la façon de McNeill était en complète opposition
avec les positions du Vatican. Je savais que j'étais désormais en
flagrant délit de faute grave, mais j'étais prêt à assumer. De plus,
j'étais le seul prêtre, en Europe, à pouvoir se permettre d'aider et
soutenir la parution et la diffusion de ce livre, de par mon itinéraire
personnel et par le fait que j'étais indépendant financièrement de
l'Eglise. J'avais pourtant certaines craintes. Il était possible que des
consignes occultes soient données pour freiner la diffusion du livre,
notamment dans le réseau des librairies catholiques. Je ne pouvais
oublier que les Editions du Cerf s'étaient vu refuser l'édition du
« Catéchisme de l'Eglise catholique », certainement parce qu'elles
avaient pris la liberté de faire paraître des ouvrages du théologien
allemand Drewerman, interdit d'enseigner à cause de ses thèses
contraires à la pensée du Vatican. Ce fut donc le groupe Filipacchi,
dont le réseau de diffusion est très important, qui prit sur lui de
publier ce qui pouvait paraître comme une bombe. C'est ainsi que
sortit, en 1993, le livre « Les exclus de l'Eglise ». J'eus la joie d'en
écrire la préface. En voici quelques extraits :

> « C'est la première fois que paraît en France un livre sur un sujet
> brûlant : les homosexuels au regard de Dieu... La foi en Jésus-Christ
> de John McNeill est passée au creuset de la souffrance et de l'exclusion.
> Authentique prophète d'une grande humilité, il est l'instrument que
> Dieu s'est choisi pour redonner confiance et courage à tant d'hommes
> et de femmes que les Eglises et les sociétés civiles rejettent à cause de
> leur différence affective et sexuelle...
> Etre homosexuel en 1993 demeure encore un parcours semé

d'épreuves. Nombre de gays et de lesbiennes risquent de rester des "blessés à vie" à cause de l'ignorance des Eglises et des sociétés. Je reste persuadé que l'exclusion est motivée par la peur et l'ignorance. Or, je l'affirme haut et fort : l'Eglise catholique ne connaît pas les réalités humaines et spirituelles que vivent les gays et les lesbiennes de cette fin du XXe siècle.

Avec la parution de ce livre de John McNeill, je souhaite ardemment que mon Eglise accepte le dialogue. Depuis des années, nous le lui proposons. En attendant, il faut vivre, espérer et surtout aimer ! »

Ce livre ne pouvait que déranger car il y a peu d'arguments réels à lui opposer. Il ne s'agit pas d'une défense éperdue, malsaine et passionnée, irraisonnée et naïve de l'homosexualité, mais d'un texte d'une profondeur rare. Ce travail s'inspire largement d'une théologie de la libération qui réinterprète en profondeur les principes sur lesquels les Eglises chrétiennes ont fondé leur condamnation de l'homosexualité depuis des siècles. Selon l'auteur, Dieu a créé une vaste gamme d'identités ; il faut appréhender l'homosexualité comme un élément de la richesse et de la variété de la Création : un don de Dieu et non un péché, une maladie ou un échec ! L'Eglise qui persiste à vouloir faire changer d'orientation sexuelle pousse ceux qui s'y prêtent à la haine de soi. En étayant l'idée que la seule réaction possible et saine à sa propre homosexualité est de l'accepter, McNeill va à l'encontre de tous les préjugés de l'Eglise catholique. Il faut dire qu'il s'appuie sur une expérience nourrie de multiples rencontres pendant des années, à l'inverse de l'autorité ecclésiastique qui ne se fonde que sur l'ignorance, la haine et le rejet aveugles.

Se référant aux textes bibliques ainsi qu'à des textes et témoignages plus récents de nature psychologique ou éthique, McNeill affirme que seule une foi saine, reposant sur un rapport autonome, personnel et authentique avec Dieu, permet à l'individu de vivre de façon responsable et épanouissante. L'homosexuel/le n'ayant, dans la majorité des cas, pas choisi son orientation sexuelle, une foi saine et mature lui est impossible dès lors que l'Eglise, catholique ou autre, sa famille et la société, l'enferment dans la culpabilité et la haine de soi.

« Ma foi avait un long chemin à parcourir, tout semé d'épreuves et de faux dieux dont il me faudrait encore triompher. Nous sommes, en effet, appelés à approfondir nos convictions religieuses, tout comme nous grandissons et mûrissons dans les autres domaines de notre vie ; et ce processus doit se poursuivre jusqu'à la mort. Cela étant, il importe que nous prenions conscience du fait que certains aspects de notre foi contribuent à notre épanouissement, tandis que d'autres sont malsains et destructeurs, et que nous renforcions, grâce à une attention permanente, ce qui en elle est vivifiant, tout en nous efforçant d'éliminer ses aspects maladifs et hystériques.

Il m'est arrivé, par exemple, de confondre la voix de Dieu et celle de mon propre surmoi sadique, tant ma vie spirituelle était imprégnée de culpabilité morbide... J'ai longtemps cru que la gloire de Dieu se manifestait dans la souffrance bien plus que dans le plaisir et la joie. Mon tort le plus grave a été que je devais me rendre digne, par mes actions, de la grâce et de l'amour de Dieu. Je ne voyais pas alors qu'il n'est pas nécessaire de mériter l'amour de Dieu, mais qu'en fin de compte, tout est don, comme la vie même. »

Les pages touchant au sida et à la mort sont d'une richesse et d'une ampleur rares. McNeill offre en particulier la possibilité d'une autre perspective que celle de la culpabilité et de la vision d'un Dieu sadique. Il invite à la pratique de la confiance, de la gratitude pour les dons reçus en tant qu'homosexuel, de la réconciliation avec soi-même et avec les autres. Prenant comme modèle le Christ, la communauté homosexuelle aux prises avec l'épidémie du sida, dépend aussi de la réconciliation de toutes les tendances politiques, de l'abolition de la peur et de l'égoïsme pour subvenir aux besoins de ceux qui souffrent, et œuvrer ensemble à l'élimination de cette souffrance. Sa vision chrétienne de la mort, de la résurrection et du temps lui permet de trouver dans le sida une occasion de prendre une conscience plus aiguë de notre mortalité et de la victoire sur la mort qu'offre la résurrection. La foi en la résurrection reste pour McNeill une clé de l'amour qui ouvre sur l'immortalité. D'où la nécessité de risquer Dieu, de parier sur l'existence d'un Dieu aimant et d'aimer, puisque l'amour ne connaît pas la peur (saint Jean).

« Notre foi et nos convictions ne sauraient en aucun cas dépendre de la seule médiation de l'Eglise, car nous serions enclins à y renoncer

chaque fois que cette Eglise trop humaine nous décevrait ou nous offenserait. Nous devons parier sur Dieu, en gardant bien à l'esprit que lui-même est peut-être scandalisé par l'Eglise. »

Après une méditation sur les vertus d'hospitalité et de compassion qui caractérisent souvent la communauté homosexuelle, McNeill consacre une partie de son ouvrage à la célébration de la vie. Célébration qui valorise la part du jeu dans toute activité, y compris dans la vie sexuelle. Le jeu étant l'expression de la liberté semble d'autant plus naturel dans un groupe qui se considère exilé, en marge, et donc plus libre d'assumer tous les aspects du moi. D'où son aptitude à la créativité et à l'universalité. Dans sa réflexion sur la vie sexuelle du couple, McNeill considère également les divers niveaux de l'amour physique et de l'amour spirituel, c'est-à-dire du respect de l'autre dans sa totalité, et affirme que la fidélité reste un besoin fondamental de la nature humaine pour que l'humain atteigne une pleine maturité psychique à travers l'expérience de la confiance et l'amour. En résumé, McNeill considère que les homosexuels chrétiens offrent un défi à l'Eglise catholique : *« S'ouvrir à tous les membres de la famille humaine, et surtout à ceux qui sont sexuellement différents. »*

Je voudrais terminer cette analyse des « Exclus de l'Eglise » en citant le journaliste Eric Denimal, dans l'hebdomadaire protestant « Le Christianisme » (du 7 mars 1993) dont je me suis inspiré au long de ces lignes :

> *« C'est par ses expériences de solitudes, de souffrances, d'incompréhensions et d'exclusions que McNeill en est arrivé à ces pensées très clairement développées dans son livre. Son long, et parfois douloureux, cheminement, lui a donné de percevoir une quantité impressionnante de vérités pertinentes, et finalement sa souffrance engendre des éclairages dont nous avions certainement besoin. Avec un certain humour, il écrit d'ailleurs que tout ce qu'il a pu découvrir et vivre, il le doit à l'exclusion de l'Eglise dont il a été victime, et il en vient à penser qu'en le rejetant, l'Eglise, à son insu, était instrument de l'Esprit...*
>
> *Il y a pourtant dans ce livre, même pour ceux qui veulent passer outre le problème de l'homosexualité, même pour ceux qui en ont une sainte répugnance, même pour ceux qui se sentent dépassés, même pour ceux qui n'envisagent pas une pastorale pour les homosexuels, des pages absolument superbes. Ce que McNeill dit des questions que*

les athées envoient à la figure des croyants, ce qu'il écrit sur la révé-
lation progressive au travers du Père, puis du Fils, et enfin du Saint-
Esprit... sont des pages recevables par tous.
    Etre bousculé, dérangé, irrité, c'est sortir de ses sécurités, mais c'est
aussi rencontrer l'autre, tellement différent. »

La responsabilité de faire paraître ce livre n'était évidemment pas prise à titre personnel. David et Jonathan, comme bien des communautés chrétiennes, des théologiens, des chercheurs, est solidaire de McNeill. Nous sommes tout autant solidaires du grand nombre de chercheurs, enseignants ou responsables en Eglise qui, aujourd'hui, sont interdits d'écrire ou d'enseigner. Toute institution qui refuse la contestation, le dialogue, la recherche, se sclérose. Nous sommes d'autant plus solidaires que nous sommes choqués par le refus d'une fraction de la hiérarchie catholique (j'y reviendrai plus loin) d'écouter la vie des hommes et des femmes telle qu'elle est et non pas telle qu'elle voudrait idéalement qu'elle fût. Dieu s'incarne d'abord dans nos réalités, nos vécus, et non dans nos utopies, nos rêves, nos règles. Nous sommes tout à fait d'accord pour qu'il y ait des règles, une éthique, des balises qui conduisent plus aisément à Dieu, mais nous ne comprenons pas que l'homme soit suspecté, contraint, enfermé au nom de principes pour le juger coupable, l'asservir dans sa dignité, le pousser dans la spirale de l'autodestruction, voire de la mort.

Jean-Paul II aux États-Unis

Un ami prêtre a constitué tout un dossier consécutif au voyage du pape aux Etats-Unis en 1987. Ses réflexions à propos de cet événement vieux déjà de huit ans sont encore d'une totale actualité, et entrent tout à fait dans la perspective qui est la mienne dans ce livre. Je vais ici lui laisser la parole.

    « C'est avec effarement et immense douleur que j'ai suivi sur
Antenne 2 la description des événements concernant les relations entre
le pape et les homosexuels américains. D'un côté, on nous a montré
les plus chrétiens d'entre eux, les plus profonds, ceux qui souffrent
terriblement de la nature que Dieu leur a donnée. Ils priaient dans

une église pour qu'au moins Jean-Paul II leur dise : "Essayons de dialoguer, afin que nous nous comprenions mieux. Vous savez bien que je ne peux pas tout permettre. Il y a tellement de manières différentes d'exprimer et de vivre l'homosexualité, comme d'ailleurs l'hétérosexualité se vit de maintes manières. Parlant avec vous, je comprendrai mieux. Envoyez-moi quelques-uns des vôtres pour m'éclairer, afin que je ne vous rende pas plus malheureux que vous n'êtes !..." »

Au lieu de cela, c'est une condamnation totale d'un aspect de la nature humaine que l'on découvre peu à peu depuis quelques années. Cette condamnation rejoint celle de Galilée, qui fut condamné par l'Eglise pour avoir établi scientifiquement le mouvement de la terre. Il fut forcé de faire amende honorable pour s'être mis en contradiction avec la lettre des Saintes Ecritures. Ce sera la même chose pour le mystère de l'homosexualité. Ce sera aussi tragique.

Or, que nous disent ceux qui sont des spécialistes et qui commencent à savoir et à nous expliquer ? Pour eux, l'Eglise a raison de s'inquiéter au sujet des problèmes moraux actuels et souvent nouveaux, mais elle ne peut plus s'appuyer sur une morale qui découlerait de la nature. En effet, c'est beaucoup plus complexe que cela. Jean-Marie Pelt explique (dans « Panorama » de septembre 1987) ce qu'il ressent, ce qu'il découvre peu à peu et qu'il nous faut également découvrir, même si, comme pour les théories de Copernic et Galilée, cela heurte des hommes d'Eglise et nous-mêmes :

« Oui, expliquez-moi... Premièrement ceci : en bricolant la vie comme nous sommes en train de le faire, nous sommes engagés sur une pente extrêmement scabreuse et l'Eglise a raison de s'inquiéter, en rappelant une exigence éthique. Seulement voilà, je crains que se référer à la loi naturelle comme elle le fait ne soit plus suffisant. Elaboré à l'époque médiévale, ce concept ne rend plus compte de tout ce que nous avons appris depuis, à savoir qu'il y a dans la nature autant d'exceptions que de règles. Ainsi donc, se référer à un concept de loi naturelle, c'est se référer seulement à l'extraordinaire diversité et à l'extraordinaire richesse de la nature qui n'est qu'une longue suite d'exceptions où chaque cas est un cas différent. Aussi, l'idée qu'une morale éternelle et immuable est contenue dans la création et qu'elle serait immédiatement transposable à l'homme est donc devenue tout

à fait contestable. Dans la nature, il y a tout... et le contraire de tout. La loi de la nature, c'est la diversité. Le rôle de l'Eglise, c'est d'éduquer les consciences, de les éclairer, mais non de les régenter. La morale, finalement, ne peut être fondée que sur l'Amour venu habiter au creux de la nature. Pour la transcender ! »

Dans la nature, il y a à la fois l'hétérosexualité et l'homosexualité, parfois les deux ensemble, parfois séparément, parfois l'une précède ou suit l'autre. C'est un grand mystère qui peut conduire à la révolte contre Dieu. Pourquoi a-t-il donné tel ou tel aspect de la nature à certains, à certaines, et pas à d'autres ? Cette façon d'être est-elle neutre ou injuste ? Que peut-on en dire à Dieu ? A qui s'adresser pour savoir ? A qui s'adresser pour porter ce fardeau que l'on n'a pas choisi et dont certains en sont morts ?

Il semble que le pape n'ait jamais rencontré dans son ministère quelqu'un qui lui dise, qui ose lui dire : « *Voilà, j'aime d'amour une personne du même sexe que moi. J'ai vu des médecins, des psychologues, des psychiatres, des prêtres. On m'a dit de me marier et que ça se passerait. Je me suis marié et cela ne s'est pas passé. Nous sommes deux malheureux. Le pire, c'est que nous avons des enfants et qu'il va falloir divorcer, ou bien cela se terminera par un suicide. »* Jamais sans doute on n'a osé dire cela au prêtre Karol Wojtyla.

Ce n'est pas un exemple inventé, mais l'un de ceux que j'ai connus, car j'ai rencontré des homosexuels de plusieurs départements. De plus, j'ai correspondu avec des personnes concernées par ces problèmes. Plusieurs cas ont été portés à la connaissance du public. En voici quelques-uns :

Une lycéenne, devenue chanteuse de chants religieux, aimait l'une de ses compagnes d'un amour intense. L'aumônier du lycée réussit à les séparer. La chanteuse resta célibataire. L'autre, devenue écrivain, se maria, eut deux enfants, jusqu'au jour où elle n'y tint plus, divorça et rejoint son amie. Depuis, elle vivent ensemble. L'aumônier est devenu évêque...

Un cas analogue fut transmis par le courrier des lecteurs du journal « La Croix ». Un homme très malheureux y racontait son drame. Au retour de la guerre d'Algérie, il avait épousé une femme très réservée et ayant beaucoup de qualités. Bien qu'ayant eu ensemble plusieurs enfants, elle était toujours très réticente en ce qui concernait les rapports conjugaux, jusqu'au jour où elle lui avoua que ce n'était pas un homme qu'elle désirait, mais une femme. Ce fut un drame terrible. Ils consultèrent des médecins et des prêtres. Peu à peu, ils se retrouvèrent seuls, ayant nettement l'impression d'être abandonnés. Alors il leur fallut se séparer...

Un exemple tout différent m'a frappé. C'est celui qui fut confié à un évêque de Perpignan et qui le fit beaucoup souffrir. Il avait été prêtre *Fidei Donum* [1]. Doué d'une grande foi et d'une grande charité, il avait reçu un appel au secours d'un de ses camarades d'enfance, habitant Marseille. Celui-ci vint le voir et lui soumit son problème : il était homosexuel. Comment concilier son état et sa foi de chrétien ? L'évêque fut bouleversé de cette confidence. Il essaya de son mieux d'aider son camarade.

Quelque temps plus tard, il fut interrogé par des journalistes de Sud-Radio sur différents sujets qui pouvaient être en lien avec l'Eglise. Parmi ceux-ci fut abordée l'homosexualité. L'évêque, qui restait encore sous le coup des confidences récentes, répondit qu'il faudrait bien qu'un jour l'Eglise étudie la question et propose une solution humaine et chrétienne, dialoguant pour cela avec des personnes compétentes. Aussitôt, les journalistes transformèrent sa réponse en une acceptation de l'homosexualité (ce qu'il n'avait pas dit). Il reçut immédiatement des lettres d'injures qui le meurtrirent. Il en tomba gravement malade et démissionna de sa charge... Avait-il reçu un blâme ? Toujours est-il que les dernières lettres que je reçus de lui étaient tapées sur des feuilles ordinaires, sans en-tête. Elles étaient courtes et douloureuses. Pour moi, s'il a dialogué, ce n'est certainement pas avec quelqu'un digne de représenter Jésus-Christ.

J'en viens maintenant à un dernier témoignage. Celui d'un jeune médecin chrétien parisien, travaillant en centre hospitalier, qui poussa son cri dans le journal « La Croix » du 4 février 1987. Il désirait simplement pouvoir témoigner de sa réalité personnelle, et faire peut-être tomber préjugés, idées reçues sur cette réalité affective qu'est l'homosexualité. En tant que chrétien, il se sentait devoir témoigner et éclairer ces réalités si souvent malmenées par certains médias, et caricaturées de manière humiliante ici ou là. Il voulait, lui aussi, vivre l'Evangile, précisément parce qu'il acceptait

---

1. Dénomination des prêtres dans le Tiers-Monde.

de se soumettre à la miséricorde et à la grâce du Christ comme tout homme pécheur. Laissons-lui la parole :

« *Accepteriez-vous, le temps de me lire, de mettre de côté ces préjugés, idées reçues qui vous portent à imaginer d'emblée l'homosexuel comme un sous-homme, un raté, bref quelqu'un de peu fréquentable et à écarter ? Il faudrait commencer par dire que beaucoup d'homosexuels se sentent souvent complètement étrangers aux caricatures humiliantes qui ont cours un peu partout, et souffrent de n'être vus qu'au travers de ces miroirs déformants... J'ai découvert mon homosexualité à l'âge de vingt-cinq ans... J'ai dû passer par l'étape d'une grande analyse... Je me sens aujourd'hui profondément libre intérieurement et heureux de pouvoir ainsi m'accepter. Je me sens homme comme tant d'autres hommes avec mon boulot, mes engagements, ma foi en Dieu, mais ne peux vivre le désir affectif que par rapport à l'homme, parce que tout simplement c'est inhérent à ma nature.*

Le document romain sur l'homosexualité paru il y a quelques semaines m'a fait mal, terriblement mal. Même s'il souligne la nécessité d'accueillir la personne homosexuelle comme toute autre personne (c'est au moins son aspect positif), il n'en est pas moins, sur le fond, négation de notre identité et de notre vie, en ce sens qu'il ne veut pas entendre parler "d'actes" homosexuels.. Mais l'homosexualité, dans sa réalité objective, peut-elle exister sans "actes" ? Pour ceux d'entre nous qui ont la chance de vivre une relation d'amour stable et vraie, comment vivre "l'abstinence totale" prônée par l'Eglise ? Cela paraît totalement irréaliste ! Je dirais même dangereux car destructeur à court terme pour la relation, et suicidaire à plus ou moins long terme pour les personnes...

... Pour ma part, je ne cherche pas à mettre à tout prix l'homosexualité sur un pied d'égalité avec l'hétérosexualité, et je veux bien la reconnaître comme une limite, un inachèvement de ma personne : seulement il est des limites et des inachèvements qui font partie de l'ordre naturel des choses, de l'inachèvement de la Création, et l'homosexualité n'en est qu'un aspect parmi bien d'autres...

Alors pourquoi faut-il que l'Eglise me traite comme un paria ? Comment lire l'amour du Christ dans des discours qui, en niant les réalités affectives inscrites au plus profond d'eux-mêmes chez un certain nombre d'hommes et de femmes, sont porteurs de semences de mort ? »

Alors que j'étais arrivé à ce stade des témoignages, j'ai reçu ce matin 26 septembre 1987 une lettre d'une maman dont le fils homosexuel était mort du sida. L'émission du « Jour du Seigneur » avait donné cet ultime témoignage. Son fils, sentant qu'il s'en allait vers la vie éternelle, lui avait demandé très discrètement s'il pouvait avoir une cérémonie religieuse pour ses obsèques. Elle lui avait répondu par l'affirmative, et lorsqu'elle annonça sa mort, elle fit imprimer sur le faire-part : « *Décédé du sida* ». Lui ayant fait parvenir une lettre par l'intermédiaire de l'émission, je recevais sa réponse. Pour moi, c'était une réponse du Christ et de son frère homosexuel. Rappelez-vous : « *Aujourd'hui, tu seras avec moi au Paradis.* » (Luc 23/43) Cette maman me confiait humblement ce qu'elle faisait pour que son fils ne soit pas mort pour rien. Faisant partie d'un mouvement d'Action Catholique, elle participe maintenant au travail de l'association AIDES qui vient de se créer dans sa région. Sans le savoir peut-être, elle rejoint des femmes comme Mère Térésa qui a fondé des centres pour ceux qui lentement vont vers le Seigneur. Quel mystère d'amour !

Certes, il y a de tout parmi les homosexuels, comme d'ailleurs chez les hétérosexuels. On l'a assez dit. Personne n'est parfait. Les mêmes exigences de droiture, de sérieux, d'effort de fidélité, d'amour de l'autre et des autres, leur sont proposées comme un idéal qu'ils découvrent et vivent peu à peu selon leurs possibilités. En 1984, une émission sur Antenne 2 leur avait été consacrée. Michel del Castillo (« Panorama » n° 182 de mai) avait écrit un article intitulé « La Chair et l'esprit » qui reste d'une brûlante actualité après le voyage du pape aux Etats-Unis :

> « *Beaucoup trop de chrétiens tranchent avec hauteur, éloignant du même coup des centaines et des milliers d'homosexuels, que leur langage rebute. Leur zèle vide les églises, en éloignant les meilleurs qui s'en vont chercher dans les idéologies ce qu'une certaine conception de la religion ne sait pas leur offrir, c'est-à-dire l'exigence de la tolérance.*
>
> *Sans doute ces personnes ne veulent-elles pas ce rejet. Leurs intentions sont très probablement excellentes, mais le résultat est là. Elles pourront bientôt prier entre elles, défendues du monde par leur obsession de la pureté.* »

Le journal « La Croix » nous présentait, avant la venue du pape, cette religieuse qui expliquait l'accueil que les Eglises chrétiennes américaines réservaient avec discrétion et délicatesse aux homosexuels, n'hésitant pas à leur confier des responsabilités diverses dans les communautés. Le geste du pape, embrassant un enfant atteint du sida est un geste de bonté, ayant un grand aspect médiatique, mais, à la réflexion, ça ne va pas très loin. L'enfant ne fait pas partie, par lui-même, d'une catégorie de personnes rejetées. C'est facile de l'embrasser. Il est une victime. Il ne pose pas de problèmes.

Rencontrer humblement de part et d'autres des adultes victimes du sida, à la suite de leur comportement sexuel, eût été autre chose et aurait forcé à se taire, à prier, afin d'être éclairé par le Dieu-Amour. Je reprends le texte de Michel del Castillo :

> « *Qui nous érige en juge d'autrui ? La seule question à poser est celle-ci : Comment pouvons-nous vous aider à vivre avec nous ? Il ne s'agit pas de les tolérer, de les accepter, de les considérer avec un regard de miséricorde ou de compassion, mais de les accueillir et d'apprendre d'eux comment ils vivent l'amour, quelles difficultés ils rencontrent, et pourquoi ne pas leur dire nos difficultés à nous ? Tu es homosexuel ? Bon ! A part cela, que fais-tu pour tes frères ? Quel travail te sens-tu capable d'accomplir pour la communauté ?* »

J'avais présenté ce dossier à un ami responsable d'un hebdomadaire chrétien, et je lui demandais s'il voyait une quelconque opportunité de l'envoyer au cardinal Decourtray, simplement à titre d'information. Dans sa réponse, il penchait très fortement pour l'affirmative. Ce n'était pas, à ses yeux, risquer de le compromettre que de lui adresser, comme un partage fraternel, ce que je portais moi-même dans mon cœur. Il convenait que les plus hautes autorités de l'Eglise doivent savoir, non pour exercer un quelconque pouvoir et encore moins une sorte de terrorisme de l'esprit, la vérité vraie, ou du moins la vérité telle qu'elle nous apparaît.

Je reprends moi-même la parole. A plusieurs reprises des amis, prêtres ou laïcs, m'ont communiqué des travaux de ce genre, exprimant ces cris trop souvent étouffés, ou disant leur souffrance devant la parole du Magistère de l'Eglise. Malheureusement, celui-ci ne donne toujours pas l'impression de vouloir écouter et voir la réalité homosexuelle.

Un testament spirituel

Avant de mourir du sida, Claude a écrit ces lignes, véritable testament spirituel. Elles se passent de commentaire.

« Tout meurt et tout renaît ! A regarder autour de nous, le processus naissance-mort-naissance... est permanent, incontournable, immuable. Nous nous réjouissons toujours d'une naissance, nous nous attristons toujours de la mort, de la nôtre, de celle des autres. Même si cela est difficile, je veux vivre pleinement ma mort, et je veux garder en même temps la paix et la joie dans mon cœur.

Mes forces déclinent, et avant qu'elles ne s'éteignent je veux vous dire à Dieu, Confiance.

Chacun de nous à son chemin à suivre, comme un rituel d'initiation avant de recevoir la Révélation. Chaque être est différent, chaque chemin l'est aussi. Souvent j'ai trouvé le mien trop éprouvant, trop injuste, absurde même, jusqu'à ne plus voir, ne plus savoir, consumé par la souffrance, usé par l'errance. Et c'est là, au tréfonds de ces ténèbres que j'ai trouvé la liberté intérieure et la lumière.

C'est à partir de cette expérience — au cœur de la souffrance — que j'ai pu dire "OUI" à la vie, "OUI" à ce que j'ai à vivre dans le plan divin. C'est là, au plus profond de chacun de nous qu'est l'Amour — ce qu'on appelle Dieu, sans doute ! — Et ce Dieu n'est pas ce vieux barbu perdu dans des volutes de nuages ; il est bien là, humblement, simplement, comme déposé dans le silence de nos cœurs, disponible, en attente d'être découvert.

Quand nous sommes en contact avec Lui notre regard s'illumine et le monde autour de nous se transforme. Ainsi, le seul travail qui vaille dans cette vie, c'est bien ce retour vers notre intérieur, vers notre cœur, pour laisser enfin cet amour rayonner autour de nous de toute sa lumière. »

Janvier 1995

Bonneuil

J'aurais pu axer toute mon histoire autour d'un lieu, Bonneuil, tant il est lié au plus intime de moi-même et de l'action que j'ai menée. Je le considère un peu à la fois comme mon enfant et comme ce qui m'a permis d'être ce que je suis. Mes racines ont été plantées à Bonneuil en 1975. De nombreuses branches ont poussé depuis, apportant ombre et fraîcheur dans l'aridité des situations et des personnes, donnant aujourd'hui encore des fruits dont seuls les bénéficiaires pourraient dire leur saveur et leur richesse.

Bonneuil-les-Eaux. Petit village situé au nord de l'Oise, entre Beauvais et Amiens. A l'époque de mes vaches grasses, c'est-à-dire pendant la période où je m'occupais du « Printanier » et du « Paris-Montmartre », j'y ai fait l'acquisition d'une vieille maison qui nous permettait, à Jean-Louis et à moi-même, de nous retrouver hors du stress parisien et de décompresser après une semaine de travail pénible. Cette maison fut pour moi un véritable coup de foudre. Elle était grande, avait de la gueule et permettait d'envisager d'en faire un lieu de villégiature agréable à habiter. Cette acquisition me permettait également de laisser s'épanouir ce vieux fond dont j'ai déjà parlé, que mon ami Dominique à Saint-Jean-de-Passy a si bien évoqué, celui d'avoir sa cour. Non pour développer un quelconque narcissisme, mais parce que je trouvais tout à fait normal de partager avec mes amis. Je suis toujours parti du principe que n'est pas riche celui qui a beaucoup, mais l'est celui qui ne sait pas partager le peu qu'il a avec les autres.

C'est ainsi que ma maison de Bonneuil est tout de suite devenue le lieu où des quantités d'amis homosexuels se sont impliqués dans les travaux gigantesques qu'il fallait entreprendre. Je voudrais ici rendre hommage à Laurent, décorateur, et à son ami Jean-Marc qui, avec Jean-Louis et d'autres, se sont défoncés, sans oublier tous ceux qui se transformaient, à l'occasion, en bricoleurs, terrassiers, jardiniers, etc. Lequel d'entre eux n'a pas eu le réflexe de récupérer, au gré des trouvailles, ce qui permettait de meubler la maison ! Grâce à cette bande d'amis, on est passé d'une maison personnelle à un lieu communautaire où nous avons organisé fêtes, soirées anniversaires, bals masqués, etc., dans une ambiance très libre (ne confondez pas avec libertaire !) dont de multiples albums photos sont encore témoins. Dans mon esprit, avoir une belle maison me permettait évidemment d'avoir autour de moi de nombreux amis, mais j'ai rapidement réalisé que cet endroit pouvait apporter quelque chose de différent aux homosexuels, qui n'était pas de l'ordre du lieu de drague ou de la militance. Bonneuil devenait une maison de famille. Sa configuration même permettait d'avoir ainsi une famille nombreuse : une grande bâtisse en L, comportant sept grandes chambres, des dépendances, une immense salle de séjour, etc. Elle donne sur un jardin clos de mille cinq cents mètres carrés (entretenu bénévolement depuis des années par des amis) dans lequel nous avons installé une piscine et un sauna.

Tous ceux qui connaissent Bonneuil ne me pardonneraient pas, à ce stade, de ne pas évoquer ce qui constitue la légende du fantôme d'Hélène Fabulé. Un peu d'humour, même s'il frise celui des Anglais, ne fera pas de mal...

L'acte définitif d'achat de la maison n'a été signé qu'en mars 1976, mais le propriétaire m'avait autorisé, dès le mois de janvier, à venir les week-ends pour commencer les travaux qui nécessitaient pas mal de main-d'œuvre. J'avais donc autour de moi tous ces amis dont j'ai parlé plus haut. Hors de tout confort, cela nous donnait déjà l'occasion de nous retrouver avec ce désir d'arriver à un résultat le plus rapidement possible. Un soir où j'étais absent, sept ou huit d'entre eux ont décidé de faire une séance de spiritisme... Ils se sont mis autour d'une table, et avec les lettres de l'alphabet, ont fait circuler un verre. Plusieurs noms sont ainsi intervenus, sans intérêt particulier. L'affaire a pris un tout autre tour lorsqu'est apparu le nom d'Hélène Fabulé. Cela les a titillés. Ils l'ont interrogée pour en savoir un peu plus sur elle. Ils ont ainsi appris qu'elle avait vécu dans cette maison il y a un certain nombre d'années, avec sa mère, son amie femme, et un enfant infirme. Elle était morte dans cette maison. Leur interrogatoire s'est poursuivi. Ils sont même allés jusqu'à lui demander ce qu'elle pensait de moi... Sa réponse fut aussi nette que brève : *« Je le déteste ! »*

Le lendemain, les copains m'ont raconté tout cela, partagés entre l'idée d'un canular et la croyance en un phénomène paranormal. J'ai décidé d'aller au cimetière inspecter les tombes. Au bout de deux ou trois allées, j'ai effectivement découvert une sépulture portant le nom de cette femme... Tout cela m'a paru quelque peu bizarre, ahurissant, incroyable. Je ne suis pas particulièrement attiré par ce genre de révélations. Cependant, en fouillant par la suite le grenier de la maison, nous avons trouvé des prothèses d'enfant infirme qui étaient là depuis la fin de la vie des Fabulé. Tout ce qui avait été dit par le truchement de la table et du verre aurait-il donc une base de vérité... ?

L'affaire n'en est pas restée là. Par la suite, des amis qui ont couché dans sa chambre ont été témoins, eux aussi, de manifestations bizarres pendant la nuit. Un jour, Yves, médecin agnostique, m'a dit : « *Jacques, je viens de passer une nuit terrible. J'étais dans mon lit. Un copain était dans un lit jumeau. J'ai été tiré par les pieds. Je ne sais pas ce qui s'est passé. Je ne pouvais ni crier ni me défendre...* » Bizarre, bizarre ! Plus tard, une aventure est arrivée à Jacqueline, ou plus exactement à son teckel. Chaque fois qu'elle venait à Bonneuil, sur le coup de 2-3 h du matin, son chien se mettait à hurler dans la chambre d'Hélène...

En ce qui me concerne, je ne vois dans tout cela que des anecdotes. Mais il y a cependant quelque chose de très curieux. Pour mes cinquante ans, on avait donné à Bonneuil une très grande fête au cours de laquelle on avait tiré un feu d'artifice dans le jardin. De nombreuses photos ont été prises ce soir-là. Et aussi incroyable que cela puisse paraître, sur l'une d'elles, on aperçoit la présence d'une femme portant un bébé. On ne voit pas ses jambes, elle paraît très bizarre... Voilà la légende d'Hélène. Lorsque les copains viennent pour la première fois, ils ont droit au récit de ces manifestations. C'est presque devenu un rite auquel tout le monde sacrifie volontiers par plaisir d'aborder un phénomène quelque peu inattendu. Personnellement, quand je me suis rendu au cimetière, j'ai beaucoup prié pour elle. Je pense que maintenant elle nous comprend, elle comprend le travail que nous faisons à Bonneuil. Je suis sûr qu'elle est tout à fait avec nous. Etait-elle lesbienne ? C'est possible, je n'en sais rien. Au-delà du paranormal de cette histoire, je n'en demeure pas moins convaincu que les morts sont plus vivants que nous, parce qu'ils n'ont plus les contraintes d'un corps qui les rend quelque part prisonniers. Il sont vivants d'une vie dont il faudra toute l'éternité pour la découvrir. Cela ne m'effraie pas et je remercie Hélène de nous protéger.

Pour clore cette légende du fantôme d'Hélène, je dois signaler que depuis la fameuse photo, il n'y a plus jamais rien eu qui manifeste sa présence. Pour tous ceux qui se retrouvent à Bonneuil, ceci fait partie de la Bonneuil Story qui ne craint pas d'avoir ses petites échappées fantomatiques. Après tout, est-ce un mal ?

Dès mon engagement à David et Jonathan, en 1982, j'ai compris que cette maison allait devenir un instrument pour le mouvement. Elle restait toujours la maison de fête de mes amis, mais devenait aussi le lieu ouvert à des gens qui ne se sentaient pas à l'aise dans le milieu homosexuel, caractérisé en grande partie par l'aspect systématique de la drague ou le noctambulisme des boîtes spécialisées. A Bonneuil, le rapport était d'emblée axé sur autre chose que le sexe (bien que celui-ci ne fût jamais interdit). Mais j'eus l'intuition très forte que cette maison pouvait permettre de faire se rapprocher des gens et les aider à vivre quelque chose de manière décoincée. L'accueil pratiqué était le signe que cette maison n'était pas tout à fait à moi, qu'elle me dépassait un petit peu. Anecdotique peut-être, mais combien significatif de cette évolution, le fait que la salle voûtée qui servait jusqu'alors de salle des fêtes devint, toujours grâce à Jean-Marc, l'oratoire où depuis se chantent les offices et se célèbrent les eucharisties. Il est vrai que ces changements ont quelque peu bousculé les habitudes de certains amis de la première heure qui voyaient d'un plus ou moins bon œil (sans jeu de mots) envahir ce qu'ils avaient mis sur pied avec tant de dévouement.

Bonneuil devenait petit à petit, et de plus en plus, la maison de David et Jonathan. De nombreux conseils d'administration s'y sont tenus, des sessions de formation pour responsables de groupe, et depuis quelques années ses nouveaux arrivés au mouvement effectuent systématiquement un week-end de formation et d'information dans ce cadre. Il peuvent ainsi mieux découvrir le véritable « esprit David et Jonathan », fait avant tout d'accueil, d'écoute, de partage, et se rendre compte qu'il est possible de ne pas s'enfermer dans un ghetto pour vivre son orientation sexuelle. Tout cela a engendré un nouvel élan de solidarité, car il fallait que l'intendance suive. De nombreux volontaires ont répondu présent pour l'entretien de la maison, pour effectuer des travaux d'agrandissement indispensables pour amener le potentiel d'accueil à une quarantaine de personnes, ce qui amena la transformation d'un grenier en dortoir. L'organisation des séjours ne s'est pas faite toute seule.

Il fallait nourrir les gens. Il fallait prendre sur son temps libre pour assurer l'ouverture de Bonneuil, recevoir les arrivants, guider les groupes dans la gestion pratique de leur séjour. Je voudrais les nommer tous. Qu'ils ne m'en veuillent pas de ne pas les citer.

Certains de mes amis me taquinent parce que, depuis qu'ils me connaissent, je dis sans arrêt que l'année prochaine je ne serai plus de ce monde. Au-delà de la plaisanterie, il y a toujours eu chez moi le souci que Bonneuil continue après moi. Une équipe informelle, c'est bien, mais ça ne doit avoir qu'un temps lorsque l'on veut bâtir quelque chose de durable. Le financement que j'assurais sur ma cassette personnelle ne pouvait durer autant que les impôts. La contribution libre des participants ne suffisait pas, et de loin, à couvrir ne serait-ce que les dépenses courantes. Il fallait susciter des relais. Comment ? Lesquels ? Avec qui ? La réflexion fut amorcée dans les années 1987-1988, au cours du congrès annuel de David et Jonathan : Bonneuil devait prendre une indépendance et une réalité propres. Il y eut de longues réunions de préparation. Un énorme travail fut réalisé dans de multiples domaines : financier, juridique, associatif. Il fallait en effet estimer la valeur marchande du domaine, prévoir les investissements et les rentrées d'argent, trouver le cadre légal approprié pour assurer la gestion pendant au moins cinquante ans, s'assurer de la transmission fiscale à une association après ma mort, etc. Au bout de tous ces efforts conjugués, où là encore les bonnes volontés et les compétences furent largement mises à contribution, a pu naître le 28 mars 1990 l'A.A.B. (Association des Amis de Bonneuil). Un énorme merci à Dominique Touillet qui en a été l'efficace cheville ouvrière et qui en est le secrétaire. Il résume très bien la dynamique pré- et post-opérationnelle de cette association en prenant l'image d'une fusée à trois étages :

> « La rampe de lancement est le cadre juridique que nous avons mis en place en créant l'association. Le premier étage de la fusée est de faire en sorte que le courant de la maison soit financé par les utilisateurs. Le deuxième étage consiste à avoir une structure financière durable qui puisse dégager des sommes pour les investissements indispensables. Le troisième tient dans le fait que cette jeune association passe le cap des cinq ans pour changer les cadres et s'ouvrir à d'autres associations. »

Je peux dire que, grâce à lui, la transparence de notre vie associative est assurée. Tout est en règle : statistiques, rentrées des cotisations, gestion courante, etc. L'A.A.B. peut se vanter d'être, avec ses trois cent trente-cinq membres cotisants, la cinquième association française dans le monde homosexuel. Le rêve, l'utopie que je nourrissais depuis longtemps a pris corps. Depuis, à la suite d'articles parus dans la presse associative, de nombreuses associations utilisent la maison pour leurs activités spécifiques. David et Jonathan, bien sûr, demeure le client de la première heure. Mais il faut citer aussi S.P.G. (Santé et Plaisir Gais), le C.G.L. (Centre Gay et Lesbien), La Communauté (de Belgique), AIDES, S.O.S. Ecoute Gaie... L'objectif est, dans tous les cas, identique : offrir un accueil préférentiel des marginaux que sont les homosexuels rejetés ou simplement solitaires, favoriser la venue de groupes désirant organiser leur réflexion ou réaliser une activité, soutenir les structures associatives qui vont dans le sens d'une authentique solidarité entre homosexuels.

C'est dans cet esprit que Bonneuil est devenu le lieu privilégié de rencontres pour certains groupes. Je développerai dans le chapitre suivant ce que des prêtres homosexuels viennent y chercher et y trouvent. Le sujet est suffisamment vaste pour être traité à part. Je parlerai ici d'un autre groupe qui me tient particulièrement à cœur et pour lequel j'ai voulu m'investir sans réserves.

Presque dès leur apparition, nous avons accueilli à Bonneuil des groupes de parole pour séropositifs (homosexuels ou toxicomanes). Dès l'apparition de l'épidémie, la maison s'est impliquée dans l'effort général du monde homosexuel contre le sida. Découvrir que l'on est séropositif constitue, et c'est le moins que l'on puisse dire, un bouleversement total de la personnalité. Etre confronté à la fois à l'interprétation de son comportement antérieur et à l'issue que la maladie peut révéler très vite et très cruellement, est déstabilisant. Le besoin irrépressible d'en parler se heurte à la difficulté parfois insurmontable de trouver l'interlocuteur qui saura entrer dans une compréhension vraie. A tort ou à raison, le séropositif élimine presque toujours ceux qui étaient ses plus proches : famille, amis, relations, partenaires. Qui pourrait comprendre ce qu'est devenue cette vie, ce qu'il éprouve en ce moment même ? Seuls, ceux qui sont sur le même chemin de souffrances, d'angoisses, de désespérance, peuvent aller suffisamment loin dans le partage. C'est de ce constat qu'est née l'idée de former des groupes où les personnes atteintes par le H.I.V. pourraient trouver un espace d'expression libre, dans un climat de confiance et d'écoute réciproques. Des militants de AIDES, entre autres, ont accompli, dans une discrétion exemplaire, un travail remarquable d'accueil, de soutien, de secours humain très concret. Ils ont permis à nombre de séropositifs de ne pas se replier sur eux-mêmes, de trouver en eux des forces insoupçonnées pour continuer à vivre, à aimer, à se tenir debout.

Lorsque j'ai eu connaissance de telles initiatives, il y a cinq-six ans, j'ai mis immédiatement à leur disposition Bonneuil qui est devenu un de leurs lieux préférés de détente et d'échanges. J'y ai souvent participé, en tant qu'hôte accueillant, discret mais présent dans ma dimension sacerdotale. J'ai apprécié l'austérité qu'ils s'imposaient pour privilégier la profondeur du partage : durant leur séjour, pas de télévision, pas de radio, pas de jeux de cartes qui favorisent le repli sur soi ou la dispersion, mais des jeux de rôles, des séances de prise de conscience de son corps. Ayant assuré, à plusieurs reprises, l'animation avec le responsable du groupe, j'ai toujours été bouleversé de pénétrer dans de tels sanctuaires de souffrances inimaginables. C'est grâce à eux que j'ai découvert que le sida n'est pas une maladie comme les autres. Elle a une capacité de détruire le tissu même d'une existence, non seulement sur le plan physique, mais dans sa dimension sociale, relationnelle. Garder de soi un minimum vital de positif pour continuer à vivre, travailler, aimer, est loin d'être évident lorsque l'on sait que l'échéance fatale est à plus ou moins court terme. J'ai appris avec eux, et souvent avec difficulté de ma part, à me faire petit, attentif et exigeant vis-à-vis de moi-même, de mes *a priori*, de mes valeurs. J'avoue humblement que j'ai parfois été dépassé lorsqu'il fallait entrer dans le cheminement, ou la révolte, des toxicomanes. Sans jamais m'autoriser le moindre jugement, je me suis efforcé de leur transmettre ma conviction qu'ils sont, eux aussi, aimés par Dieu. Que faire de plus ? Ai-je fait ce qu'il fallait ? La plupart d'entre eux n'éprouvent pas le besoin de vie spirituelle. Je sais cependant que tel ou tel n'est pas resté indifférent à ce qu'il se passait dans la chapelle, au cours de l'eucharistie que je célébrais, et où ne venaient que ceux qui le désiraient. Je suis de plus en plus persuadé qu'il fallait dire cette présence d'amour du Christ qui vit au fond des plus exclus et qui les aime tels qu'ils sont.

7

Prêtres homosexuels

Un témoignage

« Pourquoi devient-on prêtre ?

Certains parlent de vocation... Certes comme quelqu'un de robuste est apte à l'endurance et aux efforts physiques, ou comme un sourd est doué pour l'image. Mais de là à parler d'un ange venu déposer une lumière particulière, ou de dessein de Dieu à notre sujet !... Ou bien, comme dans la Bible, lorsque l'on attribue tout à Dieu, la pluie comme la foudre, la mort comme la vie, parce qu'il est à l'origine de tout. Même si l'on sait aujourd'hui que la pluie ne vient pas par hasard, ou que la foudre ne tombe pas dans le but de punir les méchants.

Vocation, oui, je peux en parler comme d'une sensibilité particulière, d'un certain retrait vis-à-vis du monde et de ses attraits — là où Drewermann parle d'insécurité ontologique. Je crois qu'il s'agit, dans mon cas, d'une méconnaissance ou d'un manque de connaissance de soi-même, ainsi que de la peur de me découvrir et de devoir m'assumer. Il est difficile de s'autoanalyser, surtout en quelques lignes. Mais c'est bizarre : assez tôt, vers quinze ou seize ans, j'ai perçu que je n'étais pas tout à fait comme les autres garçons de mon âge, que j'étais plus attiré par les garçons. Je me rappelle qu'à dix-sept ans, je l'ai dit à un de mes amis, sans honte particulière. Simplement avec un peu de peur qu'il me rejette ou ne me comprenne pas. Et pourtant je n'avais pas eu de relations physiques — sinon quelques touche pipi. Celles-ci ne sont apparues qu'à dix-neuf ans, et encore de manière bien timorée, les premières années...

J'avoue que jusqu'à ma majorité, je ne connaissais rien du sexe. Mes premières éjaculations nocturnes, non provoquées, m'avaient effrayé, et m'avaient fait me demander si je n'étais pas malade ! Par la suite, la découverte de la sexualité a été pour moi une recherche de moi-même, une vaste interrogation sur mon identité et sur mes goûts. Il n'a pas été question, les premières années, d'amour, de relation durable, de relation stable ou de vie de couple. Il ne s'est agi que de savoir ce qu'était le sexe, ces pulsions qui m'habitaient sans que je puisse vraiment les maîtriser. Et il m'a fallu du temps pour découvrir qu'il ne s'agissait pas d'une option, de quelque chose de rajouté et dont je pouvais me passer, qu'il ne s'agissait pas non plus de quelque chose de négatif, qui pouvait entraver ma vocation. Mais qu'au contraire, c'était en acceptant et en épanouissant cette part de moi-même que je pouvais être équilibré, et que je pouvais le mieux prendre ma place et jouer mon rôle dans l'humanité. Alors, certes, préférant les garçons, il ne s'agirait pas pour moi de fonder une famille. Mais il y a tant d'autres façons d'apporter sa pierre à l'édifice commun...

Je rêve du jour où, dans l'Eglise catholique, on acceptera ce qui se passe dans certaines Eglises protestantes comme au Danemark, où les pasteurs peuvent se dire ouvertement homosexuels, voire vivre en couple gay... Là, je serai heureux d'être dans l'Eglise !

Ce qui m'a frappé, en y réfléchissant, c'est la perversion à laquelle conduit l'abstinence. A force de considérer toute activité sexuelle comme mauvaise, toutes ces pulsions qui nous habitent trouvent d'autres portes de sortie. Pour certains, c'est de temps en temps troquer la bure ou le clergyman pour une tenue plus anonyme, et aller dans un sauna ou un lieu de drague. J'ai rencontré, par exemple, un jeune prêtre de province très conservateur, toujours en col romain, dans un sauna gay parisien. Avec un peu de honte, il me disait qu'il avait besoin de temps en temps de venir se défouler... Mais même pour ceux qui n'ont pas de relations sexuelles, la plupart ont des pratiques solitaires, aidées au besoin d'instruments, journaux, gods, cockrings, vidéos ou autres, car le besoin est toujours là, même si on lutte de toutes ses forces contre. Et plus encore, l'abstinence conduit, lorsqu'elle est dictée par le règlement, à pervertir le regard que l'on porte sur l'autre, sur soi-même, sur l'homme en général. Il n'y a rien de plus malsain que les discussions entre curés sur le sexe. Elles sont empreintes de fausse compassion pour ces pauvres laïcs prisonniers de leur sexe, de jalousie pour toutes leurs jouissances, de voyeurisme pour tout ce qu'ils peuvent inventer et de honte pour toutes ces idées qui viennent à l'esprit.

Le film " Prêtre ", d'Antonia Bird, est un bon exemple de ce que vivent bon nombre de prêtres. D'un côté, les prêtres hétérosexuels, dont on sait l'importance par l'association des femmes de prêtres, qui a été récemment manifester au Vatican, mais n'a pas été reçue par le pape. De l'autre côté, les prêtres homosexuels, souvent mal dans leur peau, faisant tout pour que cela ne se sache pas, de peur d'être mis à la porte. Ce qui m'horripile, c'est la double perversion sur laquelle repose ce système. D'une part, l'hypocrisie consistant à faire croire que les prêtres sont des anges sans corps ni pulsions, et que lorsqu'un scandale éclate, il s'agit d'une brebis galeuse qui n'a rien à voir avec la majorité du troupeau. D'autre part, l'abus des jeunes qui sont mal dans leur peau, n'arrivent pas à s'assumer, et que l'on entretient dans leurs angoisses et leurs frustrations pour en faire de bons serviteurs.

Alors, pour certains, offrir ce qu'ils portent de plus vil comme un cadeau à Dieu et aux hommes, c'est la preuve d'un grand amour, d'une grande spiritualité. Certes, pour un couple chrétien (homo ou hétéro), s'abstenir de relations sexuelles pendant un temps pour se consacrer à la prière peut être d'un grand profit spirituel — quand il ne s'agit pas de fuir les problèmes du couple. Mais pour quelqu'un qui n'arrive pas à s'accepter, fuir ses doutes et ses questions au nom de Dieu, n'est pas un cadeau fait à Dieu — et encore moins aux hommes. C'est de la lâcheté. Et lorsque celle-ci est entretenue par le système pour avoir davantage d'emprise sur ses membres, c'est de la perversion.

Personnellement, j'ai donc effectué mes études de théologie, et j'ai été ordonné prêtre. J'ai eu des relations sexuelles avec une dizaine de prêtres, religieux ou séminaristes. Je me sentais plus en sécurité avec des collègues. J'avais moins peur de choquer ou d'être dénoncé. J'ai rencontré toutes sortes de manières de vivre l'homosexualité. Certains avaient une grande habitude des lieux de drague et des relations. D'autres avaient tellement peur ou honte qu'ils ne cédaient que rarement, et se délectaient du souvenir pendant longtemps. Un, par exemple, après avoir échangé quelques tendresses, s'est mis en pleurs et a dû être consolé pendant plus d'une heure... Quelle manière épanouissante de vivre dans son corps !

Je ne sais pourquoi je n'ai jamais eu moi-même honte d'avoir des relations sexuelles. J'ai toujours considéré que ça faisait partie de l'homme, de moi-même, et qu'il n'y avait pas de raison de paniquer autant. Il est vrai que ce manque de culpabilité, d'angoisse vis-à-vis de ce que je faisais, a fait que je me suis senti de plus en plus mal à l'aise par rapport au discours officiel de l'Eglise, ayant de plus en plus de difficulté à me considérer comme un représentant des conneries émises par le Vatican. Aussi, ai-je arrêté mes activités cléricales. Maintenant je travaille, et je cherche l'âme frère avec lequel je partagerai ma vie, comme beaucoup d'autres. Je crois que la vie en couple gay n'est pas du tout incompatible avec la vie cléricale, comme la vie en couple hétéro. Au contraire. Elle apporte une stabilité humaine qui évite de faire du sexe une obsession, comme dans les discours vatica-

nesques. Mais elle fait peur à la hiérarchie, car elle signifie une moindre emprise sur les serviteurs de Dieu. Une moindre disponibilité pour les muter à droite ou à gauche, comme des pions, au gré du vent. Et surtout, elle ferait disparaître la fausse image répandue du prêtre, comme l'intouchable, l'ange, celui qui est différent, pas comme nous. Alors qu'il n'a rien de différent, sinon quelques complexes en plus.

Je sais, je parais un peu pessimiste, ayant peut-être trop vu de l'intérieur tant de gens souffrant, tant de paumés d'eux-mêmes. Et que l'on arrête les discours misérabilistes du style " Oh ! que c'est beau, c'est dans les faibles que Dieu s'incarne... ". Lorsque ladite faiblesse n'est pas combattue mais entretenue, ce n'est pas beau. C'est affreux.

Qu'est-ce qui changerait beaucoup la situation des prêtres ? Deux mesures qui ne passeront sans doute pas avant quelques dizaines d'années, voire quelques siècles. D'une part, le mariage des prêtres. D'autre part, la reconnaissance de l'homosexualité. Ces deux mesures permettraient d'éviter le gâchis humain actuel. Mais on en est encore loin.

Alors, certes, la prêtrise a quelque chose de beau, de grand. Mais dans la vie quotidienne, dans la solitude affective et morale du prêtre, dans les compromis incessants qu'il est obligé de se faire à lui-même, dans le mensonge dans lequel il se trouve constamment, ce n'est pas si brillant. C'est même souvent désolant. Je pense notamment aux prêtres atteints du sida, et dont bien sûr il est interdit de dire qu'ils sont atteints de cette maladie déshonorante. Alors on dit qu'ils ont le cancer, ou autre chose. Le mensonge jusque dans la mort. Et tout cela pour ne pas perturber la fausse image que l'on veut donner. Comme c'est triste !

Je ne voudrais pas terminer sur cette note sévère. Le film " Prêtre " se termine sur une note optimiste : le prêtre gay revient dans son église pour célébrer la messe. Et même si certains sont scandalisés et s'en vont, un certain nombre reste, et son collègue le soutient. Mais il est encore présenté comme le pécheur, la cause du scandale. Espérons qu'un jour la sexualité des prêtres ne sera plus un tabou. Qu'elle cesse de faire peur ou de scandaliser. Qu'ils soient reconnus comme des hommes, tout simplement. Et en tant que tels, homosexuels ou hétérosexuels, qu'ils aient la possibilité d'aimer comme leur cœur le désire, comme leur corps les y appelle, même s'ils ne sont pas toujours capables, jeunes, d'en assumer la charge. »

Pierre

Ce témoignage me paraît être largement significatif de l'ensemble du problème qui se pose à un prêtre découvrant son homosexualité après quelques années de ministère, ou à un jeune candidat au sacerdoce qui se sait avoir cette orientation. Dans ce chapitre, je voudrais essayer de dire, ou de faire dire, quel est le discours tenu par ces prêtres. Comment concilier de telles positions ? Quelles sont les relations entretenues avec l'Eglise officielle ? La réalité homosexuelle, toutes les pages de ce livre en sont le reflet, pose problème en tant que remise en question du couple hétérosexuel dans sa normalité, du mariage, de la procréation et de la sexualité vécue comme source de plaisir. Toutes valeurs qui sont défendues, au premier chef, par l'Eglise.

Depuis plusieurs années des prêtres se rencontrent autour de cette réalité qu'ils partagent : être prêtre et homosexuel. Si l'on veut bien me permettre un peu d'humour, au risque de faire grincer des dents, je dirai que le diocèse *in partibus* de Bonneuil comporte environ cent cinquante prêtres... Dans l'analyse du dossier Potel, nous entrerons plus en détail sur ce travail qui a été réalisé par un sociologue. Auparavant, je voudrais aborder un aspect peu souvent évoqué, celui de la vocation au ministère sacerdotal d'hommes à tendance homosexuelle. Je m'appuierai pour cela sur un article du supérieur général des prêtres de Saint-Sulpice (spécialement chargés de la formation des futurs prêtres dans les séminaires), et sur la réponse d'un professeur honoraire à la Faculté de Théologie catholique de Strasbourg. Je ferai aussi état des relations que nous avons pu avoir avec quelques évêques au sujet de ce qui se passe à Bonneuil.

Les candidats au sacerdoce

L'aspect de la formation me semble n'avoir jamais fait l'objet d'un véritable débat. Les évêques agissent la plupart du temps au coup par coup, je devrais plutôt dire aux coups par coups, sans se soucier des conséquences matérielles, psychologiques, familiales, humaines que certains refus peuvent entraîner. Je pense à ce jeune, arrivé à la veille de l'ordination diaconale, que l'on a expulsé suite à une délation dont la trop célèbre Inquisition n'aurait pas eu à rougir. Sa chambre fut un jour systématiquement fouillée pendant son absence. Ces messieurs y trouvèrent des revues spécialisées, type « Gay Pied ». Cela a suffi pour qu'on le casse sans autre forme de procès. Cet exemple est loin d'être unique. Il n'en est pas moins scandaleux et inacceptable. Sur ce domaine de la vocation sacerdotale, de la formation, comme sur tant d'autres abordées dans ce livre, je ne peux plus me taire.

Je suis personnellement bien placé pour dire que lorsque l'on parle de vocation, un stéréotype s'impose le plus souvent : celui d'un enfant, au plus d'un adolescent qui sent en lui un désir de consacrer sa vie à Dieu. Il entrera dans le sérail et reproduira à l'identique ce que ses maîtres ont fait avant lui. Hormis quelques cas d'espèce, et sans suspecter la noblesse et le sérieux d'un tel désir, n'y a-t-il pas lieu de craindre quelques équivoques et de poser quelques questions au sujet de l'individu lui-même ?

Est-ce la vocation du jeune ou le désir de sa mère ?

Quel est le poids de l'identification à tel adulte admiré ?

La filière sacerdotale, telle qu'elle est actuellement, ne va-t-elle pas dispenser un homosexuel, non conscient de son identité, d'avoir à assumer son désir ? Celui-ci, on l'a déjà vu, pouvant ne se manifester que bien plus tard dans l'existence. L'institution qui appelle est loin d'être vierge.

N'est-ce pas une façon pour l'appareil de garder un pouvoir plus ou moins absolu sur ses clercs ? Leur formation ne les prépare à rien d'autre. Leur dépendance financière sera une véritable contrainte que ne manquera pas d'exercer la curie diocésaine. Ils n'auront évidemment pas la liberté morale de prendre des positions politiques ou sociale conformes à leur conscience. Dispensés de prendre parti sur les questions de fond, ils deviendront hommes de tous, mais hommes d'aucune cause.

La pratique des prêtres-ouvriers devrait pourtant nous éclairer sur ce point. Leur volonté profonde est l'annonce de l'Evangile. Ils vivent essentiellement pour la mission en ayant choisi un camp, en solidarité avec des hommes concrets. L'option ouvrière n'est pas la seule typique. Je pense à cet ami prêtre qui, après quelques années réussies dans le ministère traditionnel, venait de vivre une expérience monastique. Rentré dans son diocèse, il lui a fallu moins d'un an pour se rendre compte qu'il étouffait. Non parce qu'il n'arrivait pas à intégrer son homosexualité (qui lui posait cependant pas mal de problèmes), mais parce qu'il réalisait, après dix ans de vie sacerdotale, que le seul moyen d'avoir une parole libre, non piégée, était de conquérir son autonomie financière. Son expérience a duré une vingtaine d'années avec plus de positif que de négatif. De tels prêtres acquièrent une vue originale des réalités humaines et usent de la liberté de parole que leur confère l'Evangile. Ils peuvent se situer en hommes responsables devant l'appareil, sans crainte de perdre leur gagne-pain. Certains ont choisi de vivre un lien affectif durable, homosexuel ou hétérosexuel, comme garant et soutien de cette liberté. Si on leur a contesté le droit d'exercer un ministère, ils se sentent encore d'authentiques témoins de la parole qu'on ne peut taire.

L'appareil de l'Eglise n'appelle pas à ce genre de ministère qui semble lui échapper, et sur lequel elle n'a pas barre. Sa tradition est autre. C'est l'Eglise qui appelle par l'évêque, mais rien ne l'oblige à privilégier la filière actuelle. Ce ne sont pas les ministres qui manquent, mais la volonté de les appeler, et ce, tels qu'ils sont. On est en droit de se poser la question de savoir à quoi ont pu servir les investissements considérables consentis pour former à des ministères de suppléance. Mais pourquoi de suppléance ? N'y a-t-il pas assez, dans les mouvements d'action catholique, chez les catéchistes, parmi les responsables de communautés sans prêtres, à David et Jonathan, dans les universités catholiques, n'y a-t-il pas assez d'hommes et de femmes de foi, formés théologiquement et aptes à assurer un authentique ministère presbytéral ?

Personne ne les appelle. Pourquoi ? Parce qu'ils sont mariés, parce qu'ils sont gays, parce que ce sont des femmes, et surtout parce qu'ils pensent par eux-mêmes et risquent de mettre en danger le monopole du pouvoir que les clercs se sont arrogé. Sinon, comment expliquer que le cardinal Lustiger ait voulu interdire l'accès du deuxième cycle de théologie aux femmes ? Insistera-t-on jamais assez sur le fait que l'Eglise a besoin de ministres faits de chair et de sang, hommes et femmes du milieu des hommes et des femmes, et non d'êtres mis à part, parlant hors du temps sur des sujets qui ne les concernent plus. Est-il faux ou présomptueux de dire qu'un prêtre homosexuel, au clair avec son identité et la vivant normalement, sera plus utile et efficace que celui qui a investi sa libido dans le pouvoir, l'amour de l'argent, la dentelle liturgique ou l'abus de la dive bouteille ?

Il faut donc remonter bien en amont de l'ordination pour réaliser le grave problème posé à l'Eglise d'aujourd'hui. Par le biais de deux articles émanant de personnalités responsables pastoralement et théologiquement, je voudrais dire ici à quel point ce souci me tient à cœur. Le prêtre de demain est celui que l'on forme aujourd'hui. Mais sur quels *a priori* ? Voici tout d'abord l'analyse de l'article « Homosexualité et vocation au ministère sacerdotal » paru sous la plume du père Bouchaud, supérieur général des prêtres de Saint-Sulpice, dans la revue « Prêtres Diocésains » (Paris, mai 1984).

> « *Quels problèmes se posent, avant l'engagement définitif, quant à une orientation vers le sacerdoce de candidats homosexuels ? Comme tout autre jeune, un jeune homosexuel peut très sincèrement désirer se donner à Dieu et au service apostolique de ses frères. De plus, la condition même du célibat peut attirer des hommes qui, pour des motifs de cet ordre, n'envisagent pas de se marier. Des règles précises ont guidé les éducateurs en énonçant des contre-indications à l'orientation vers le ministère presbytéral. On peut cependant noter quelques éléments nouveaux. D'abord, le nombre relativement important de jeunes présentant cette tendance affective, ce qui amène à se demander si notre société de consommation, très permissive, où les différences de tous ordres s'estompent, n'est pas génératrice de troubles affectifs, parmi lesquels il faut situer les diverses formes d'homosexualité. A noter également la banalisation de l'homosexualité. On est passé d'une culpabilisation de la tendance elle-même à une acceptation de l'homosexualité comme une des formes de la sexualité humaine. De ce fait, on hésite davantage à écarter de la voie du sacerdoce, hésitation qui peut être renforcée par divers facteurs, dont celui de la guérison n'est pas le moindre. On craint de commettre une injustice en écartant de la voie du sacerdoce, surtout lorsque le problème se pose après plusieurs années de formation.* »

L'auteur de l'article, poursuit sa réflexion en nous livrant sa vision de l'homosexualité. Pour lui, l'homosexualité ne suppose pas une morphologie de type féminin (*sic*). Elle ne semble pas, d'ailleurs, trouver son origine dans des facteurs physiologiques. Bien des inconnues demeurent quant à ses causes. On peut penser qu'elle résulte, le plus souvent, de la manière dont l'affectivité s'est organisée au cours de l'enfance. Le contexte social, de ce fait, ne peut être indifférent... Les homosexuels ne sont pas nécessairement pédérastes (... ! C'est moi qui souligne). On doit être très attentif au milieu familial, à l'attachement au père et à la mère, à l'image paternelle et maternelle, à la manière dont un jeune a pu s'identifier de manière privilégiée à l'un ou à l'autre. Tous les jeunes hommes qui restent fortement attachés à leur mère, dont la mère a représenté une image forte et le père un modèle d'identification faible, ne sont pas des homosexuels. Du moins y a-t-il dans cette structure familiale, telle qu'un jeune a pu la vivre, un risque pour celui-ci, de mal assumer sa propre masculinité (... !)

Durant l'adolescence, des candidats au sacerdoce ont été victimes d'adultes homosexuels, parfois de prêtres. De tels faits causent toujours un traumatisme grave, qui doit être surmonté et intégré. Ils ne révèlent pas nécessairement une tendance homosexuelle chez le candidat lui-même. (... !)

Cet éminent responsable de la formation sacerdotale conçoit cependant que le désir du sacerdoce peut s'accorder avec une organisation affective homosexuelle et même y trouver son origine psychologique. Le fait même de ne pas éprouver un attrait pour l'autre sexe peut favoriser une orientation vers le célibat. L'idée d'un ministère essentiellement relationnel peut attirer le même type de psychologies souvent intuitives, spontanément orientées vers la relation humaine. De plus, une sensibilité très riche, un sens esthétique souvent très développé semblent capables d'enrichir le ministère du prêtre.

Pourtant ces concessions plus ou moins spécieuses doivent s'accompagner de la plus grande prudence. On peut craindre, tout d'abord, que la tendance homosexuelle ne se manifeste — peut-être tardivement — de manière compulsive. On pourrait penser, à première vue, que le désir homosexuel peut être maîtrisé tout comme le désir hétérosexuel. En fait, il présente souvent un caractère obsessionnel et entraîne un comportement quasi automatique. Ce désir peut ne prendre cette intensité qu'après l'engagement dans le sacerdoce, créant alors une situation gravement dommageable pour l'Eglise et très angoissante pour le sujet.

Un problème plus délicat se pose. Le prêtre doit avoir un sens très juste de l'amour humain et du mariage. Plus largement, la relation pastorale suppose un sens très sûr de l'autre : l'autre, humain ; le Tout autre, divin. On ne peut affirmer que le sens de l'autre soit totalement et inévitablement absent chez les homosexuels, mais il reste vrai qu'il est fragile, privé de ce dynamisme d'une sexualité normale qui oriente vers l'autre comme tel.

A ce stade de sa réflexion, l'auteur prend appui sur un article du père Xavier Thévenot : « Les homosexualités, éléments de réflexion éthique », paru dans les « Etudes » de mars 1983. L'homosexualité a des implications d'ordre social et religieux. Si elle pose un problème du point de vue biblique, ce n'est pas d'abord en vertu de condamnations explicites ; le mal de l'homosexualité apparaît dans une dénégation implicite de l'altérité qui met en cause les fondements même de la société, mais aussi la relation au Tout autre. On ne doit pas conclure de cette observation que les homosexuels sont condamnés du fait même de la tendance qu'ils portent en eux et de l'organisation de leur affectivité. Mais cette perspective interdit de considérer l'homosexualité comme une forme normale de la société.

La relation pastorale est reconnaissance de l'autre, accueil de son altérité. Le célibat pour le Royaume est renoncement délibéré au mariage. Cela suppose un équilibre affectif qui implique lui-même la reconnaissance de son propre désir de l'autre, l'acceptation de ses propres limites et de sa contingence, le consentement à n'être que soi-même, sans recherche anxieuse de soi en l'autre. On peut se demander si cela ne peut pas se réaliser par un dépassement volontaire. Mais tout éducateur connaît les risques inhérents à ce volontarisme : tensions exténuantes, découragement, recherche souvent inconsciente de compensations.

Et l'on n'échappe pas, sous sa plume, à l'espoir de guérison, bien qu'il reconnaisse que les meilleurs thérapeutes la considèrent comme très rare, et que, donc, on ne puisse s'appuyer sur une telle éventualité. Sa soi-disant connaissance d'un bon nombre d'homosexuels semble lui donner compétence dans ce domaine, sans qu'il exclue le recours à la médecine car cela peut aider à mieux se comprendre et se situer, à mieux maîtriser son désir, à mettre en valeur les ressources d'une personnalité dont l'identité ne peut se réduire à l'organisation de l'affectivité sexuelle.

Les problèmes pratiques que le père Bouchaud aborde en terminant son article ne manquent pas d'intérêt. L'hésitation à écarter de la marche vers le sacerdoce un candidat homosexuel viendrait, entre autres, du fait que l'on ne dispose pas de preuves quasi juridiques à faire valoir. Or il n'est pas besoin de preuves de ce genre, ni au for interne, ni au for externe. Orienter vers un autre avenir que le sacerdoce, n'est pas priver d'un droit : nul n'a droit à l'ordination. (Rien que ça !...)

Tout en restant très clair et ferme à ce sujet, on doit procéder très pastoralement lorsqu'il s'agit d'écarter de cette voie un candidat au sacerdoce. Tout en l'aidant à découvrir cette tendance, à en reconnaître la signification, à s'accepter comme tel, les éducateurs éviteront tout découragement. Ils lui permettront de bien comprendre que sa personnalité ne s'identifie pas à cette tendance homosexuelle, qu'elle a d'autres ressources à mettre en valeur. Ils l'aideront à découvrir sa véritable vocation, la forme de vie et le service où il peut trouver sa vraie joie dans le monde et dans l'Eglise.

Ces réflexions pourraient donner le sentiment que l'homosexualité constitue un des problèmes majeurs concernant le discernement des vocations. Si ce problème se pose plus souvent que dans le passé, on ne peut dire qu'il se pose fréquemment. Tout en le traitant avec les particularités qui lui sont propres, on doit le situer dans un cadre plus large : celui de l'équilibre affectif nécessaire au prêtre. L'accomplissement de la mission pastorale dans un monde souvent indifférent, une saine fidélité dans le célibat alors que le contexte valorise les satisfactions affectives et exacerbe le désir sexuel, supposent avant tout une profonde vie de foi et de prière. Ils exigent aussi, au plan même de la sexualité, un équilibre solide. Certes, cet équilibre n'est jamais sans aucune faille ; de plus il n'assure pas lui-même la fidélité dans le service et les engagements. Du moins, doit-il être développé et vérifié à toutes les étapes d'une démarche vers le ministère presbytéral, pour le bien de la communauté chrétienne et du candidat lui-même.

Je n'ai peut-être pas assez insisté sur le fait que David et Jonathan n'est pas un mouvement fermé et réservé aux seuls homosexuels. Dans certains diocèses, il y eut des prêtres mandatés par leur évêque, à Grenoble et Toulouse par exemple, qui participaient à la vie du groupe sans être eux-mêmes homosexuels. Ils n'étaient en rien considérés comme aumôniers chargés de convertir leurs ouailles. Ils étaient là pour écouter, pour partager et pour témoigner auprès des instances supérieures de ce qui se vivait dans ces communautés de base que sont les groupes. Cette présence n'a en fait duré que peu d'années, et a toujours été réduite à un très faible nombre. Elle n'a jamais été très bien ressentie par les membres qui y voyaient plus un désir d'endiguer un processus difficilement contrôlable qu'une volonté authentique d'ouverture de la part de la hiérarchie.

Si je fais cette mise au point à ce moment précis de mon livre, c'est qu'il me faut parler d'un prêtre, André Brien, professeur honoraire de la Faculté de Théologie catholique de Strasbourg. Durant son séjour dans la capitale alsacienne, il a eu à prendre une part qui s'est vite avérée importante dans la vie du groupe de cette région. Par la suite, sa notoriété théologique l'a amené à garder un contact permanent avec ceux qui, au sein de David et Jonathan, avançaient sur les chemins ardus de la réflexion. C'est donc en tant que théologien actif au sein de notre mouvement qu'il prit position face à l'article du père Bouchaud que j'ai cité plus haut. Cet article amena le père André Brien, à faire part au directeur de la revue des réflexions que voici :

> « Ayant été amené par les vicissitudes du ministère à entrer en contact avec un assez grand nombre d'homosexuels et à être consulté comme conseiller théologique par le mouvement David et Jonathan... j'ai été surpris par le ton radical de ces lignes et par l'exclusion qu'elles semblaient exiger de tout candidat au sacerdoce présentant une orientation affective homosexuelle. Qu'il faille être prudent dans un tel domaine et détourner du sacerdoce des garçons présentant soit une affectivité non maîtrisée, soit des exigences non coordonnées de contact sexuel, j'en suis tout à fait convaincu. Mais pourquoi appliquer de tels critères de sélection uniquement aux homosexuels ? Nous avons le spectacle d'un nombre suffisant d'abandons du ministère, sans parler de la quantité de confrères pratiquant plus ou moins une double vie, pour savoir qu'une telle sexualité non régulée peut se trouver aussi bien chez des garçons d'orientation hétérosexuelle que chez des homosexuels. Le problème de fond que le père Bouchaud aurait dû évoquer, avant celui des homosexuels, était celui d'une vie sexuelle consacrée, tel qu'il peut se présenter dans l'atmosphère contemporaine : cela aurait éclairé les réflexions suivantes.
>
> Deux points m'ont paru excessifs dans les analyses du père Bouchaud...
>
> D'abord l'affirmation que la sexualité des homosexuels est nécessairement de type compulsif, et peut donc les amener, un jour ou l'autre, à des comportements scandaleux. Cette affirmation, que l'on

retrouve aussi dans les études (par ailleurs remarquables) du père X. Thévenot, est très lourde. Sur quoi repose-t-elle ? Essentiellement sur un certain nombre de cas pathologiques. Mais pourquoi généraliser de telles affirmations tout autant valables pour des hétérosexuels ? Il semble difficile, et peu scientifique, d'instituer une pratique générale — comme l'exclusion du séminaire de tout homosexuel — sur la simple constatation de cas particuliers.

Le second point qui m'a choqué est l'affirmation (reprise du père Thévenot et de certains auteurs protestants) que l'homosexuel serait incapable de percevoir, et surtout d'accepter, l'altérité. En d'autres termes, qu'il resterait toujours prisonnier du narcissisme, et centré sur lui-même. Cette affirmation qui cherche à se justifier par des citations des premiers chapitres de la Genèse, est certainement vraie pour certains homosexuels... mais, là aussi, il semble qu'on pourrait l'appliquer à nombre d'hétérosexuels... Il me paraît cependant purement gratuit — et relevant de la mythologie — de l'appliquer à l'ensemble des homosexuels. M. Bouchaud relève justement, dans la première partie de son article, que les homosexuels sont attirés par les professions qui permettent l'exercice des relations humaines. C'est un fait. Mais quelle relation authentique peut se nouer en dehors du sens de l'altérité ? Si un nombre considérable, bien que caché, de prêtres homosexuels ont un tel rayonnement dans leur ministère, c'est certainement parce qu'ils ont le sens de l'autre dans sa différence fondamentale, et qu'ils cherchent à lui permettre de devenir lui-même, et non à le ramener à eux... Pour les homosexuels comme pour les hétérosexuels, le secret de la disponibilité sacerdotale consiste dans l'effort de témoigner, à ceux ou à celles envers qui on ne se sent pas affectivement attiré, les mêmes attentions qu'à ceux qui suscitent un sentiment de sympathie ou de désir. C'est ainsi que se forme le sens de l'altérité, ou la reconnaissance du prix de l'autre.

... Un point m'a particulièrement frappé dans les réflexions de M. Bouchaud, c'est son affirmation, proprement théologique, que l'homosexuel serait insensible à l'altérité divine, au Tout autre qu'est Dieu. Cela met en cause la capacité même de l'homosexuel à croire. Une affirmation aussi grave demanderait à être prouvée. Or aucun élément de cet ordre n'est apporté dans cet article. On pourrait d'ailleurs s'interroger sur l'origine d'une telle affirmation qui se réfère apparemment davantage à une théologie protestante, surestimant la transcendance de Dieu aux dépens de son immanence, qu'à une théologie authentiquement catholique.

L'auteur développe son argumentation en affirmant que seule une affectivité hétérosexuelle est normale, et donc acceptable pour un sémi-

nariste. Or cette notion de normalité est équivoque. Elle peut signifier soit un truisme : le fait que le seul rapport hétérosexuel peut être prolifique (ce qui est évident, mais n'est guère en cause lorsqu'il s'agit d'une vocation à la chasteté consacrée), soit une intention répressive : celle de contraindre les homosexuels (5 à 10 % d'une population) à se conformer aux modes de comportement ou de relations sociales, considérés comme normaux. Puisque l'homosexualité est de l'ordre du fait et ne peut être modifiée pour la plupart des individus, l'emploi d'une telle qualification de normalité a pour conséquence de faire bannir de la société (ou d'obliger à l'hypocrisie) les homosexuels. En réalité, le problème moral que devrait se poser un chrétien à ce sujet, n'est pas de savoir ce qu'il devrait faire pour se conformer au comportement sexuel qualifié de normal, mais celui de reconnaître quelle est, pour lui, la voie du service de Dieu et du prochain en fonction des structures propres de sa sexualité.

L'article du père Bouchaud comporte enfin des injonctions qui me gênent : celles qui sont faites aux directeurs spirituels (pour le for interne) ou aux formateurs (pour le for externe) d'écarter à tout prix du sacerdoce tout candidat présentant des symptômes d'affectivité homosexuelle. J'avoue avoir eu l'impression, en lisant de telles lignes, que s'instaurait une nouvelle Inquisition. Quelle piètre idée de l'Eglise doivent avoir des jeunes qui vivent dans une telle atmosphère ! Où est le climat de liberté spirituelle et de joie qu'ils s'étaient attendus à trouver dans une communauté de séminaire ? J'ai peur que les meilleurs des candidats au sacerdoce, découvrant une telle ambiance, ne s'écartent du séminaire, au plus grand dam de l'Eglise. »

Les prêtres de Bonneuil

J'ai raconté plus haut la genèse et l'importance de Bonneuil dans ce qui fut et demeure mon ministère auprès des homosexuels. Mais je dois avouer qu'un des points forts dans ce domaine demeure à mes yeux l'organisation, trois fois par an, de sessions de prêtres. Elles sont nées le plus simplement du monde. En 1982, au cours du congrès annuel de David et Jonathan, des prêtres ont manifesté le désir de se retrouver plus ou moins régulièrement pour partager expériences, souffrances, espoirs. Toujours soucieux de créer un espace de parole pour les plus silencieux et les plus invisibles des homosexuels, j'ai émis l'idée de nous retrouver à Bonneuil. La première rencontre reste encore dans la mémoire de ceux qui acceptèrent d'essuyer les plâtres. C'était un risque. Il fallait le courir. Ce fut une réussite. Je laisse la parole à l'un de ces pionniers :

> « *Il faut être fou pour se rendre à une rencontre de prêtres homosexuels. D'autant que c'était une première. Plus j'approche d'Amiens, plus cela me semble impossible. Au point qu'arrivé dans le grand hall, je suis décidé à retirer un billet de retour pour Paris et à prendre le premier train. Mais avant que je n'ai pu me diriger vers le guichet, je suis abordé par un homme tenant un chien en laisse : "Je suis Jacques Perotti, je crois que vous venez à Bonneuil." Je suis pétrifié. Est-il inscrit sur mon visage que je suis homosexuel ? Je suis pris au piège ! Près de Jacques se tiennent deux autres hommes. L'un a voyagé dans la même micheline que moi. Dans le train, je ne le voyais que de dos : tonsure naturelle ! Pendant tout le trajet je me suis posé cette question : "Y va-t-il aussi ?" Arrivé à la maison de Jacques, autre surprise : je me retrouve avec un vénérable ecclésiastique que je rencontrais régulièrement dans une équipe de réflexion... vingt-cinq ans auparavant. Je me sens rassuré : s'il est là, c'est donc que je ne suis pas autant anormal que je pensais. Et puis les choses vont très vite. Quand je suis reparti de Bonneuil quatre jours plus tard, j'ai tout de suite compris que nous avions eu la chance de vivre quelque chose de très important : cette session marquerait certainement une étape importante dans le cheminement de ma vie sacerdotale.* »

Que s'était-il donc passé avec ces douze prêtres ? Nous avons choisi de nous écouter, ce qui n'est pas aussi évident que cela ! Chacun a pu dire tout simplement ce qu'il vivait, ce qu'il avait vécu jusqu'à ce jour. Parlait qui voulait, et en fait tout le monde a parlé ! Paroles souvent longues et d'une extraordinaire densité : c'étaient autant de vies qui essayaient de se dire en totale vérité, sans complaisance. Pauvretés mutuelles et cheminements de libération ont été partagées. Il n'y avait plus de tabous : tout pouvait être dit sans susciter aucun jugement, aucune attitude de compassion. L'écoute permettait un réel partage dans une bouffée de grand air. Pour la première fois, chacun pouvait être en totale vérité, débarrassé de tous ces non-dits qui finissent par meurtrir et atteindre profondément.

On était à cent lieues des propos hypocrites qui ont généralement cours dans les repas de curés où les blagues les plus salaces camouflent souvent les véritables problèmes d'une humanité obligée de taire ses aspirations normales vers un équilibre affectif, pas nécessairement sexuel d'ailleurs. Depuis plus de douze ans, ces réunions voient le nombre des participants demeurer stable : une quinzaine environ, avec une proportion égale de nouveaux venus et d'anciens. La présence d'intervenants d'horizons divers, théologiens, spirituels, sociologues, apporte à nos rencontres une ouverture et un sérieux que l'on trouve hélas rarement dans nos instances cléricales normales. Depuis, sans aucune publicité, uniquement de bouche à oreille, Bonneuil a ainsi accueilli plus d'une centaine de participants. Un bulletin confidentiel bimestriel atteint environ cent cinquante prêtres et religieux. Nous avons intitulé ce lien « Pêcheurs d'hommes ».

Je reprends le témoignage commencé plus haut :

> « Je n'hésiterai pas à dire que tous ces prêtres passés par Bonneuil forment un véritable presbytérium. Certes, il n'y a pas d'évêque. Mais nous sommes tous prêts à accueillir celui qui aura le courage de nous rejoindre : il peut compter sur notre silence. Presbytérium, car il existe entre nous tous une réelle communion, nullement formelle ou simplement idéologique, mais affective. Mais l'affectivité fait peur dans l'Eglise ! Nous sommes réellement frères, ce qui n'est pas toujours le cas dans le clergé diocésain... Nous sentons le besoin de revenir à Bonneuil pour nous retrouver et nous refaire dans cette CHARITÉ. Chaque fois, nous allons toujours plus loin dans le partage, la connaissance de nous-mêmes, la découverte de la manière dont l'Esprit nous aide à voir plus clair, et à mieux vivre dans la paix notre ministère.
>
> Et il y a tout le reste de l'année. Les liens tissés à Bonneuil ne sont pas sporadiques. Lorsque la solitude est trop grande, ou l'épreuve plus violente, nous savons qu'il y a toujours un numéro de téléphone qui répondra, une porte où l'on pourra frapper, une amitié forte qui nous permettra de nous remettre en selle.
>
> S'il fallait résumer d'un mot Bonneuil : c'est le lieu où nous pouvons célébrer et vivre la Réconciliation. »

La télévision italienne est venue faire un reportage sur une de nos sessions. L'émission « Transit », sur Arte a, elle aussi, fait état d'une de nos rencontres. Certains ont trouvé que le défilé masqué forçait un peu la note théâtrale. C'était pourtant voulu comme symbole de ce que nous sommes obligés d'être, la plupart du temps : des êtres obligés de vivre avec un masque pour pouvoir continuer à exister dans un monde où règne l'hypocrisie. Il est difficile de décrire l'atmosphère qui se dégage de ces rencontres. Elle est tout à la fois émotion émanant des témoignages enfin libérés, et fraternité sacerdotale et amicale qui se renforce au fur et à mesure des sessions. Un lien très fort se crée entre ceux qui expriment ainsi librement leur quête de vivre sacerdotalement leur homosexualité à partir des situations concrètes dans lesquelles chacun se trouve. Pouvez-vous imaginer que Bonneuil est, pour certains prêtres, le seul lieu où ils peuvent demander et recevoir le Sacrement de la Réconciliation ? Ailleurs, cela ne leur serait pas possible, non pour éviter de se dévoiler, mais par crainte de ne pas rencontrer quelqu'un qui comprenne quelque chose à leur histoire. Ici, l'exigence de vérité et de franchise ne s'exerce pas à sens unique. Elle ouvre sur cette parole du Christ : « *La vérité vous rendra libres.* » Il n'y a pas à cacher non plus que cela a permis à plus d'un de vivre une rencontre où le cœur et le corps n'étaient pas mis entre parenthèses. Je voudrais citer deux courts passages de lettres que j'ai reçues récemment :

> « *Grâce à Bonneuil et à tous les confrères que tu m'as permis de rencontrer, je me sens de moins en moins seul dans ma réalité affective sacerdotale... Bonneuil est pour moi une grâce et un temps fort de foi et de spiritualité. Jamais je n'ai connu un lieu où l'on est aussi vrai et authentique les uns en présence des autres, et dans une transparence qui sort du commun.* »
>
> « *S'il n'y avait pas les sessions, certains auraient peut-être mal vécu. Mais le problème, c'est qu'on est sur une crête. On trouve ce lieu de vérité où l'on est parfaitement soi-même mais, en même temps, cela peut être une étape vers l'accomplissement d'une vie sacerdotale, avec ce plus, et pas simplement une espèce de reconnaissance de facto. C'est une recherche pour vivre en prêtres, et c'est à partir des situations où nous sommes que l'on essaie de voir comment relire tel ou tel aspect de notre mission.* »

Il me paraît important de souligner que, à part quelques exceptions dont on peut comprendre l'outrance des propos, tous ces prêtres qui viennent à Bonneuil gardent ou redécouvrent un attachement profond à l'Eglise. Cela n'exclue en rien une objectivité farouche qui empêche de voir, en l'Eglise de Jean-Paul II, l'Eglise de Jésus-Christ, ou pour le moins qui fait refuser la caricature que celle-là donne trop souvent de celle-ci. Parmi tous ces amis, je ne veux passer sous silence ce que m'a écrit Jean-Marie, profondément blessé au plus intime de lui-même par une histoire que peu d'entre nous souhaiteraient avoir vécue.

> « *Jacques aurait souhaité que je décrive davantage ce que j'ai connu des dégâts humains causés par l'Eglise. Avec un grand E, je la perçois comme une vieille mère aussi respectable que ridée et déphasée, bénéficiaire de mon affection indulgente. En dépit de tout, avec son grand E, elle est celle à qui je dois essentiellement une vie : ma vie de foi, cette foi sans laquelle je ne serai pas capable de la contester, en pensant d'elle : "Tu te trompes quand tu dis ou quand tu fais cela à nous, les homosexuels." Il est évident que cette mère est une personne morale, présente dans nos vies par quantité de visages : certains qui nous ont construits, certains qui nous ont détruits. Ma vie de foi ne m'empêche pas de dénigrer sa source dont le nom commence par ce grand E, mais à la mesure de ma foi. Je suis furieux contre ceux qui abolissent sa tendresse et contribuent, sous couvert de sa mission éducatrice, à saper les droits les plus constitutifs de la dignité d'un homme... C'est faire Eglise par le bas que de poster partout des censeurs d'une certaine uniformité au nom des justifications les plus élaborées... On peut faire aussi Eglise par le haut, comme Jésus-Christ qui n'est pas venu pour juger, mais pour sauver... »*

Si seulement les sessions de prêtres et religieux gays à Bonneuil avaient existé en 62-69, je m'y serais précipité, avec toute l'angoisse et la crainte de chacun lorsqu'il y vient pour la première fois. A cette époque, je l'ai déjà dit, j'étais en pleine remise en question : découvrir sa véritable identité, quand on a trente-cinq ans et plusieurs années de sacerdoce... Psychothérapie, analyse, etc. Et l'inéluctable émergence du désir d'aimer et d'être aimé à travers l'expression tendre et sensuelle que Dieu a façonné au cœur de chaque être humain. Si Bonneuil avait existé, alors j'aurais pu enfin partager en profondeur avec des frères qui vivent chacun ce drame à un moment ou l'autre de leur vie. Dieu soit loué, Bonneuil existe depuis 1983. Douze ans déjà. Que de grâces, que de joies, que d'amitié, que de souffrances partagées... L'expérience est tellement forte et unique que nous avons du mal à nous quitter... C'est la descente du Thabor. Chacun retrouve sa solitude, mais il ne repart pas comme il est venu. Il a rencontré des frères en vérité, et un réseau d'amitié très solide s'est constitué au cours des années. La confiance est totale et nous savons que nous pouvons compter sur la discrétion de chacun.

Je reconnais en toute vérité que ce sont les rencontres de Bonneuil qui me font vivre mon sacerdoce de pauvre et d'humilié au cœur d'une Eglise qui ne souhaite pas m'accueillir dans ses structures officielles. Heureusement, l'Esprit-Saint a mis l'abbé Pierre sur ma route en 1954. Que serais-je devenu sans lui ?

Les réactions de certains évêques

Bonneuil est vite devenu une cible. Réunir des prêtres dans un village de l'Oise ne pouvait laisser indifférent le responsable du diocèse de Beauvais, d'autant que monseigneur Julien avait été informé dans une lettre non-anonyme, que j'organisais dans ma résidence secondaire des rencontres que la morale ne pouvait que réprouver. Traduisez que j'organisais des partouzes homosexuelles ! Je lui demandais une entrevue, le 19 septembre 1983. Au-delà du problème personnel de la dénonciation, l'échange a été fort et sans concession des deux côtés. J'étais face à un bloc de granit breton, avec les qualités et les inconvénients que cela comporte. D'une part, franchise brutale, doctrine à tout crin, sans aucune faille possible. D'autre part, difficulté à entrer dans une optique qui n'est pas la sienne — le granit peut briser et faire des dégâts sans le vouloir. Pour cet homme d'Eglise, David et Jonathan n'a aucune valeur ni utilité. Institutionnaliser l'homosexualité, c'est vouloir la normaliser, c'est rechercher une légitimité dans l'Eglise, ce qui est proprement impossible, ou alors il faut réécrire toute la Bible. L'homosexuel doit sortir de son homosexualité pour vivre l'Evangile. Les rencontres de prêtres sont un véritable danger, elles risquent de les conforter dans leur homosexualité et de devenir (rien que ça !) une sorte de syndicat inacceptable par l'Eglise...

Monseigneur Julien me fit part des contacts pastoraux qu'il a eus avec des homosexuels : une trentaine en dix ans de ministère. Jamais il n'a transigé sur la doctrine, mais au contraire, cela lui a valu la reconnaissance de plusieurs qui l'ont remercié pour sa fermeté. Certains mêmes auraient reconnu qu'ils attendaient ça de lui... Pour une religieuse qui a su dépasser de grandes difficultés dans ce domaine, il parle même de martyre. Ne manquant pas d'un certain humour que je n'apprécie guère, il m'a dit : « *Je veux bien laisser rentrer avant moi une foule d'homosexuels dans le Royaume de Dieu, mais qu'ils ne revendiquent pas leur homosexualité.* »

La rencontre a duré environ une heure trente. Voici résumés les points que j'ai avancés dans mes réponses. Il m'avait rappelé, en commençant, qu'il n'avait pas lui-même souhaité cette rencontre. Je l'ai remercié de l'avoir quand même permise, car en dehors de la calomnie dont j'étais l'objet, ou mieux à travers elle, beaucoup de choses étaient engagées. Dans le contexte de notre époque qui a vu les homosexuels découvrir leur identité, se reconnaître comme existants, reconnus ou rejetés, il ne pouvait faire l'économie d'un besoin de regroupement venant de prêtres homosexuels, d'une recherche commune de leur situation dans l'Eglise et dans la société après tant de siècles de rejets et de persécutions. David et Jonathan existe parce que les homosexuels, prêtres ou laïcs, croyants en Christ ou en recherche de foi, ne peuvent pas cheminer seuls. Quelle communauté, quel lieu dans l'Eglise, dans la société, où ils puissent être en vérité, reconnus comme tels ? Pourquoi ne pas voir que le drame de beaucoup, qui peut aller jusqu'au suicide, c'est précisément l'impossibilité où ils sont de dialoguer, notamment avec des confesseurs qui les rejettent ou leur imposent des solutions impraticables dans le moment qu'ils vivent.

Le Christ a montré l'importance du cheminement. C'est à travers leur homosexualité qu'ils ont à cheminer vers le Christ, et cela prend du temps. Etre homosexuel n'est pas un péché. Le danger aujourd'hui, et qui ne guette pas uniquement le monde homosexuel, c'est celui d'évacuer le péché. Les homosexuels ont à faire, eux aussi, cet effort de vérité pour mettre à jour la faille par où entre le péché dans leurs vies, mais aussi par où le salut de Jésus-Christ les rejoints. Je lui ai également précisé qu'à aucun moment de la rencontre sacerdotale qui venait d'avoir lieu, mes frères prêtres et moi-même n'avons essayé de nous justifier, de nous octroyer des autosatisfactions. Humblement, nous avons essayé d'être nous-mêmes en vérité, tels que le Seigneur nous aime et nous appelle. Nous nous étions demandés ce que voulait dire pour nous, être prêtres et homosexuels, quel était le sens de notre sacerdoce à cette lumière, et ce que voulait dire la chasteté pour nous.

L'entretien s'est achevé sur ce dialogue :

> *« Ce sont des homosexuels qui seront les apôtres des homosexuels. Vous avez raison, à condition que ce soient des homosexuels convertis !*
>
> *Je suis d'accord, monseigneur, mais que voulez-vous dire par homosexuels convertis ? Homosexuels ils sont, homosexuels ils resteront. Ce n'est pas un choix. C'est à partir de cela que le Christ les appelle, c'est à travers leur homosexualité qu'ils ont à inventer un chemin vers le Christ. Ah ! monseigneur, si vous assistiez un jour à une de nos rencontres ! Je suis toujours étonné et heureux de la qualité humaine et spirituelle de ces frères prêtres. Hier, nous avons terminé notre rencontre par une célébration eucharistique de grande qualité. J'aurais aimé qu'un évêque soit caché dans un coin... Je crois que l'Esprit-Saint est à l'œuvre dans ce que nous vivons là. »*

Le 17 avril 1986, après la messe chrismale qui regroupe les prêtres autour de leur évêque, je rencontrai le père Favreau, évêque de Nanterre, diocèse auquel je suis rattaché. Pour lui, les choses doivent être claires. Je n'ai qu'une mission : celle que je remplis auprès de l'abbé Pierre. Peu lui importait que je fusse blessé dans le fait qu'il raye d'un trait de plume ce qui fait l'essentiel de ma vie d'homosexuel et de prêtre, ce qui est ma vocation personnelle, mon charisme. Au cours de notre entretien, il m'apprit que la question de David et Jonathan et de l'homosexualité avait été abordée au Conseil permanent de l'Episcopat qui n'a manifesté que des impressions négatives sur le mouvement (monseigneur Julien, actuellement archevêque de Rennes est membre de ce conseil...). En ce qui concerne les rencontres de prêtres, sa position est sans ambiguïté. Que j'aide tel prêtre en difficulté, c'est bien, mais réunir régulièrement des prêtres sur ce sujet ne lui paraît pas souhaitable... Je risque de faire de leur homosexualité une réalité obsessionnelle *(sic !)* et de les enfermer là-dedans *(re-sic !)*. Ma réponse tente de lui montrer que la démarche d'un prêtre venant à nos rencontres est tout à fait inverse. La majorité des prêtres n'a jamais pu parler en vérité de sa personnalité profonde marquée par cette différence qui donne une coloration différente à toute approche humaine et spirituelle, et qui, par nécessité, est refoulée dans les profondeurs de l'inconscient. *« Alors un jour ou l'autre, l'angoisse surgit, l'obsession s'installe avec d'autant plus de force que le refoulement a été grand... Combien de drames auraient été évités si un dialogue avait pu exister... Savoir que l'on est condamné au départ n'arrange pas les choses... Nos rencontres ne conduisent pas à l'obsession, je pense plutôt qu'elles nous en délivrent... Pour la première fois de sa vie, cet homme qui est prêtre peut, sans craindre d'être jugé, échanger en vérité avec d'autres prêtres, sur ce qui fait la réalité de sa vie d'homme et de prêtre, sans renier aucune de ses dimensions. Comme je souhaiterais, mon père, que tous mes frères prêtres puissent en faire autant... De plus, nous ne sommes pas obnubilés par la question homosexuelle. Nous parlons de toute notre vie de prêtres. Nous prions avec joie et ferveur, parce que nous sommes devant le Seigneur tels que nous sommes, et tels qu'Il nous aime et nous a voulus...*

Nous essayons ensemble de découvrir le sens de tout ce vécu... Vous me dites que pour le prêtre, mais c'est vrai pour tout chrétien, il s'agit essentiellement d'une démarche spirituelle. Certes, nous sommes bien d'accord, et il est bien difficile de dire qu'une vie spirituelle ne peut pas exister dans un être qui traverse de graves difficultés psychologiques et qui est, à certains moments, submergé par l'angoisse ou la névrose... Le Seigneur n'attend pas que nous soyons parfaitement équilibrés pour nous faire signe... Mais enfin, plus un homme conquiert sa liberté intérieure, plus il correspondra à ce que le Seigneur attend de lui. Nous revendiquons le droit d'être des vivants à part entière. »

Pour terminer, je rappelle à mon évêque que David et Jonathan est une cellule d'Eglise, une sorte de relais. Ce mouvement interpelle l'Eglise pour un dialogue et il lui demande que l'on respecte un cheminement pour lequel elle n'a aucun discours... d'où la gêne et le silence des évêques, quand ce n'est pas la réprobation. Mais ce dialogue avec l'Eglise que nous demandons, c'est aussi pour nous interroger, nous provoquer dans une démarche exigeante. Les Béatitudes, c'est aussi pour nous !

Le 22 septembre 1990, monseigneur Adolphe-Marie Hardy, évêque de Beauvais, écrivait à l'abbé Pierre la lettre suivante :

« Cher père,
C'est au sujet de l'abbé Perotti que je vous écris.

Comme vous le savez certainement, il est établi avec tout un groupe d'amis, dans un petit village de l'Oise, à Bonneuil-les-Eaux.

Ceci n'est pas sans poser de problèmes à l'ensemble de la population. Et ceci d'autant plus que le curé est mort accidentellement il y a un an et demi, et que je n'ai pu le remplacer.

Je ne sais pas si l'abbé Perotti est très conscient de ce qui est ressenti dans le pays. Il a demandé à utiliser l'église : ce qui, bien sûr, semble difficile.

Je voulais simplement vous dire comment nous sommes très préoccupés de cette action. Il se présente comme votre secrétaire et se trouve, bien sûr, avec une couverture importante.

En restant à votre disposition pour en parler avec vous à l'occasion... »

Après un temps de réflexion, l'abbé Pierre eut une longue conversation avec l'évêque. Il lui dit ce qu'il pensait de moi, de ma vie spirituelle, de mon attention aux plus pauvres, de mon engagement auprès des homosexuels, de ma maison de Bonneuil devenue un lieu de rencontre non seulement pour David et Jonathan et les prêtres homosexuels, mais pour AIDES et les séropositifs, et d'autres associations. Il se trouve que trois prêtres, membres de David et Jonathan, étaient condisciples de séminaire de monseigneur Hardy. Il nous a alors semblé que cette réponse de l'abbé Pierre devait être complétée par un entretien entre ces quatre « anciens ». Le père a bien voulu solliciter un rendez-vous. Le principe de la rencontre fut volontiers accepté. Voici leur compte-rendu :

« Ce jeudi 18 octobre, nous étions à l'évêché. D'emblée nous avons précisé au père Hardy le sens de notre visite : sans aucun mandat de quiconque, nous voulons l'informer, le plus justement possible, de ce que les prêtres que nous sommes, et les quelques dizaines d'autres avec nous, avons vécu à Bonneuil. Nous lui avons dit, chacun, qui nous sommes, et la découverte de notre homosexualité. Nous lui avons dit l'origine des rencontres de prêtres, lors du congrès annuel de David et Jonathan d'abord, puis à Bonneuil. Nous lui avons dit la qualité d'écoute et de réflexion qui caractérise chacune de nos rencontres et la valeur de notre prière. Nous lui avons dit que c'est pour les prêtres, pasteurs — d'âge, de responsabilités, de provenance géographique, de religion... différents — qui ont, une ou plusieurs fois participé à ces rencontres, le SEUL lieu où ils ont pu se dire EN VÉRITÉ, même si, par ailleurs, ils sont membres d'instituts ou de communautés religieuses. Nous l'avons informé de notre préoccupation de ne pas constituer un ghetto ou un lieu d'autojustification. C'est en ce sens que nous avons invité à une session un théologien, formateur de prêtres, hétérosexuel. Découvrant la qualité de nos échanges, il nous avait formulé son souhait de voir proposer aux prêtres hétérosexuels ou homosexuels des lieux semblables de vérité.

Nous lui avons dit l'importance de la prise en compte de l'affectivité/sexualité dans la vie de tout homme, et donc des prêtres, et lui avons révélé (ou rappelé) le pourcentage probable d'homosexuels dans le clergé français, et donc dans le sien.

A ses questions et étonnements : *"Qu'est-ce qu'être homosexuel ? Qu'est-ce que se reconnaître homosexuel ? Pourquoi parlez-vous du traumatisme que cette découverte peut opérer dans la vie d'un prêtre ? Que peut-on faire pour permettre le dialogue des prêtres, sur ce sujet, avec leur évêque ? Avec le prêtre chargé de l'entraide sacerdotale ? Les sessions, les retraites ne suffisent-elles pas pour permettre échanges et confidences ?"*, nous avons répondu clairement. Il nous a dit et répété : *"Vous m'apprenez beaucoup, et je vous en remercie."* Il nous a parlé de son intention de répercuter ces informations à ses collègues évêques de la région apostolique qu'il doit rencontrer ces jours-ci (dont l'un, lui avons-nous dit, est au courant de l'existence des sessions de prêtres à Bonneuil). Nous avons rectifié ce qui, dans sa pensée, pouvait être confusion entre l'alcoolisme, maladie que l'on peut soigner, accompagner, et l'homosexualité, structure affective de la personne, qui ne se soigne pas, ni par la psychiatrie, ni par l'imposition des mains. Nous avons souligné l'importance que peuvent avoir pour un homosexuel — prêtre ou laïc — les oukases de Rome concernant l'homosexualité.

A sa question : *"Avez-vous eu un contact avec monseigneur Gaillot ?"*, nous lui avons répondu qu'à l'une ou l'autre session la question avait été soulevée de l'inviter, mais que nous avions la crainte, une fois de plus, de le marginaliser, ou de nous marginaliser un peu plus nous-mêmes en ne prenant contact qu'avec lui. Mais nous lui avons dit que nous parlions souvent des évêques... et que nous regrettions parfois qu'aucun d'entre eux n'entende ce qui se dit de vrai entre nous... Puis nous lui avons posé la question : *"Pourquoi, toi, ordinaire du lieu et selon ta charge pastorale dans ton diocèse, ne viendrais-tu pas passer un jour au cours de ces sessions ? Viens, non comme pontife pontifiant, mais comme l'un de nous, prêtre, pour écouter sans juger, pour comprendre, pour réfléchir et prier."* Il en a admis l'opportunité et s'est déclaré disponible... à condition qu'aucune publicité ne soit faite. Comme nous n'étions délégués par personne, nous lui avons répondu que nous soumettrions la suggestion de sa participation à une journée d'une des prochaines sessions, à tous les prêtres qui ont, une fois ou l'autre, vécu une session de Bonneuil, lesquels seraient avertis de la session à laquelle l'évêque déciderait de venir.

En conclusion, l'accueil d'Adolphe-Marie Hardy a été fraternel et chaleureux. Pendant une heure et demie, il nous a prêté une attention soutenue — demandant par téléphone au secrétariat qu'on ne le dérange pas durant notre entretien. Il a sûrement découvert, de l'intérieur, une réalité qu'il ignorait sans doute. Il nous a, par deux fois, marqué son admiration que nous soyons venus spécialement de l'Aude, de l'Allier ou du Doubs pour passer une heure avec lui, et a mesuré ainsi l'importance que nous attachions à cette démarche... Il nous en a remercié chaleureusement, tenant à nous accompagner jusqu'à la porte extérieure de son évêché...

Jacques Gaillot

Beaucoup risquent de s'étonner que, à travers toutes ces pages, je n'ai pratiquement jamais fait mention de monseigneur Jacques Gaillot. Il m'a été donné, depuis son limogeage démocratique par Jean-Paul II parti en voyage aux Philippines et déléguant ses pouvoirs à un cardinal de curie, d'avoir à dire ce que je pensais de telles méthodes plus proches du totalitarisme bolchevique que de la compréhension évangélique. A David et Jonathan, dès que nous avons appris l'exclusion de son évêché d'Evreux, nous nous sommes tout de suite mobilisés, avec tout le monde gay, au point que j'ai participé à une manifestation silencieuse devant la nonciature du Vatican à Paris, un dimanche à 12 h. C'était le jour du grand rassemblement à Evreux pour la messe de départ de Jacques

Gaillot, où je regrette de n'avoir pu me rendre. J'ai ensuite participé sur Canal Plus, à l'émission « La Grande famille », avec les diacres du diocèse d'Evreux. J'ai pris la parole pour dire notre consternation et combien monseigneur Gaillot avait toujours essayé de nous comprendre, de nous accueillir, de nous écouter. Ce que ne fait pas l'Eglise officielle. Je suis ensuite passé sur T.F.1, au cours de l'émission « Je suis venu vous dire », avec Florence Bel Kassem. J'ai également parlé sur les antennes de deux radios. Tout d'abord Radio-Libertaire, avec Geneviève Pastre qui m'a longuement interviewé sur l'affaire Gaillot et sur le travail de libération qu'il y avait à faire dans le monde gay. Ensuite sur France Inter, aux informations de 8 h 30. Toutes ces actions montrent qu'il faut être présent. Et devant ce scandale de l'affaire Gaillot, je ne pouvais pas ne pas intervenir en tant qu'attaché de presse de David et Jonathan, mais aussi en tant que prêtre. A cet endroit de mon récit, je voudrais laisser la parole à celui qui est devenu l'évêque de Partenia... On sait qu'entre autres raisons, son siège éjectable a fonctionné parce qu'il avait osé se laisser interviewer, en février 1989, par le journal homosexuel « Gai Pied ». Dans la revue « Passages », d'octobre 1989, donc après sa déclaration sulfureuse, j'estimais que très peu d'évêques avaient eu son courage. En effet pour lui, les homosexuels comme les autres sont appelés par le Christ, et nul ne doit les condamner. Il est vrai que l'Eglise réserve souvent un accueil compatissant à la personne homosexuelle, mais il n'est jamais question d'une réelle reconnaissance, non plus d'ailleurs de la sexualité en général. L'Eglise n'a pas encore réfléchi sérieusement et objectivement sur ce sujet. Elle en est encore à l'idée que sexualité et procréation sont indissociablement liées, ce qui amène *de facto* les hommes d'Eglise à méconnaître la réalité homosexuelle. Ils y voient trop souvent quelque chose de bestial, alors que ce fait est essentiellement une relation interpersonnelle entre deux êtres qui s'aiment.

Trop peu de gens ont pu savoir exactement ce qu'avait dit l'ex-évêque d'Evreux dans ce journal que l'on ne doit pas trouver dans les salons des abonnés à « Famille Chrétienne ». Rien pourtant qui puisse heurter les conscience. Ecoutons-le :

« Il arrive que des personnes homosexuelles demandent à me voir à l'évêché. Je les accueille toujours. Celui qui n'accueille pas peut-il

se réclamer de l'Evangile ? Mais l'accueil ne se réduit pas au simple fait d'accorder un rendez-vous. Il s'agit d'accueillir l'autre avec respect et compréhension, d'accueillir sa demande et surtout ce qui fait l'ensemble de sa vie... Il y a un sectarisme qui tue. Il n'y a pas seulement que les armes... Il n'est pas facile aujourd'hui, pour des personnes homosexuelles, d'être responsables dans l'Eglise à visage découvert !... Accueillir, c'est aussi être vrai. J'essaie de l'être, par exemple, en rappelant que la différence sexuelle est fondamentale. Elle est structurante des individus comme des sociétés. Mais accueillir, c'est surtout recevoir des personnes homosexuelles. Recevoir leur témoignage évangélique... Les homosexuels nous précèdent dans le Royaume de Dieu... Les communautés chrétiennes auraient tort de les ignorer. Sans eux, elles ne comprendraient pas toute la richesse de l'Evangile. En cherchant à les exclure, elles affaibliraient leur témoignage. Il est important que les personnes homosexuelles, qui se disent catholiques, le soient à part entière dans les communautés. Ceci pour le dynamisme même de ces communautés. »

Le dossier Potel

Petit à petit, au cours de nos rencontres de prêtres à Bonneuil, il m'a semblé nécessaire d'aborder de façon scientifique, ni médicale ou psychologique, ni théologique ou morale, la situation de notre minorité sociale pratiquement exclue. N'était-il pas temps de sortir des catacombes ? C'était une tâche particulièrement difficile qui fut menée à bien par le sociologue Julien Potel. Il avait beaucoup travaillé sur les hommes d'Eglise en situation irrégulière ou marginale, notamment sur les cas de prêtres mariés. De son avis même *« ce sujet n'avait jamais été traité par la sociologie du catholicisme en France. En tant que chercheur, il me semblait intéressant de m'aventurer sur un terrain inexploré. Et ardu ».* Il y eut, de la part des prêtres qui ont accepté de se laisser décortiquer, un effort important qui appelle accueil et respect. Et de la part de Julien Potel, un effort d'écoute, d'ouverture, d'humilité. Il reconnaît qu'aucun sujet ne l'avait touché autant que celui-là. *« Mon travail a été dur. J'ai dû écouter des paroles avec lesquelles je n'étais pas toujours d'accord, accepter des interdits. J'ai surtout dû lutter contre ma tendance à juger. A travers cette étude, j'ai voulu avancer dans mes recherches sur le clergé, faire la lumière sur un sujet tabou, avec les risques que cela comporte. Je suis prêtre, et il m'est important de mieux connaître les prêtres qui souffrent. Ceux qui ne collent pas à l'image de l'être parfait, mais sur un piédestal, immaculé de toute faute. »*

Il avoue par ailleurs avoir été interpellé par ce que lui disait un interviewé qui, sous couvert d'anonymat, a exprimé sa souffrance, sa culpabilité douloureusement dépassée : « *L'homosexuel est un grain de sable dans le rouage institutionnel et social qui va faire gripper la machine, et c'est pour cela aussi qu'on en a peur. Si l'homosexuel se déclare, cela déstabilise l'identité car il y a un peu d'homosexualité en chacun de nous. Cela se manifeste par la peur, le sarcasme ou le mépris. D'une certaine manière, l'homosexualité est révolutionnaire : on ne peut pas rester immobile si un homosexuel est là.* » Venu participer à plusieurs sessions à Bonneuil et ailleurs, Julien Potel a aussi longuement interviewé vingt-cinq prêtres homosexuels, aux responsabilités plus ou moins importantes au sein de l'Eglise, aux âges variant entre vingt-huit et soixante et onze ans, à l'ancienneté sacerdotale allant de deux à quarante-six ans. Je reconnais, avec certains critiques objectifs, que le nombre est insuffisant pour établir une statistique représentative de tous les prêtres homosexuels. Il est cependant suffisant pour jeter un éclairage précis sur une population qui, selon toute probabilité atteint 20 à 30 % du clergé français. « *Au-delà des personnes interrogées, dit-il, cette étude met en valeur, avec certitude mais sans pouvoir chiffrer, ce que tous les prêtres homosexuels pensent et vivent.* » En l'absence de statistiques fiables, Julien Potel s'est volontairement et simplement livré à une description d'une réalité qui existe. Il s'est voulu le miroir d'une minorité sociale.

Permettez-moi de citer un encart de Djénane Kareh Tager paru dans la revue « Actualités Religieuses dans le Monde » du 1er juillet 1993 :

> « *A en croire chiffres, sondages et autres statistiques, l'homosexualité est bel et bien présente au sein du clergé catholique. En proportion plus importante, semble-t-il, que dans l'ensemble de la population...*
> *En 1990, une enquête menée aux Etats-Unis fait état de 20 % d'homosexuels qui, pour moitié, mettent leur tendance en pratique... Chiffres à peu près équivalents aux Pays-Bas... L'Eglise catholique*

canadienne ne s'est pas clairement exprimée au sujet des prêtres homo-sexuels... contrairement à l'Eglise anglicane qui a réaffirmé sa décision de permettre l'ordination de célibataires homosexuels...

La France se libéraliserait-elle à son tour ? En mars 1992, le chan-teur Eric Morena, ordonné diacre sous le nom de l'abbé Jacques, dans sa congrégation missionnaire des Spiritains, s'est marié avec son ami, Dorian de Palma. Monseigneur Johannes, prélat d'honneur sans juri-diction territoriale, a béni leur union en la chapelle de l'hôpital Coren-tin-Celton d'Issy-les-Moulineaux. Une exception ? Certainement pas. L'étude, réalisée par Julien Potel auprès de prêtres homosexuels prouve qu'il s'agit là d'une réalité bien tangible. »

Au terme de son étude, Julien Potel n'hésite pas à avancer cette affirmation : « *Prêtres, oui, mais homosexuels d'abord.* » Et je peux vous certifier que, sous sa plume, ceci a un véritable sens positif parce que « *ces hommes considèrent que leur situation est source d'enrichissements humain et spirituel. Elle les invite à être attentifs aux exclus, sans porter de jugement. Par une sorte d'affinité, ils se rapprochent des marginaux qu'ils rencontrent, par rapport à la société et à l'Eglise, les divorcés, les pauvres du monde ouvrier, des jeunes, des malades, des prisonniers, des prêtres mariés* ».

On comprendra qu'il ne m'est pas possible de résumer les quatre vingt dix pages de ce dossier intitulé « Prêtres séculiers, religieux, et homosexualités ». C'est une étude technique étayée de nom-breux témoignages. Le but que j'ai essayé de me fixer, dans ce livre, n'est pas de vous assommer de chiffres et d'analyses. Mais de vous dire jusqu'où j'ai essayé d'aller pour être au service de ce monde qui est le mien, comment j'ai fait tout ce que j'ai pu pour que la lampe ne reste pas sous le boisseau. Je pense cependant légitime de signaler, en quelques lignes, ce qui est apparu au cours de cette enquête.

Un premier point laisse apparaître que les homosexualités sont diversement vécues, à cause de la formation sexuelle et affective souvent insuffisante, de la découverte aléatoire de cette tendance, et peut-être surtout à cause des façons très variées du vécu homo-sexuel. Celles-ci allant de la non-pratique active à la relation amou-reuse durable avec un ami, en passant par les rapports épisodiques. Par voie de conséquence, apparaissent ombres et lumières dans la vie sacerdotale : vivre à visage découvert ou non, la découverte des réalités positives, la redécouverte en profondeur de la signification de la Réconciliation et de l'Eucharistie, la place de l'Amour de Dieu et de la prière.

Un second point fait ressortir les relations entre homosexualités et sacerdoce catholique : le nombre de prêtres homosexuels, les différentes attitudes vis-à-vis de la loi du célibat, l'évolution du statut social du prêtre. Mais également le problème de la communication dans l'Eglise, avec son évêque, avec les évêques, avec son supérieur religieux, avec les autres prêtres.

Viennent ensuite des appels vers l'Eglise et la société : qu'attend-on de l'Institution, y croit-on encore, qu'elle parle avec compétence, sinon qu'elle se taise, qu'elle accepte l'apport des sciences de l'homme et reconnaisse les homosexuels. Un texte de Jean Delumeau dans « La Peur de l'Occident » peut éclairer les rapports des homosexuels avec la société et l'Eglise : « *Les collectivités mal aimées de l'histoire sont comparables à des enfants privés d'amour maternel et, de toute façon, situées en porte-à-faux dans la société, aussi deviennent-elles les classes dangereuses. C'est donc, à plus ou moins long terme, une attitude suicidaire de la part d'un groupe dominant de parquer une catégorie de dominés dans l'inconfort matériel et psychique. Ce refus de l'amour et de la relation ne peut manquer d'engendrer peur et haine.* » Ces appels s'accompagnent tout naturellement d'une forte solidarité avec le monde homosexuel. Il s'expriment particulièrement dans le lieu de rencontre qu'est Bonneuil, et dans la participation à des organisations homosexuelles.

Le dernier point, et sans doute le plus important pour des prêtres et des religieux, amène Julien Potel à parler de la foi chrétienne vécue par les homosexuels manifestant une spiritualité qui leur est propre. L'homosexualité est le lieu d'un véritable amour mutuel qui intègre le corps sexué et sa beauté, et les représentations que l'on s'en fait. Dans la prière ou l'expression de la foi, le corps joue un rôle, et certains courants de l'Eglise lui donnent aujourd'hui un rôle important que les homosexuels ne veulent pas ignorer. Dans leur démarche spirituelle, les croix qui sont les nôtres s'inscrivent normalement dans une démarche christique, et deviennent des faits précis : découverte de son identité avec son processus de culpabilisation, solitude et incommunication, hantise du sida et de sa menace de mort, etc. J'ai déjà évoqué plus haut la place de la

Réconciliation, de l'Eucharistie, de la prière. Mais il ne faut pas oublier que la condition homosexuelle entraîne plusieurs manières de vivre la pauvreté : de l'homme en face d'un Dieu-Amour, Père et Pauvre, qui est aussi le Dieu des exclus, de l'homme en face des autres hommes qu'il faut savoir accueillir, et qui vivent d'autres formes de pauvreté.

Une dernière fois, à la fin de cette étude, je me retranche derrière l'auteur pour lui laisser ouvrir les portes vers l'avenir :

> « *Les perspectives présentées ici pour vivre une foi chrétienne au quotidien viennent des homosexuels eux-mêmes. Ce sont des éléments de spiritualité vécue par eux et pour des homosexuels. Proposer les exigences de l'amour des autres selon l'Evangile et celles de l'amour de Dieu, c'est sortir résolument des interdits, des condamnations ou des jugements de valeur purement négatifs qui encombrent le champ de certaines consciences. Ce n'est pas pour autant inviter à la fantaisie mais à l'accueil et au respect des hommes ; c'est une invitation exigeante à se dépasser et à devenir plus libres. Comme les autres chrétiens, les homosexuels se savent appelés sur la route de la Pâque du Christ, sur une route de conversion.*
>
> *Si certains points de spiritualité restent particuliers aux prêtres et aux religieux, tous les homosexuels désirant vivre leur condition dans une perspective évangélique peuvent, espérons-le, trouver quelque matière à réfléchir et surtout à se convertir. Les perspectives sur l'amour mutuel, la pauvreté, la prière et les relations à Dieu ne sont pas réservées aux clercs.*
>
> *L'étude, centrée au départ sur les prêtres homosexuels puisqu'ils en étaient l'objet, a débordé sur le monde des homosexuels dont ils sont membres et avec qui ils sont solidaires. Les dernières perspectives sur une spiritualité vécue ne nous enferment pas non plus sur les prêtres, mais débouchent sur la communauté des homosexuels. Ils ont autant le droit que les autres de vivre le christianisme et d'être sauvés. "Les homosexuels font partie de l'Eglise, des Eglises, du Peuple de Dieu, au même titre que les autres", affirme David et Jonathan. La vie divine et spirituelle est partie intégrante de notre vie, et donc de notre sexualité.* »

Il est sûr que ce travail a d'énormes limites qui ont été amicalement soulignées par plusieurs responsables de l'Eglise à qui ce document avait été, lors de sa parution, communiqué confidentiellement. Il a eu le mérite d'exister et de dire ce qui existait. Sa confidentialité avait été jugée nécessaire par l'auteur, par le bureau de David et Jonathan, par nos amis consultés, par certains interviewés aussi, pour des raisons personnelles. Depuis, il nous a semblé utile de le sortir de la clandestinité, car nous aussi, sommes pour la transparence. En terminant, et pour leur rendre hommage, je voudrais citer quelques réactions de hauts responsables et penseurs de l'Eglise de France.

« Les résultats de cette enquête ne vont pas laisser indifférent. Je pense aux causes de l'évolution de ce comportement, aux problèmes éducatifs, aux réflexions issues des sciences humaines, de la psychanalyse. Merci de m'avoir envoyé ce document qui concerne chacun d'entre nous, quelles que soient nos responsabilités. Merci aussi pour l'esprit fraternel, le respect qui se dégagent de ce rapport réalisé avec compétence. Qu'est-ce que l'homme ? »

Un évêque

« J'ai trouvé intéressant ce document et je vous en remercie. Il ne m'a pas apporté de révélations, mais il est un bon témoignage sur la vie difficile de certains de nos confrères prêtres. »

Xavier Thévenot

« Personnellement, je me réjouis de l'initiative de cette étude. Depuis plus de dix ans, il m'est arrivé plusieurs fois de dire ou d'écrire que l'une des voies nécessaires pour faire avancer la réflexion éthique et théologique sur l'homosexualité passait par l'écoute et la réception de ce que disent les personnes concernées, quand il se trouve qu'elles sont aussi chrétiennes. Ensuite, le travail pourrait se poursuivre sur ces données qui appellent des interprétations et ne doivent pas rester à l'état de matériau brut. »

Michel Demaison

« Merci de m'avoir fait parvenir le dossier de Julien Potel sur les prêtres et l'homosexualité. Je viens de le lire avec beaucoup d'intérêt, comme une invitation à l'ouverture, à la prière et au soutien moral. »

Xavier de Chalendar

« C'est avec attention que j'ai lu l'étude de Julien Potel que vous m'avez aimablement adressée. Ce travail complète mon information

et m'aidera, j'espère, dans les travaux qui me sont demandés, et où les situations de personnes homosexuelles sont parfois en cause. »

Le délégué de l'Episcopat
pour les questions concernant la vie humaine

« Merci de m'avoir communiqué ce document qui exprime une grande souffrance... En tant qu'évêque, je veux entendre ces mots et y réfléchir. »

Un évêque

« L'important est bien, comme vous le dites, de chercher la source de l'Esprit dans ces chemins difficiles. »

Un archevêque

« C'est un domaine très certainement peu connu, pour ma part, qui reste un peu mystérieux. Mais je suis heureux d'avoir entre les mains une étude réalisée par Julien Potel et qui me permettra d'être mieux renseigné. »

Un évêque

« Je connais mal le sujet et je me suis instruit en lisant ces pages... Une conviction très forte m'habite : le fait d'être homosexuel n'arrête en rien l'appel à la sainteté que Dieu adresse à chacun, et ne peut priver personne du droit d'être chrétien à part entière. »

Un évêque

8

« *Pêcheurs d'hommes* »

Entre les prêtres qui viennent régulièrement en session à Bonneuil, ceux qui n'y sont venus qu'une fois, ceux qui sont encore hésitants à faire un premier pas mais qui connaissent l'existence de ces rencontres, nous avons ressenti le besoin de garder un lien plus ou moins régulier. C'est ainsi qu'est née la lettre de liaison dont le but est de permettre de s'inscrire dans la dynamique instaurée depuis une douzaine d'années : lieu d'échanges, de libre réflexion, de témoignages, mais aussi de théologie, de spiritualité... Nous l'avons appelée « Pêcheurs d'hommes ». Ce titre fait bien sûr référence à notre situation ecclésiastique, ainsi qu'à nos préférences. Certains pourront trouver que c'est un jeu de mots assez moche, mais il dit aussi que nous nous acceptons dans une perspective de recherche et d'acceptation de l'Amour de Dieu qui nous sauve tous, qui que nous soyons. Le Christ n'est pas venu parler qu'à notre cerveau. Nous avons à trouver la miséricorde de Dieu en toute notre vie, sans avoir peur ou honte de ce que nous vivons, mais en tentant de le vivre selon son Amour.

Dès le troisième numéro de « Pêcheurs d'hommes », nous savions que cette lettre circulait et qu'elle atteignait beaucoup plus de lecteurs que le nombre d'exemplaires envoyés. De nombreux témoignages nous sont parvenus, qui reflètent tous une même profondeur, une même sincérité, une même franchise. Ils sont un parfait écho de ce que nous vivons à Bonneuil et de ce que vivent nombre de prêtres homosexuels. Je sais pertinemment qu'il est plus difficile de coucher sur le papier ce que l'on porte au plus profond de soi-même que de parler entouré de gens que l'on apprend à connaître. Je sais également qu'un étalage de témoignages peut vite devenir fastidieux. Mais n'est-ce pas aussi le moyen de permettre à certains d'entre nous de se faire entendre d'un plus grand nombre ? Nous n'avons pas le droit de taire ce qui fait notre réalité, parfois la plus intime et pas forcément la plus scabreuse ! On nous a trop longtemps, nous les prêtres, enfermés dans une chambre stérile. On a fait de nous des intouchables de la vertu, des hommes du sacré, et on nous fait encore souvent sentir que nous n'avons pas à éprouver les mêmes désirs ou avoir les mêmes faiblesses que tout un chacun. Ayons le courage de voir pour savoir, de regarder pour comprendre, de comprendre pour apprendre à aimer. Lorsque j'ai décidé de ne plus me taire, ce n'était pas seulement pour me dire. Je savais que je devais les dire, tous ces homosexuels au milieu desquels vivent des prêtres. Plus encore, les laisser se dire. Ce chapitre, loin de nous scandaliser, devrait nous permettre d'ouvrir les yeux de notre cœur ; loin de nous décourager, il devrait nous permettre d'aller de l'avant, au souffle de l'Esprit. Ce chapitre se voudrait un tableau impressionniste où chaque touche de couleur est à la fois unique en son genre et indispensable à l'ensemble. Plus encore qu'à travers toutes les pages qui précèdent, je voudrais redire au lecteur que, pour des raisons bien compréhensibles, l'anonymat des témoignages qui vont suivre est de rigueur. Ce qui me plaît, entre autres, dans ce qu'ont écrit ces prêtres homosexuels, c'est qu'ils ne donnent pas du tout l'impression d'être, passez-moi l'expression, des godillots. Ils savent garder un esprit critique, autant vis-à-vis de ce que nous faisons à Bonneuil que vis-à-vis de l'Eglise, et cela est pour moi un authentique signe de santé psychologique et intellectuelle. Entrons ensemble dans ce jardin secret dont ils nous entrebâillent la porte.

Chacun n'est pas comme l'autre et est aimé pour lui-même

« Dans ma famille, nous étions neuf frères et sœurs. Nos parents avaient la volonté de nous faire comprendre que nous étions une petite communauté et en même temps que chacun n'était pas comme l'autre, et aimé pour lui-même. Plus tard, je me suis imaginé l'Eglise de sem-

blable façon. Enfant, jeune garçon, jeune homme, au petit séminaire, de treize à vingt ans, j'étais constamment amoureux de tel ou tel de mes camarades, tous garçons évidemment. Amoureux silencieux, parfois repoussés et solitaires. J'étais cependant de caractère assez joyeux et plein d'entrain. De mon éducation familiale, je tenais les aînés et adultes pour gens raisonnables ; ils avaient l'expérience de la vie que je n'avais pas.

C'est ainsi qu'on m'avait fait comprendre, avec beaucoup de délicatesse d'ailleurs, que mes penchants étaient à combattre : il fallait cultiver la volonté et la vie spirituelle. La force d'âme et la relation à Dieu devaient me permettre de vivre ma vie au service de Dieu et des autres. J'ai donc combattu ma mauvaise tendance. Je me suis dit qu'au fond, le célibat sacerdotal serait pour moi plus facile puisque je n'étais pas attiré par les femmes ! Les quelques expériences homosexuelles que j'ai eues, je les ai confessées, jusqu'à ce que je décide de cesser complètement ce genre d'activité ! Pendant près de vingt ans, je me suis coupé de tous mes amis trop sensibles ; je m'éloignais de tout homme pour lequel je ressentais une sympathie trop physique. Je me plongeais dans mon travail et les activités diverses, artistiques, religieuses ou autres. Les dernières années de cette période furent terribles. Seul. De plus en plus seul. Et seul avec mon secret. Les autres prêtres ne montraient également que leur façade. Dans les groupes de réflexion, les laïcs parlaient franchement, ou presque, de leur vie intérieure, spirituelle et humaine ; le prêtre, lui, en était dispensé, heureusement. Je parlais, dans mon ministère, d'amour. Je ne le vivais pas. Je le fuyais. Cependant, l'image que je donnais de moi était plutôt positive.

Catastrophe : je tombe amoureux ! Ces dernières années si pénibles avaient miné mes défenses. J'avais quarante-cinq ans, et lui vingt-cinq. Epuisé par la fatigue et le travail, un long repos obligatoire, près de deux ans, à l'étranger, me permit de réfléchir un peu. Un monde s'ouvrait. Je découvris que ce n'était pas une tendance. C'était mon être même. Mon univers, déjà fissuré depuis longtemps, laissait place à un autre, sans contours. Ma religion s'écroulait. Ma foi cherchait son objet. J'étais prêtre de qui, pour qui, pour quoi ? Et ma famille l'Eglise ? Aucun soutien. Plus exactement : silence ou condamnation. Pour elle, tous les homosexuels comme moi, des pervers pécheurs. Mais l'obsédée, c'est elle : l'amour, prétend-elle, ne peut-être que spirituel, sublimé, ou il n'est pas. Le reste n'est que sexe indigne, et en mariage seulement. Et les 5 ou 10 % d'homosexuels dans l'humanité ? Qu'ils subliment. Et les 20 ou 30 % d'homosexuels chez les prêtres catholiques ? S'il y en a, qu'ils subliment ! Surtout, qu'ils gardent *l'apparence pour ne pas scandaliser le faible peuple. Sépulcres blanchis, dira plus franchement l'évangéliste Mathieu.*

Qu'est-ce que cette famille, dont l'institution n'a pas plus de cœur que d'intelligence ? "Ce peuple m'honore des lèvres, mais leur cœur est loin de moi." Pourtant, j'en suis le prêtre. Les autres prêtres ? Il y a ceux qui ont quitté, ceux qui ont pris femme ou homme, ceux qui sont fidèles, hétérosexuels sublimant, compensant, ou menant double vie, homosexuels refoulant, compensant ou menant double vie. N'y a-t-il pas de quoi perdre son latin, ses certitudes, sa croyance, sa foi ? Vers qui se tourner ? J'ai besoin de parler pour vivre, d'être moi-même avec d'autres pour exister.

Je découvris ainsi un groupe de prêtres comme moi, pauvres et riches de cœur, faibles et souffrants, francs entre eux et aimant la vie. C'est à Bonneuil, près d'Amiens... Pour la première fois, je rencontrais des prêtres vrais ! Des prêtres qui ne sont pas devenus leurs propres masques, qui sont eux-mêmes, des humains prêtres, même devant les autres, et même entre prêtres. Menant double vie ou non, ils tentent de retrouver leur sacerdoce comme un service, et non un pouvoir, pire, une possession de leur communauté chrétienne. Ils savent qu'ils n'ont pas à se poser en modèles ; ils accompagnent. Peut-être, par leur état, sont-ils plus attentifs à ceux qui ne sont pas dans la normalité. Nous ne sommes pas meilleurs que les autres. Nous demandons simplement de pouvoir vivre sans être rejetés par notre famille. Nous ne voulons pas partir sur la pointe des pieds, comme la plupart des homosexuels, parce qu'ils n'entendent que condamnation : oui, il est juste que vous soyez discriminés quant au logement ; oui, vous ne pouvez pas assumer des tâches d'apostolat ou d'Eglise car vous êtes pécheurs publics ; oui, vous ne pouvez officiellement participer aux sacrements ; oui... vous êtes des malades qu'il faut soigner à défaut de convertir. Non, nous voulons vivre dans notre famille, l'Eglise qui nous a faits chrétiens et prêtres.

Nous refusons le mépris, la pitié. Nous voulons ne pas être ignorés, enterrés dans le silence. Nous voulons pouvoir dialoguer. Nous voulons vivre dans cette Eglise, communauté, où chacun n'est pas comme l'autre et est aimé pour lui-même. »

François (« Pêcheurs d'hommes » n° 1, octobre 1993)

Ils surent qu'ils étaient nus, et ils n'en eurent point de honte

« Lorsqu'en septembre 1983, j'arrivais à Bonneuil pour la première session de prêtres, je fréquentais déjà les groupes parisiens de David et Jonathan depuis plusieurs années. L'appréhension du dévoilement initial ne m'étreignait plus. D'autres peurs m'habitaient que je souhaitais exprimer pour soulager mon angoisse...

Je garde le souvenir de l'intense émotion qui accompagnait chacun de nos récits, de la simplicité fraternelle de nos relations et de l'exceptionnelle densité des temps de prière et des eucharisties. A des degrés divers, suivant les circonstances, la nouveauté des participants ou le tragique de certaines tranches de vie, j'ai retrouvé, dans la succession des rencontres, ces mêmes impressions. Aujourd'hui, pour caractériser le chemin parcouru, un mot s'impose à moi : dénuement.

En aucun autre lieu sacerdotal, je n'ai expérimenté des échanges aussi profonds et aussi unifiants. La liberté de parole est totale, qui permet à chacun, selon son rythme propre, de confesser ce qui le fait vivre autant que ce qu'il vit. L'écoute est attentive et sans jugement ; elle est communion. Sans doute, la précarité de nos rassemblements et l'absence de liens institutionnels hiérarchiques entre nous favorise-t-elle cette transparence que je n'ai jamais vu sombrer dans l'exhibitionnisme ou le voyeurisme, ni compromettre par elle-même, l'avenir de nos relations. En rupture avec une solitude muette, souvent culpabilisée ou complaisante, un tel partage constitue pour chacun un chemin de vérité et de dépouillement, de réconciliation et de paix. Reconnaître son identité profonde, sous les masques accumulés, dépasser les risques de schizophrénie ou d'hypocrisie, vivre cette expérience parfois douloureuse, dans une proximité et une solidarité fraternelles, savoir sa nudité et n'en pas avoir honte, se tenir ensemble devant Dieu et trouver tout cela très bon. Deux autres images expriment pour moi ces réalités, concentrées sur deux lieux : la piscine et l'oratoire.

Autant que d'autres, nous sommes sensibles à l'harmonieuse beauté d'un corps jeune, au charme qu'il irradie, aux attraits de sa séduction. Autant que d'autres, nous savons l'écart, grandissant avec l'âge, qui nous sépare chacun de cet idéal. C'est sur ce fond de disgrâce que j'aime trouver un sens spirituel au temps qu'il nous a fallu pour arriver au bain collectif dans le plus simple appareil. D'évidence, l'accès à cette nudité physique a marché au rythme singulier de l'aveu consenti à soi-même et aux autres de son identité. Autant et plus que des vêtements, ce sont des peurs, et des peurs très intimes que nous avons déposées. Pour s'exposer ainsi, il faut d'abord se réconcilier avec son propre corps.

Dans ce contexte de libération, les gestes les plus quotidiens deviennent porteurs de cette ré-approbation de soi, non artificiellement plaquée, mais mûrie et parfois péniblement acquise de l'intérieur. Le toucher peut alors exprimer, sans peur ni crispation, son ambivalence de désir et de tendresse, de plaisir et de respect. Si des rencontres sexuelles se produisent, qui soulèvent d'autres questions, elles ne sont pas étrangères, à mon sens, à tout ce processus de réconciliation.

Souvent, l'image du Thabor a été utilisée pour illustrer l'état de grâce vécu à Bonneuil. Mais là-bas, la montagne est au sous-sol, dans l'oratoire, comme s'il fallait descendre au profond de soi-même avant de risquer son vrai visage. C'est peut-être dans l'assurance radicale d'un autre amour, dans l'accueil fondateur d'un autre regard, que chacun est appelé à expérimenter à quelle valeur unique sa pauvreté est estimée. A ce degré de dépouillement, la nudité réchauffe. En témoignent ces baisers de paix, où chacun s'offre à l'autre comme l'indispensable et humaine médiation d'un amour qui nous embrasse tous. Parvenu à ce dénuement pacifié, chacun découvre en soi des capacités d'accueil, d'écoute, d'ouverture qu'il ne soupçonnait pas, avec la force d'appeler à ce pèlerinage aux sources. Grosse de tant d'humanité, la prière qui monte en de tels instants revient sur ceux qui la formulent comme l'annonce joyeuse d'une renaissance. Plantée au cœur d'histoires d'hommes, l'eucharistie peut célébrer la victoire de la vie sur la mort.

Ils surent qu'ils étaient nus, et ils n'en eurent point honte. »

Pierre-Jean (« Pêcheurs d'hommes » n° 3, janvier 1994)

Si tu veux être riche pour ceux que tu aimes, il faut que tu sois pauvre pour toi

« Cette longue lettre que je t'adresse pourrait se résumer à travers ces paroles du psaume : "Du fond de ma misère, de ma souffrance, je crie vers toi, Seigneur !", car depuis l'âge de dix ans j'ai traîné avec moi cette souffrance, et elle ne s'éteindra qu'avec ma mort... On peut la traduire par ces mots : la soif d'aimer et d'être aimé. J'ai été heureux et aussi un peu attristé de recevoir "Pêcheurs d'hommes". Je suis prêtre en paroisse, j'ai plus de soixante-cinq ans, et je suis homosexuel depuis

toujours. Je le suis en fait plus en esprit qu'en réalité, faute de trouver l'âme sœur.

Je voudrais tout d'abord et en toute liberté dire ce que je pense sur le terme employé : lettre de liaison entre prêtres et religieux gays, comme si le fait d'être homosexuel changeait la couleur de la vie et rendait gais ceux qui ne le seraient pas. Même si je reconnais le fait qu'être homosexuel nous classe dans une certaine catégorie, ça ne m'empêche pas de vivre heureux, bien que ma tendance ne puisse s'exercer véritablement.

J'en viens maintenant à ce qui me semble plus grave. Une tendance que j'ai remarquée à David et Jonathan et qui transparaît aussi dans cette lettre. On voudrait voir l'Eglise reconnaître l'homosexualité, ou tout au moins qu'elle change nombre de ses orientations. D'où une certaine hargne contre le Vatican, contre le cardinal Ratzinger, en faisant remarquer que l'amour ne se limite pas à la seule procréation. Je ne suis ni théologien ni moraliste, mais je considère comme une question de bon sens que de reconnaître que la procréation est l'expression ultime et finale de l'amour... Vouloir mettre l'amour entre gens de même sexe sur un pied d'égalité avec l'amour entre un homme et une femme est impensable... C'est une utopie de croire qu'un jour l'Eglise changera son point de vue en la matière. Tout cela parce qu'on cherche à déculpabiliser les homosexuels chrétiens... Cette question de culpabilisation n'est pas à mes yeux essentielle. Reconnaissons humblement que nous ne sommes pas parfaits, nous sommes pécheurs et en tant que tels, il faut s'en remettre à la miséricorde de Dieu et à sa bonté. N'a-t-il pas dit à la pécheresse : "Il te sera beaucoup pardonné parce que tu as beaucoup aimé" ? Il faut déplorer les sentences impitoyables de l'Eglise en la matière, qui font qu'à la limite, il est pratiquement impossible d'avouer de telles fautes en confession. Ces considérations étant posées, je vais essayer de préciser ce que j'entends par homosexualité. Le mot lui-même est exécrable et péjoratif, car il véhicule des données stéréotypées qui font de l'homosexuel un être à part, un malade qu'il faut soigner ou rejeter.

... Il faut distinguer homosexualité et homosexualité. Pour moi, la sexualité est inséparable de l'amour qui a besoin de signes et de moyens d'expressions : c'est le rôle du corps, et plus spécifiquement du sexe. Quand on s'aime vraiment, il y a un désir normal de connaître l'autre à travers ce qui manifeste et incarne ses sentiments intérieurs, c'est-à-dire son corps. Quand on s'aime, les caresses, les enlacements accompagnent les mots et leur donnent tout leur sens profond, à tel point que les mots deviennent même inutiles. Le sexe fait partie du corps et sera donc, lui aussi, le lieu privilégié de l'expression de l'amour, que

ce soit en homosexualité ou en hétérosexualité... C'est ce que j'appelle l'homosexualité noble... A côté de cette homosexualité où l'amour vrai est en jeu, il y a une autre homosexualité de rencontre où l'on change de partenaire comme de chemise, où l'on exploite l'autre qui devient source de plaisir ou de profit... Dans ce cas, il n'y a pas d'amour ni rien qui donne à l'homosexualité une certaine dignité. Ce sont ces comportements qui jettent le discrédit sur la possibilité d'un amour entre gens du même sexe. Il faut noter que la ligne de partage entre les deux comportements est fluide ; nous sommes à cause de bien des raisons un mélange des deux, mais il faudrait que la part du premier devienne prépondérante.

Pour ma part, j'ai toujours souffert de ne pas trouver l'âme sœur avec qui j'aurais pu établir une communauté d'amour vraie. C'est le drame de ma vie, ressenti avec d'autant plus d'acuité que les années passent. Le drame du prêtre et du célibat, ce n'est pas en fait de n'être pas marié, mais de ne pas être père ! J'aurais aimé trouver un jeune accueillant, que j'aurais aimé comme mon propre enfant et à qui j'aurais pu léguer tous mes biens ; un jeune qui soit, lui aussi, disponible pour exprimer son amour par le corps et par le sexe. J'ai cherché sans jamais trouver, et cette souffrance m'accompagnera jusqu'à ma mort. C'est le drame de ma vie de prêtre...

... Si je reconnais une certaine culpabilité dans mon comportement vis-à-vis de mon choix de vie, je suis en même temps heureux d'être ce que je suis : homosexuel oui, mais homosexuel dans l'amour et par l'amour, le partage, le don de soi jusqu'au bout, jusqu'à la mort s'il le faut, pour que grandisse l'aimé. N'est-ce pas une approche du grand commandement : "Il n'y a pas plus grande preuve d'amour que de donner sa vie pour ceux qu'on aime ?" Jusqu'à mon dernier souffle je veux crier qu'un tel amour est possible en ses deux composantes, ou homosexuelle, ou hétérosexuelle.... C'est ma joie que de n'exister que pour donner, mais aussi quelle grande souffrance de savoir qu'un tel amour ne pourra jamais utiliser en plénitude son moyen d'expression, le corps. Souffrance qui m'arrache des larmes bien souvent, mais j'espère qu'elle trouvera un peu de prix aux yeux du Seigneur. Lorsque le désir se fait plus grand, au hasard des petites annonces, je trouve peut-être une occasion de défoulement, mais sans y trouver la joie, car pour qu'il y ait joie, il faut l'amour ! Cet amour avec un homme, je le cherche depuis toujours sans jamais le trouver... Ce que je sais, c'est que ma vie n'aura été que réponse à un appel : Tu aimeras. Peut-être que ma façon d'aimer est indigne, condamnable aux yeux de l'Eglise et des hommes, mais elle est bien réelle. La devise de ma vie est : "Si

tu veux être riche pour ceux que tu aimes, il faut que tu sois pauvre pour toi."

... Je m'excuse de vous importuner avec cette lettre qui n'en finit plus, amis, c'est l'expression de ce que je vis, de ce que je sens... Au terme de ma vie, peut-être entendrai-je enfin la parole qui a bouleversé ma vie : "Il te sera beaucoup pardonné, parce que tu auras beaucoup aimé." Merci de m'avoir écouté, et peut-être compris. »

Philippe (« Pêcheurs d'hommes » n° 4, février 1994)

J'ai découvert ce qu'est vraiment l'amour de Dieu

« Le témoignage de Philippe, dans le n° 4 de "Pêcheurs d'hommes" me provoque à mon tour et me presse au dialogue sur une situation sacerdotale qui est la nôtre et n'a rien de confortable, tiraillée entre l'idéal et la réalité, comme chacun sait. Je le rejoins sur son analyse tout en ne partageant pas la totalité de ses points de vue.

Dans ma jeunesse, on n'abordait jamais, dans mon milieu familial et au séminaire, le sujet tabou de la sexualité. Ce n'est qu'en arrivant à la cinquantaine que j'ai pris conscience que certains jeux de mes douze ans, certains troubles à dix-huit ans au séminaire, et ensuite l'attrait pour les beaux garçons signifiaient une tendance ; je me croyais protégé, n'ayant jamais eu le regret de ne pas pouvoir me marier. Brutalement, j'ai découvert mon être profond : merci Seigneur de m'avoir révélé ce que je suis. Après un temps de déséquilibre devant cette découverte liée à des pulsions très fortes et à quelques expériences, le calme est revenu, alors qu'auparavant je me sentais mal dans ma peau sans pouvoir en analyser la cause. David et Jonathan a contribué à faire en sorte que je m'accepte moi-même. Par rapport au mouvement, je suis quelque peu d'accord avec Philippe pour dire qu'une certaine crispation porte à vouloir condamner l'Eglise sans appel. Il n'est pas possible de balayer d'un tour de main toute une pensée sans apporter des nuances. L'Eglise est marquée par une tradition ; elle n'évolue pas vite dans son exégèse et dans la prise en compte des sciences humaines, mais faut-il rejeter en bloc tout son jugement ? David et Jonathan serait-il seul à posséder la vérité ? Vouloir à tout prix mettre les hétérosexuels et les homosexuels sur le même pied me gêne tout autant que les discours officiels romains... Mettre sur le même plan deux formes de sexualité ? Non, car l'amour homosexuel ne peut pas avoir la même expression et la même finalité que l'amour hétérosexuel. Il est différent, mais réellement possible. Philippe n'a pas pu réaliser son rêve ; celui-ci est difficile à bâtir. Je remercie le Seigneur d'avoir, depuis cinq ans, rencontré un véritable amour : à travers ce que je vis, malgré la distance qui me sépare de mon ami, et malgré nos grandes différences de culture, de religion, de tradition, c'est une communion de pensée, de respect mutuel parfait, un immense attachement réciproque. A l'âge de trente ans, il a trouvé en moi le père et l'ami qui lui ont toujours manqué, et moi, à soixante ans, j'ai trouvé le fils et l'ami de mes instincts. Sans cette rencontre, je n'aurais jamais cru possible un grand amour entre hommes car les rencontres de drague sont tellement décevantes !

... Beaucoup de couples homosexuels se défont au bout de quelques années, mais dans notre société moderne, on peut en dire autant des autres. Cela me conduit à penser qu'il y a des principes chrétiens de base, communs aux homosexuels et aux hétérosexuels, qui régissent toute vie commune et conduisent au véritable bonheur que Dieu veut pour l'homme ; par exemple la confiance, la fidélité, le respect de l'autre et l'acceptation de ses différences, le dialogue et le pardon, les concessions. Si le corps est le seul facteur, ne parlons pas d'amour au sens plénier du mot... L'éthique doit exister aussi en homosexualité, même si elle est différente de celle pratiquée dans l'hétérosexualité.

A tout cela, je puis ajouter que le fait de vivre un amour humain profond ne m'a nullement éloigné du Seigneur que j'aime depuis mon enfance et que je sers dans mon sacerdoce depuis quarante-deux ans. Bien au contraire, j'ai découvert ce qu'est vraiment l'amour de Dieu. Jusque-là ma connaissance était intellectuelle ; maintenant je comprends la force de l'amour de Dieu pour moi à travers la force des sentiments que je ressens pour mon ami. Depuis ma naissance, Il me connaît tel que je suis ; c'est en tant qu'homosexuel qu'Il m'a choisi et appelé (je n'ai aucun doute sur ce sujet) ; c'est un émerveillement continuel. Bien sûr, j'entends l'appel au dépassement de moi-même, à l'idéal que l'Eglise me demande de vivre, mais celui-ci ne peut se faire dans la crispation et le repli sur soi. Il faut marier idéal et réalité humaine. Lorsque j'ai mon ami dans les bras, je ne me culpabilise pas, car cela fait partie de ma nature. Je reconnais ma faiblesse face à mes promesses cléricales et j'accueille avec humilité la tendresse et l'Amour du Père plus compréhensif que les hommes. Mon équilibre humain rejoint un équilibre spirituel : la joie d'être ce que je suis et d'en avoir eu la révélation un jour dans ma vie, et la joie d'être au service du Seigneur et des hommes en vivant sans complexe ma sexualité. »

Maxime (« Pêcheurs d'hommes » n° 6, mai 1994)

Venir à la vérité, mais sans démolir ce que j'ai eu assez de mal à construire

« Plus les numéros de "Pêcheurs d'hommes" arrivent, plus je me sens redevable parce que je ne fais que profiter sans m'investir suffisamment et apporter aux autres cette petite part de moi-même qui est tout à la fois questionnement, recherche de sens et d'espérance grâce à l'amitié qui naît entre nous et nous fortifie dans notre relation à Dieu et à nos frères. C'est vrai que je ne suis pas très facilement communicatif de nature, dans quelque réunion que ce soit. Ma pensée chemine lentement. Aussi, je tarde toujours à exprimer ce que je pense, d'autres l'ayant dit avant moi et mieux que moi. Et quand il s'agit de ce spécifique qu'est l'homosexualité, je suis encore plus timide.

C'est vrai que depuis bientôt une dizaine d'années, je participe aux rencontres de Bonneuil. Elles m'ont apporté bien des joies et des espérances, parce qu'au départ, j'ai eu l'audace de m'y rendre, un vrai coup d'audace, provoqué par cette nécessité : parler, parler. Car seul, il est impossible d'être clair avec soi-même. La lumière s'est faite pour moi dans ces échanges simples, amicaux, respectueux du cheminement de chacun. Je n'étais plus le seul à connaître ces questions. Je pouvais en parler librement, sans complexe, sûr dès le départ d'être écouté, accueilli, compris, aidé, porté par la prière de frères identiques dans leur solitude, leur souffrance, leur recherche de sens. Ces rencontres, ces échanges ont rééquilibré mon ministère parce que moi-même j'ai retrouvé une paix intérieure. Non que cela justifie tout en nous, mais le place dans le faisceau de la lumière de Dieu. Je suis aimé par Dieu avec ma sexualité, tel que je suis, sans jamais avoir à renier ce corps fait pour aimer. D'ailleurs, toutes les formes de pénitence et autres pratiques pour dompter ce frère âne ne faisaient que m'exciter davantage, m'exacerbaient les sens au point que cela m'enfermait encore plus dans le plaisir, la jouissance.

Du jour où j'ai pu exprimer ma situation, où j'ai écouté religieusement toutes les autres situations douloureuses, alors j'ai commencé à assumer ma propre existence. Elle est devenue prière, comme mon corps lui aussi est devenu prière et non source de péché, d'exclusion, de damnation éternelle. Ce corps créé pour s'épanouir, courir, danser, chanter, avec ce que la nature lui a donné pour être lui-même... Ce cœur créé pour aimer, louer, réunir, entourer, avec ce que la nature lui fait désirer de plus cher au monde. Ce corps, ce cœur sont prière !

Toute la vie est prière dans la souffrance, la révolte, les "pourquoi", la quête de sens.

Aujourd'hui, l'espérance m'habite parce qu'elle naît de cette certitude que toute vie est créée par Dieu et pour Dieu, et qu'il ne peut y avoir d'êtres condamnés au non amour, au non être, parce que leur nature est marquée différemment. De là, la porte n'est pas ouverte à toutes les déviances, bien au contraire. Cela exige une fidélité, un service des autres plus grand encore. Dans la disponibilité de l'amour et l'humilité de la foi. C'est bien à cet avenir que s'ouvre pour moi, maintenant ma vie homosexuelle, faite de jours de solitude (l'âge s'y ajoutant encore) comme tout un chacun, mais aussi de jours de joie et d'amitié dans la sérénité d'un équilibre toujours mieux perçu.

Je ne sais pas si partager cette situation avec d'autres laïcs, avec la famille, d'autres prêtres du diocèse apporterait un plus de mieux être. Je n'en suis pas sûr, parce que j'ai déjà un lieu d'accueil, d'écoute, de partage, mais aussi parce que beaucoup encore ne sont pas prêts à entendre cette confession. Venir à la vérité, certes, mais sans démolir ce que j'ai eu assez de mal à construire. Les autres, eux aussi, ont droit au respect du secret de leur intimité comme je réclame le mien. Je ne voudrais pas que cela puisse apparaître à Jacques et à d'autres comme un jugement. Au contraire, merci à eux de dire maintenant ce qu'ils sont, et qui n'est pas facile à porter, je le reconnais. Ce n'est donc pas par refus de porter ce témoignage public que je me réfugie dans le secret. Je crois avoir conscience que, devenue officielle, mon homosexualité n'apporterait rien au niveau de mon ministère. Je sais qu'il faut savoir provoquer des ruptures dans les habitudes, les mentalités, mais celle-ci ne serait pas encore assez porteuse d'espérance pour le grand nombre. Dussé-je en souffrir en silence et supporter la duplicité, le double personnage. »

Henri (Pêcheurs d'homme n° 7, octobre 1994)

Comment vivre dans un carcan que je refuse ?

« J'ai peu de souvenirs de mon enfance... Par contre, assez tôt, vers la sixième ou cinquième, j'ai senti que j'étais plus attiré par les garçons que par les filles. Je ne connaissais pas le terme d'homosexualité, et mes attirances ne m'inquiétaient pas : c'était un constat. Je me rappelle qu'à dix-sept ans, sans avoir eu d'expérience physique, je disais à des copains que j'étais attiré par les garçons. Bref, j'avais intégré cela sans

souffrance particulière, naturellement. Et j'ai eu des difficultés, par la suite, à comprendre ceux qui en faisaient un drame.

Depuis tout petit, j'avais envie de devenir prêtre. Aussi, après le bac, suis-je rentré au séminaire. J'ai appris par la suite qu'il s'y passait pas mal de choses, mais sur le moment, je n'ai à peu près rien remarqué. A dix-huit ans, j'ai découvert, seul, la masturbation, puis, à dix-neuf ans, j'ai eu mes premières relations avec un ou deux autres séminaristes (caresses, fellations...). Après deux ans de premier cycle, le service militaire, puis quelques études universitaires, durant lesquelles je n'ai eu que peu de rapports, j'ai pensé que je n'étais pas fait pour être fonctionnaire en paroisse, et je me suis orienté vers la vie religieuse. Ah, si ! durant le service militaire, je me suis demandé si je pouvais avoir une relation avec une femme, et ce que ça faisait. Je suis allé voir une prostituée. J'ai réalisé que je pouvais avoir un rapport hétéro. Mais ce qui m'a frappé, en y réfléchissant, c'est qu'il m'arrivait souvent, dans la rue, de me retourner pour suivre du regard un beau garçon, alors que cela ne m'est jamais arrivé pour une femme.

La première année de ma vie religieuse, j'ai eu une histoire d'amour de quelques mois avec un autre jeune qui était rentré avec moi. J'ai pu alors approfondir mes connaissances sur l'amour homosexuel. Lui avait plus d'expérience que moi et m'a appris beaucoup. Sous la pression de mon confesseur — à qui je ne cachais rien — j'ai arrêté cette relation. Je me rends compte maintenant combien cela a dû être difficile pour l'autre, car il tenait beaucoup à moi, et n'a pas compris mon revirement. Quelque temps plus tard, c'est avec mon confesseur que j'ai eu des relations... Celui-ci ayant changé de maison, j'ai pris un autre confesseur, très ouvert. Lorsque, pour la première fois, je lui ai avoué une relation homosexuelle, il m'a répondu : "Oh, c'est naturel !" Il m'a beaucoup aidé à concilier ma vie de religieux et ma vie d'homme...

... J'ai été étonné du nombre d'homosexuels dans la vie religieuse, mais une bonne partie d'entre eux sont tellement coincés qu'ils ont du mal à s'accepter. Personnellement, je ne vois pas de problème à être homo ou hétéro. Je crois au contraire que les homosexuels ont beaucoup de richesses à apporter à la société et à l'Eglise, qu'il est stupide de nous rejeter. Et criminel d'enfermer les gens dans la honte d'eux-mêmes, dans la solitude et la souffrance.

Depuis quelques années, je suis prêtre, et cela, de temps en temps, me pose question. Comment puis-je être considéré comme le représentant de gens avec lesquels, sur certains points, je ne suis pas d'accord ? Comment vivre dans une Eglise qui a une conception, différente de la mienne, du mode de vie que je dois avoir ? N'est-ce pas *tromper les gens que de leur faire croire que je suis à ma place ici, dans ce carcan que je refuse ? En même temps, je sais que la situation est identique pour les prêtres qui ont des relations hétérosexuelles, je sais aussi que le Vatican est toujours en retard d'une guerre... Je crois aussi que la fuite n'est pas toujours la meilleure solution. Quoique... Pendant combien de temps encore faudra-t-il vivre caché ? Pendant combien de temps l'Eglise, ou ses représentants, devront-ils baser toute leur vie sur l'hypocrisie et le mensonge ? Pendant combien de temps va-t-on continuer à prêcher l'amour et à vivre la haine ?*

J'ai aussi accompagné un prêtre mort du sida, j'en accompagne un autre maintenant, et je sais qu'il y en a beaucoup d'autres. Comment vraiment se protéger quand on est tellement honteux, que l'on fait cela en cachette, en vitesse ? Mais le plus douloureux, c'est que la plupart du temps, l'Eglise a tellement peur de la sexualité, l'a tellement mal intégrée que l'on cache de quoi sont morts ces prêtres. On dit que c'est un cancer, ou autre chose. Leur vie leur a été volée. Ils n'ont pu épanouir ce qu'ils portaient en eux. Leur vie aussi. »

Marcel (« Pêcheurs d'homme » n° 8, novembre 1994)

Dieu aime et agit

« Je respecte la souffrance que Philippe a exprimée dans le n° 4 de Pêcheurs d'hommes. Et, si je ne suis pas d'accord avec de nombreux points que je trouve complaisamment culpabilisés et culpabilisants, j'admire cependant beaucoup son témoignage, un témoignage de vie aimante.

Il est insensé de s'obstiner à prétendre que la procréation est l'expression ultime et finale de l'amour. C'est du verbiage et c'est faux ! La Bible, c'est tout à fait exact, affirme que la procréation est conforme au plan du Créateur. Mais l'expression de l'amour n'est pas la seule procréation ! L'expression de l'amour dans la Bible est un acte, un acte d'amour... qui est parfois création, parfois procréation, parfois autre chose. Dieu aime, il crée l'univers, la terre, l'être humain. Dieu aime, il crée un peuple en se trouvant un ami, Abraham. Dieu aime, il sauve son peuple en le libérant. Dieu aime, il se choisit des prophètes, des hommes, des femmes. Dieu aime, il se rend présent, proche. Bref, Dieu aime, il agit. Il ne faut pas dire que la procréation est l'expression ultime de l'amour, elle en est une des expressions.

Oui, je veux déculpabiliser les homosexuels chrétiens, malgré ce qu'en dit Philippe. La nature d'aimer n'est pas seulement de procréer.

La nature, ce n'est pas seulement l'accouplement homme-femme par amour pour procréer ! La nature, c'est d'aimer, c'est vivre et c'est gérer la création. Si nous sommes pécheurs, ce n'est pas parce que nous aimerions contre nature, mais parce que nous ne sommes pas capables d'aimer, de vivre, de gérer la création.

Cela dit, c'est vrai que la Bible condamne l'homosexualité. Plusieurs, comme McNeill, ont tenté de montrer les limites ou les raisons de cette condamnation. Mais il y a encore bien d'autres choses qu'elle condamne et interdit et que nous faisons ou autorisons allégrement maintenant. Ce qu'elle maintient et que nous croyons toujours, c'est que Dieu aime et agit. »

Pierre (« Pêcheurs d'hommes » n° 9, décembre 1994)

Je me suis laissé aimer de Dieu

« Je suis prêtre depuis trente ans, mais j'ai passé les deux tiers de ma vie sacerdotale dans ce que j'appelle volontiers le maquis. De fait, il m'a toujours paru plus important d'être en recherche de vérité avec le Seigneur et avec moi-même, plutôt que de donner l'impression que je me contentais de l'image trompeuse d'une vérité que l'on voulait que je donne. Lorsqu'il devint évident pour moi que je risquais de tomber dans une forme de cléricalisme, possesseur et garant de la vérité à enseigner, j'ai choisi de prendre mes distances avec le système et de partir vivre autrement mon sacerdoce. Pendant une dizaine d'années on m'avait appris à faire : activités de jeunes, catéchismes, organisations diverses... etc. Et je crois que je ne faisais pas trop mal... Un passage de deux ans en faculté de théologie a commencé à ébranler ces certitudes. Il m'apparaissait urgent, au risque de me perdre, d'être. J'ai pris les moyens qui, à l'époque, m'étaient accessibles. Je suis parti vivre de mon travail artisanal dans un hameau dépeuplé. Une sorte de vie d'ermite. Ce fut tout, sauf facile. Le déracinement, la solitude, le risque matériel et psychologique, les conditions de vie. Tous les ingrédients pour un échec étaient réunis. Mais il n'est pas survenu. Moins de six mois après mon arrivée, je me retrouvais entouré, le dimanche, d'un nombre grandissant de gens qui semblaient trouver en ma présence quelque chose dont ils avaient besoin : la vérité d'une vie libre. J'ai toujours gardé en mémoire la réflexion d'une personne âgée, que rien dans sa culture traditionnelle ne préparait à réagir ainsi : "Vous n'êtes pas comme les autres." Par-là, elle disait en peu de mots une attente profonde. Par mon travail, j'avais une entière liberté

d'horaire et je montrais aux gens que je ne me situais pas vis-à-vis d'eux comme quelqu'un qui vit aux crochets de la charité de ses paroissiens. Je n'étais pas comme les autres parce que je vivais avec eux, dans les mêmes conditions qu'eux, avec les mêmes risques, les mêmes angoisses du lendemain. Ma présence de prêtre perdu dans leurs montagnes était aussi un signe évident. Ils se contrefichaient (à l'inverse du clergé local) que je n'aie pas de mission officielle ni de statut juridique précis. Pour eux, j'étais le père qui leur permettait de ne plus vivre comme des bêtes.

Je m'aperçois que je ne vous ai pas encore dit que ma sexualité m'avait toujours orienté vers ceux qui ont la même morphologie que moi, et qu'il m'a fallu attendre presque l'âge de quarante ans pour réaliser que je n'étais pas un monstre de péché ni un prêtre indigne. Eh oui ! comme vous, j'ai eu à me confronter à cette réalité qui s'est imposée à moi dès ma puberté. Les fameux et innocents jeux interdits entre adolescents sont vite devenus pour moi autre chose que de simples touche pipi que l'on oublie dès les premières amours. J'ai toujours aimé ces vilaines manières, sans me poser d'autres questions, vite écartées, que celles qui sortaient de la voix caverneuse de mon vieux curé tapi dans son confessionnal : "Fais-tu cela tout seul ou avec d'autres ?" Jusqu'au jour où un camarade que je rencontrais assez régulièrement m'a embrassé sur la bouche, m'a dit qu'il m'aimait et m'a pénétré. Le traumatisme !

D'un naturel religieux, bien qu'issu d'une famille indifférente à la question, j'ai plongé dans ce que l'on pourrait appeler une phase mystique, entachée de tout ce que mon expérience d'adolescent pouvait drainer de pseudo-romantisme. Le résultat fut que quelques mois après, je répondais oui au Seigneur qui, au plus profond de moi, me demandait d'être prêtre. Je n'ai jamais repris ce oui, même si ma façon de le redire a varié avec le temps et les circonstances, même si je me suis rendu compte que l'essentiel n'était pas dans le papier-cadeau, mais bien dans ce que l'on offrait. Je n'avais reçu aucune formation ni information sexuelle dans mon milieu familial. Hormis ce que j'avais vu et touché moi-même, je ne savais rien de tout cela. Et pendant les dix années de séminaire et de service militaire, je ne me suis jamais posé de questions, et l'on ne m'a jamais apporté le moindre éclaircissement sur le sujet. Par contre, j'ai vécu ces années avec la hantise de retomber, ce qui eût été pour moi un signe de non-vocation ! Il m'a fallu occulter totalement cette partie de moi-même. Il m'a fallu vaincre des peurs inimaginables, notamment lorsque mes fonctions d'infirmier militaire me mettaient en situation et m'offraient des occasions que je ne pouvais saisir ! Avec le recul, je ne crois pas pouvoir dire que je regrette de n'avoir pas succombé. Mon extrême sensibilité affective avait besoin de se forger, de mûrir. Aujourd'hui, je n'ai rien perdu dans ce domaine, loin de là, mais je ne crois pas en être l'esclave. Par contre, je ne peux admettre que l'on ait fait de moi un prêtre qui avait peur de ce qui est constitutif de toute personne humaine. A la limite, que l'on ne m'ait pas donné les moyens de m'épanouir totalement, cela reste dans la logique de la formation, bien que ce soit intrinsèquement pervers. Mais que l'on m'ait amené à être enfermé dans cette peur lorsque j'étais en présence d'un homme ou d'une femme qui avait besoin d'écoute, d'accueil, de compréhension, est proprement inadmissible. Je garde le goût amer de certains de mes comportements qui ont dû faire souffrir injustement et bêtement.

Lorsque je me suis retrouvé livré à moi-même, capable de prendre des responsabilités plus ou moins importantes en paroisse, la peur est devenue hantise. Très vite mon corps, laissé en jachère depuis si longtemps, manifestait le poids de ses exigences. Cela a commencé par des masturbations de plus en plus fréquentes sanctionnées par des confessions non moins fréquentes. Le déséquilibre spirituel était proche. Et lorsque je me suis rendu compte que je regardais tel ou tel paroissien avec un désir violent, j'ai commencé à douter de moi-même. A quoi avaient servi tous les sacrifices consentis pour en arriver là? Qu'allais-je devenir si je n'arrivais pas à m'en sortir? Et je ne vous dis pas la crise quand je suis devenu amoureux d'un collègue prêtre! Lorsque je suis allé en faculté, j'étais à deux doigts d'envoyer ma soutane par-dessus les moulins. C'était ne pas tenir compte de la façon dont le Seigneur a de la suite dans les idées. Je me croyais perdu, noyé dans mon péché. Je devais constater l'échec de ma vie. Moi, le prêtre en qui on avait placé tant d'espoirs, je me considérais comme un Judas! En fait, j'étais sur mon Chemin de Damas. Il me fallait capituler, baisser les bras, non pas à ma façon à moi, mais à sa façon à Lui. Cela m'a amené à vivre deux ans en état de grâce avant de prendre le maquis.

J'ai évoqué plus haut ce départ pour les montagnes. Cela devait s'accompagner d'une mise en harmonie de toutes les facettes de ma personnalité. Oui, dans ma tête! Mais frère âne était venu avec moi dans cette transhumance. J'étais relativement proche d'une grande ville... et les prés de la drague ont été largement broutés. Tout était-il à nouveau remis en question? Les raisons qui m'avaient fait quitter le système clérical n'étaient pas liées à mes problèmes sexuels. Ceux-ci allaient-ils compromettre ma nouvelle vie? C'est durant cette période que j'ai pourtant redécouvert mon humanité et mon sacerdoce. Les gens avec qui je vivais dans ce village ne sauront jamais que c'est grâce à leur contact ultradécapant que j'ai enfin compris que le Seigneur m'aimait tel que j'étais, qu'il attendait de moi autre chose qu'un nombrilisme culpabilisant, que tout dans ma vie était chemin d'incarnation pour peu que je lui ouvre la porte de ce que je considérais depuis longtemps comme une porcherie et que Lui voulait transformer en étable.

En dépassant les anecdotes qui ont émaillé ces années, je me rends compte qu'il y a eu un long et patient travail de Dieu en moi. Petit à petit, je me suis dépouillé de mes peurs, des idées fausses que j'avais sur moi-même, de l'orgueil pharisien qui me condamnait, pour me retrouver mis à nu, comme la femme adultère de l'Evangile, sans autre point d'appui que la certitude du pardon qui régénère. Il m'avait fallu du temps pour perdre ma vie à cause du Christ. Je la retrouvais grâce à Lui.

Je ne vais pas m'attarder sur la suite de mon histoire. J'ai connu un véritable amour humain. J'ai été amené à connaître de l'intérieur le monde du commerce et ses difficultés. Depuis trois ans, j'ai à nouveau des activités normales de prêtre, sans pour autant renier mon anticléricalisme. Je me sens riche, non pas de moi-même mais de toutes ces expériences, ces rencontres, ces échecs, ces réussites qui font de moi la terre à travers laquelle l'eau passe pour se charger en sels minéraux et en oligo-éléments, et dont les autres peuvent aujourd'hui bénéficier. Je ne suis pas content de moi, je suis simplement heureux d'être tel que je suis aujourd'hui, capable d'aimer les autres parce que je me suis laissé aimer de Dieu.

En terminant, je me rends compte que je n'ai pas utilisé une seule fois le terme homosexuel. C'était certainement du voulu inconscient de ma part. Je comprends et j'approuve ceux qui revendiquent à la société et à l'Eglise le droit à l'homosexualité. J'ai moi-même été longtemps militant à David et Jonathan, et j'ai fait partie de la première fournée de prêtres qui se sont réunis à Bonneuil. Je ne renie rien de mon engagement actif, même si je m'en suis quelque peu éloigné depuis plusieurs années. Mais je comprends aussi, sans pour autant les approuver, les réticences d'une Institution qui se sent prise à rebrousse-poil, et bien souvent au dépourvu, par des exigences qui sortent de ses critères habituels. Il est difficile de faire boire un âne qui n'a pas soif... Je voudrais simplement dire que nous aurions peut-être intérêt à ne pas partir au combat en ordre dispersé. Le véritable problème de fond, à mon humble avis, concerne tous les prêtres à qui est refusé le droit à la sexualité, qu'elle soit homo ou hétéro, qu'elle se vive dans l'activité ou la chasteté. Tant que l'Eglise catholique refusera de voir et de faire siennes les richesses de ses Sœurs orthodoxe ou réformée, elle se pri-

vera, et elle privera le Peuple de Dieu de l'authentique humanité que son Christ est venu assumer pour lui donner toute sa dignité. Courage, mes frères, Sa vérité nous rendra libres ! »

Jean-François

J'espère ne pas avoir lassé le lecteur. Tous ces témoignages ont pour mérite d'exister à l'état brut. Ils n'étaient pas destinés, au départ, à paraître dans un livre comme celui-ci. Je pense cependant que leur place y est totalement légitime. Ils disent combien la réalité d'un prêtre homosexuel est complexe, riche d'espérance et d'amour, de don de soi et d'attente. En les relisant, je ne pouvais m'empêcher de penser à la phrase de saint Augustin : « Tu ne me chercherais pas si tu ne m'avais déjà trouvé. » En chacun de nous, il y a cette double polarité : une quête incessante nourrie par une certitude. Et c'est peut-être cela qui fait notre force dans ce que d'aucuns pensent être notre faiblesse, quand ils ne parlent pas de scandale... Quoi ? Des prêtres et des religieux homosexuels ? Comment peut-on revendiquer comme un droit un état de pécheur impénitent ? Comment le prêtre, qui doit être berger ou modèle, peut-il être un exemple de vice ? Comment, lui qui doit être signe de l'altérité de Dieu peut-il se complaire dans le refus de la complémentarité humaine ? Que de questions ou de critiques auxquelles nous avons pu être confrontés si nous avons osé parler de ce que nous sommes, ou simplement de ce que nous pensons ! Est-il aujourd'hui si extraordinaire qu'un certain nombre de prêtres en aient marre de cette chape de silence qu'on leur impose, des discours tout faits qui ne correspondent en rien à la réalité, et qu'ils éprouvent le besoin de dire leur soif d'équilibre affectif et humain ? N'avons-nous pas le droit de souffrir et surtout de réagir lorsque, par exemple, le journal « France Catholique » publie, dans son numéro 2419, un article sur le scandale des prêtres homosexuels ? Comment admettre que l'auteur de cet article, René Laurentin, confonde, ou feigne de confondre homosexualité et pédophilie, et qu'il ose écrire que *« certains homosexuels deviennent pédophiles en vieillissant »* ? S'il n'était aussi triste, un tel ramassis de navets, de mensonges, serait risible ! Quel crédit accorder à un auteur, par ailleurs théologiquement sérieux, qui fait en plus l'amalgame entre la reconnaissance de l'homosexualité et le développement du sida ? Il va jusqu'à proposer comme solution à ces scandales le jeûne, car celui-ci éduque à l'abstinence... Autrement dit, à la suite des stoïciens et de tous les clercs qui n'ont pu vivre un amour heureux, la seule solution qui nous est proposée, c'est la peur du corps, le refus de l'amour humain, la régression dans un angélisme fantasmagorique. Eh bien, non ! Ce n'est pas parce que nous ne sommes pas prévus dans les plans bien définis des catéchismes ou des lois dites naturelles que nous allons refuser d'exister... et d'aimer.

En guise de conclusion à ce chapitre, je veux laisser à nouveau la parole à l'un d'entre nous, lecteur de « Pêcheurs d'hommes ». Sa hauteur de pensée est remarquable, même si elle fait parfois appel à des notions théologiques peu fréquentes dans les romans de gare. Sans le citer textuellement et intégralement, je vous livre l'essentiel de ce qu'il écrivait :

« Une préoccupation, voire une angoisse philosophique et religieuse, allant de la révolte devant les rappels à l'ordre de la hiérarchie ecclésiastique à la frustration par la soumission absolue à des règles morales mal assimilées, écartèle les plus anxieux d'entre nous. L'expérience d'une liberté sexuelle laborieusement acquise, la formation philosophique et théologique que proposaient jadis les messieurs de Saint-Sulpice aux clercs, enfin le dur métier de vivre au quotidien me poussent à dire une parole d'espérance à mes frères prêtres.

... Dans la proposition de relation à Dieu que fait le christianisme, le paradoxe est que si la première place est faite à l'Amour, là aussi se trouve le plus souvent générée la culpabilisation la plus mutilante. Tout se passe comme si, depuis des siècles, le pouvoir ecclésiastique entretenait volontairement une concurrence entre l'amour humain et l'amour de Dieu, qui est une tout autre affaire.

Un exemple nous permettra de mieux comprendre. La première rencontre entre Marie-Madeleine et Jésus a eu lieu, rapporte saint Luc (7/37), chez un Pharisien à Jérusalem. Elle est entrée là, on ne sait pourquoi ni comment, mais on sait pour qui. Comme pour les autres hommes vers qui elle allait, ses mobiles étant sans doute impurs : lucre ou luxure. Mais cette fois, l'amour de Madeleine est haussé jusqu'à son objet par la personne même du Christ : s'adressant à l'homme-Dieu, l'amour de l'homme devient l'amour de Dieu.

Mais à partir de cette qualité d'amour-là, de quoi avons-nous peur ? Angoissés parce que telle confession édicte des règles, pontifie, condamne ? Prenons bien garde à ne pas nous considérer comme les parias des Indes qui acceptent de voir leur condition d'impurs avec les yeux de la société qui les rejette, et qui les a créés pour avoir des exutoires à ses propres tares.

Ne nous posons pas sans cesse comme des victimes. La condition humaine est un dur métier pour tous. Les problèmes affectifs et sexuels ne sont pas simplifiés du fait que la société conventionnelle les admet. Ils ne sont pas aggravés non plus du fait qu'elle les rejette. C'est surtout à chacun d'entre nous de s'accepter, de s'aimer soi-même, de se valoriser dans la qualité des choix de sa vie. Le respectable éveille et force le respect.

Je voudrais, pour finir, inscrire mon propos dans la spiritualité carmélitaine d'une sainte Thérèse d'Avila et d'un saint Jean de la Croix : Dieu laisse les traces de son Etre accrochées à chacune de ses créatures (La Montée du Carmel, L.II, ch. XV). Par une mystérieuse et déroutante alchimie, Il se laisse déchiffrer par nous d'une façon toute privilégiée, et parfois toute mystique, dans sa coïncidence homosexuelle. A partir de cette qualité-là, l'amour, quelque forme et quelque chemin qu'il prenne, ayant pour objet final Dieu, est bon, beau et bien comme l'accomplissement de ce pourquoi nous sommes. Et qu'on le veuille ou non, nous sommes. »

Max (« Pêcheurs d'hommes » n° 6, mai 1994)

9

Droits et libertés

Jusqu'à présent, ma bioscopie n'avait fait état que de mon action auprès des exclus de la société par mes engagements auprès de l'abbé Pierre et d'Emmaüs, auprès des exclus de la société et de l'Eglise par mon rôle au sein de David et Jonathan. Il fallait prendre le temps de mettre tout cela à plat et d'en dévoiler les multiples facettes. Comme on a pu le constater, la palette a été large et riche d'expériences. David et Jonathan, conformément à l'esprit de sa charte, s'était ouvert à tout ce qui pouvait être interpellation des structures sociales et ecclésiales. Il ne voulait pas rester indifférent aux péripéties actuelles de l'Eglise. L'opportunité lui a été donnée de prendre part à un vaste projet de réflexion, débordant le seul sujet de l'homosexualité, lors du forum Droits et libertés dans les Eglises, qui s'est tenu à Paris les 21 et 22 novembre 1987. En ce qui me concerne, j'y ai participé et cela a été pour moi le point de départ d'une nouvelle prise de conscience que tout ce qui avait motivé et sous-tendu mon action s'inscrivait dans une dynamique plus large et plus profonde. J'ai toujours souffert de constater la dispersion, la lassitude et le silence d'un nombre considérable de chrétiens qui ne peuvent plus, en conscience, accepter d'être traités en mineurs dans leur Eglise, alors qu'ils vivent dans une société de débat.

J'ai toujours, avec des milliers de chrétiens aussi anonymes que moi, refusé, contesté que l'Eglise catholique ignore dans son fonctionnement interne, les droits et les libertés qu'elle défend dans le monde. Nombreux sont ceux qui, étrangers à une critique systématique, ne supportent pas que les exigences de l'Evangile soient identifiées, comme on le voit à travers les médias, avec un moralisme de la loi, en matière sexuelle notamment. Ils ne veulent pas non plus retourner aux ornières du cléricalisme ou de l'anticléricalisme primaires. Les vraies questions se situent à un autre niveau. Le concile Vatican II avait ouvert un avenir pour leur Eglise : une Eglise en dialogue avec le monde contemporain pour y servir les hommes au nom et selon les valeurs de l'Evangile. La mise en œuvre partout des droits et libertés de l'homme manifestait une des expressions essentielles de cette option fondamentale. Face aux dictatures, aux totalitarismes et à l'injustice sociale, le pape et les chrétiens s'en étaient fait les défenseurs, beaucoup plus que dans le passé. Qu'en est-il, à l'heure présente, à l'intérieur de l'institution ecclésiale ?

Le concile a reconnu clairement la liberté religieuse qui implique la liberté de conscience. Comment peut-elle s'exprimer à travers une morale d'interdits constamment réaffirmés ? La collégialité des évêques a été proclamée. Au Brésil, au Pérou, aux Etats-Unis, en Autriche, en Suisse, en Allemagne, en France et ailleurs, le Vatican dénie dans les faits l'autonomie des épiscopats nationaux et la sape en nommant des prélats à sa botte et nettement anticonciliaires. Que dire d'une Eglise qui exalte la femme dans ses discours et l'exclut simultanément des fonctions de responsabilité, qui magnifie le sacerdoce mais ignore ses prêtres dès qu'ils évoluent hors du sacro-saint célibat ? Que penser d'une Eglise qui reconnaît les cultures autochtones et laisse à la porte, par exemple, la culture africaine dans les modalités du mariage ? Comment comprendre une Eglise qui suspecte ses théologiens au point d'empêcher une concertation avec leurs évêques, qui prêche une morale familiale unique au milieu de sociétés diverses et contrastées, qui canalise l'expression de la foi en un catéchisme de formulation universelle ?

Ces contradictions sont l'illustration d'une Eglise en porte-à-faux avec le monde environnant. Cette Eglise se pense intemporelle, investie d'un pouvoir divin qui justifie un gouvernement sans partage pour imposer ses vérités. Un tel autoritarisme rend l'institution étouffante. Les conséquences sont faciles à déceler : démobilisation, départs, repli individualiste, recours aux sectes, confinement dans le sentimentalisme aux dépens d'une réflexion authentique, conformisme de la parole et du comportement chez les responsables hiérarchiques, mutisme des intellectuels, autocensure... Quelle liberté de recherche, quelle honnêteté intellectuelle subsistent là où les divergences sont tues, où l'alignement sur les positions romaines s'opère sans réplique ?

A partir de ce forum, il m'a paru indispensable de travailler avec des matériaux empruntés à la culture démocratique contemporaine, pour œuvrer à bâtir une Eglise selon l'Evangile, où l'on soit ensemble responsables, et où les relations et les institutions, imprégnées des droits et libertés fondamentaux, créent les conditions d'un travail de vérité et de communion. Je ne crains pas de dire que ce forum fut sans aucun doute un événement prophétique. Ce fut une chance que six membres de David et Jonathan aient pu y participer l'un ou l'autre jour : nous étions cinq le samedi, deux le dimanche. En toute honnêteté, mes *a priori* n'étaient pas très favorables car j'en arrivais à me demander quels étaient ces zombies qui osaient se rassembler sur un tel thèmes : Droits et libertés dans les Eglises. Comme quoi il est toujours dangereux de baser son jugement à partir d'impressions non vérifiées. J'ai ainsi découvert qu'il y avait rassemblés là des communautés de base, des communautés paroissiales, quatre ou cinq moralistes, des journalistes de la presse chrétienne... plus de deux cents personnes. Des interventions remarquables, des carrefours très ouverts et enrichissants. J'ai même enregistré trois cassettes ! Dans les rares temps libres, mes amis de David et Jonathan et moi-même avons pu avoir des contacts avec quelques participants. C'est vraiment à partir de là que nous avons été de plus en plus persuadés que l'heure était venue, pour David et Jonathan, de participer, plus que jamais, à ce type de rencontres entre chrétiens, pour ne pas se couper de ces hommes et de ces femmes qui, humblement mais courageusement, travaillent à ce que devrait être l'Eglise de l'an 2000 dans la fidélité à l'Esprit. Je fis à ce forum une courte intervention que je vous rapporte :

> « *Notre ami péruvien disait tout à l'heure qu'il n'y a pas de noir ici... Moi je crois que dans l'Eglise, actuellement, je me considère un petit peu comme un noir... parce que je suis prêtre et homosexuel. Je pense être un homme libre maintenant... Je l'ai payé très cher... Je suis pour l'instant intouchable dans l'Eglise parce que j'ai une autre casquette : je suis secrétaire de l'abbé Pierre. Le jour où il ne sera plus là, je ne sais pas ce que l'Eglise fera de moi !*

En tout cas, je prends la parole ici, parce que je suis vice-président du mouvement David et Jonathan, et j'en suis l'attaché de presse. Pour moi, c'est une joie et une émotion d'être là aujourd'hui, au milieu de tous ces gens de très grande qualité ! Ce mouvement David et Jonathan, j'en profite pour vous le présenter en une seconde : présent dans vingt-sept villes de France, il regroupe plus de mille cinq cents garçons et filles. Vous le savez bien, nous vivons une communion difficile, déjà avec nous-mêmes, avec les Eglises et la société, puisque l'Eglise nous rejette en tant que tels... Mais contre vents et marées, nous tenons la barre dans cette voie difficile ! Les perspectives d'avenir ne sont guère réjouissantes pour nous : la condamnation de Ratzinger en 1986, la nouvelle condamnation de l'Eglise anglicane... Et plus les homosexuels revendiqueront leur droit de vivre à visage découvert dans la société et dans les Eglises, plus les risques de nous rejeter seront grands. A la racine, bien sûr, il y a une homophobie complexe. Peut-être même certains d'entre vous la ressentent-ils ? Mais il y a surtout une profonde méconnaissance de la réalité homosexuelle. Nous souhaitons que se développent des contacts réguliers avec chacun des groupes que vous représentez à Paris et en province. Nous désirons réfléchir et agir avec vous sur cette réalité difficile à vivre. A partir de notre vécu, nous avons, les uns et les autres, beaucoup à nous apporter ! L'homosexualité, c'est pour nous une Parole de Dieu dans notre vie... aidez-nous à y répondre le plus loyalement possible ! »

Depuis cette date, je continue à participer aux travaux d'un collectif qui regroupe une cinquantaine de groupes, associations ou communautés, vivant dans diverses régions de France. Ses objectifs tournent autour de quelques points forts :
– Mise en relation de ceux qui aspirent à une Eglise libératrice dans son fonctionnement comme dans son action.
– Coopération interconfessionnelle.
– Interconnexion avec les initiatives similaires dans d'autres pays.
– Solidarité avec ceux que frappe l'arbitraire du pouvoir ecclésial (interdiction de parole, licenciement, discrimination, exclusions catégorielles).
– Formation d'une opinion publique du peuple chrétien.
Une de mes convictions profondes, à l'heure actuelle, est l'urgente nécessité de promouvoir les droits et libertés fondamentaux, par fidélité au message libérateur de Jésus-Christ, par cohé-

rence avec la Déclaration des droits de l'homme. Ils permettront à nos Eglises de vivre avec plus de justice, de fraternité, et d'être aussi plus crédibles. Ils donneront tout son contenu à la vocation de tous les baptisés avec le partage des responsabilités et de prise de décision dans la vie de nos Eglises, selon l'esprit de Vatican II. On oublie en effet trop souvent que les droits du chrétien dans l'Eglise sont des droits de l'homme tout court : droit d'être pris au sérieux, de pouvoir parler, de recevoir attention et écoute. Le chrétien a droit à l'autonomie de la maturité, à la liberté de l'esprit. Il a le droit d'être habité par l'Esprit qui, au-delà de toute structure et de toute loi, lui donne une fécondité spirituelle qui n'est en rien le privilège des prêtres et des religieux. Il est fini le temps où il ne pouvait être responsable de lui-même et des autres, où toutes ses décisions humaines devaient passer au creuset de la direction spirituelle ou de la confession. Quand viendra le temps où le chrétien sera considéré et estimé dans sa diversité culturelle et sociologique ? Toutes les pages de mon livre ont évoqué la caractéristique propre aux homosexuels. Mais cette identité est, bien entendu, loin d'être exclusive. Les blocages de l'Eglise par rapport à ce type de population se retrouvent répercutés à toutes les civilisations et toutes les cultures, au nom d'un centralisme qui nivelle, refusant de ce fait le droit à l'identité. Et l'on ne parle pas assez du droit de la femme à exister comme égale de l'homme, libérée d'une conception ecclésiastique patriarcale et féodale. Pour s'en convaincre, il suffit de lire le communiqué de presse du 5 octobre 1988, écrit par l'association « Femmes et Hommes dans l'Eglise », au sujet de la lettre de Jean-Paul II sur les femmes dans la Bible et dans l'Eglise :

> « L'association "Femmes et Hommes dans l'Eglise" se réjouirait volontiers de la lettre apostolique sur la dignité et la vocation de la femme qui va dans le sens de l'égalité et de la réciprocité entre les hommes et les femmes. Le commentaire de la femme adultère est superbe, et manifeste une grande lucidité vis-à-vis du péché masculin. On pourrait citer de nombreux exemples de ce féminisme du pape. Mais ces acquis, pour précieux qu'ils soient, ne modifient pas encore totalement la pensée du pape sur les femmes. Plus le texte avance, plus il semble que la réciprocité s'estompe, au profit d'une affirmation des caractéristiques et spécificités féminines. Ceci revient à enfermer les

femmes dans une vocation immuable de femme éternelle, conforme au dessein éternel de Dieu. Cette façon de se crisper sur la spécificité de la femme réduit à peu de choses les efforts développés pour promouvoir une relation plus équilibrée entre les hommes et les femmes. Parce que les femmes accepteront de moins en moins qu'un homme, fût-il le pape, sache mieux qu'elles qui elles sont et comment elles doivent se comporter, il leur est non moins difficile de souscrire à une interprétation aussi catégorique de la volonté du Christ en ce qui regarde leur accès au sacerdoce. Le groupe " Femmes et Hommes dans l'Eglise " convie donc tous les hommes et femmes de bonne volonté à poursuivre le travail commencé. Il porte des fruits évidents dans la pensée du magistère. C'est à nous, peuple de Dieu, qu'il appartient aussi de scruter le dessein éternel de Dieu et la volonté du Christ, qui n'ont certainement pas fini de se révéler dans leur plénitude. »

Que l'on ne se méprenne pas sur ma pensée. Je ne me veux surtout pas anarchiste, sans loi ni droit. Mais j'estime que les droits du chrétien dans l'Eglise vont au-delà du droit. Il constituent la réponse au Christ, qui nous demande d'être son témoin dans un monde en changement. Je veux dire avec le philosophe Vladimir Jankélévitch : « *Tout homme est autre que soi-même et n'est homme, en fait, que par cette possibilité qu'il a d'être hors de soi et au-delà de soi. De ne pouvoir tenir dans sa définition, de toujours déborder son présent actuel.* » C'est dans cet esprit-là que je voudrais livrer au lecteur ma réflexion sur un point particulier, qui a été effleuré ici où là dans l'un ou l'autre témoignage, point particulier qui illustre bien comment on peut bafouer un droit élémentaire naturel en se cachant derrière un droit que l'on voudrait faire passer pour quasi divin. Comme j'ai abordé dans ce livre le problème délicat des prêtres homosexuels, et à travers lui le problème plus général de la discipline ecclésiastique du célibat, il me paraît logique de faire le point, et de montrer jusqu'où l'Eglise actuelle bafoue un des plus élémentaires droits de l'homme.

Je ne me permettrai pas de contester le souci réel qu'a le pape Jean-Paul II de promouvoir le bien spirituel de l'ensemble des communautés chrétiennes et de maintenir leur unité dans la foi. Cela fait partie intégrante de la mission qu'il partage avec les évêques. « *Confirme tes frères dans la foi* », a dit le Christ à Pierre. Mais cette mission est rendue de plus en plus difficile à assumer à cause de la diminution grandissante du nombre de ceux qui ont la responsabilité de proximité avec le monde, chrétien ou non. Est-il possible que le pape ignore que la loi rendant obligatoire le célibat pour les clercs est une des causes majeures de la raréfaction des candidats aux sacerdoce ? Faut-il le suspecter d'avoir un mépris tel de l'Histoire qu'il ne se souvienne pas que, dans le passé, cette loi a été une des causes de la séparation des Eglises d'Orient avec l'Eglise de Rome, et que son abrogation a été une des revendications majeures de la Réforme au xvie siècle ?

Il serait bon, pour ceux qui veulent que les choses changent comme pour ceux qui croient que la tradition ne remonte pas plus loin que le concile Vatican I, en 1870, il serait bon de se rappeler que cette loi du célibat n'a été élaborée et définitivement fixée qu'en 1139, au cours du second concile du Latran. Ses motivations n'étaient pas fondées sur de quelconques exigences évangéliques mais sur un sentiment de profonde hostilité au mariage, la sexualité étant considérée comme source de jouissance impure, et l'union conjugale entraînant des conséquences défavorables aux intérêts matériels d'une Eglise soucieuse de préserver son propre patrimoine. Je cite une très courte phrase qui, aujourd'hui encore, donne à rêver. En effet, le canon 7 de ce concile déclare nulle toute union conjugale des clercs « *afin que la pureté se répande parmi les évêques, prêtres, diacres et sous-diacres* ». Comment concilier une telle décision avec ce qu'écrivait l'apôtre Paul à son disciple Timothée : « *Aussi faut-il que l'épiscope soit irréprochable, qu'il n'ait été marié qu'une fois... sachant bien gouverner sa maison et tenir ses enfants dans la soumission d'une manière parfaitement digne. Car celui qui ne sait pas gouverner sa propre maison, comment pourrait-il prendre soin de l'Eglise de Dieu ?* » (1 Tim. 3/2-5)

Par sa discipline actuelle, l'Eglise catholique, et combien de chrétiens avec elle, veut faire croire que l'on est plus disponible aux autres si l'on est célibataire. Ce n'est apparemment pas l'avis de l'apôtre Paul qui voit comme un signe d'efficacité pour l'Eglise quelqu'un qui est capable de gérer tous les domaines de sa vie d'homme. Je n'insiste pas sur les innombrables exemples de vieux garçons ratés que nous avons tous rencontrés, et dont la crédibilité était largement entamée par la médiocrité de leur vie quotidienne. Pourquoi serions-nous choqués de savoir que, durant les premiers siècles de l'Eglise, tous ceux qui avaient une charge d'évêque ou de prêtre étaient mariés ? Ils ne faisaient qu'appliquer ce que le même apôtre Paul écrivait aux Corinthiens : « *N'avons-nous pas le droit d'amener avec nous une sœur comme épouse, tout comme les autres apôtres, et les frères du Seigneur et Pierre ?* » (1 Co 9/5)

A l'inverse des Eglises d'Orient, l'Eglise romaine, dès le ivᵉ siècle, a calqué son droit sur le droit romain, et le Serviteur des serviteurs de Dieu s'est modelé sur l'empereur romain ou byzantin, plus tard sur le monarque absolu, incontesté et incontestable parce que soi-disant de droit divin. Et, cependant, on ne peut qu'admettre que la loi romaine du célibat ecclésiastique a toujours été contestée, constamment transgressée, souvent même ignorée. Tout au long des siècles, comme encore aujourd'hui, elle a été la source de comportements hypocrites que l'on feint de minimiser ou de refuser. Elle a été riche des maux considérables, personnels ou collectifs, qu'elle a engendrés. Le pape Jean-Paul II ne peut les ignorer. Pourquoi son discours va-t-il à l'encontre de l'Histoire et de la réalité humaine ? De quel droit justifie-t-il le maintien de cette loi en invoquant une tradition juridique tardive, fondée sur la répulsion foncière de l'Eglise pour le plaisir de l'amour et sur sa misogynie séculaire ?

« *Oui à l'Evangile, non à l'enterrement de Vatican II.* » Ce slogan est bien un cri d'appel pour un authentique retour à cette immense bouffée d'air frais suscitée par le pape Jean XXIII. Qui peut contester le droit d'un nombre croissant de laïcs chrétiens et de prêtres à estimer nécessaire un changement de discipline ? Qui, sinon ceux qui ignorent ou refusent que Vatican II a reconnu que l'abstention de tout plaisir charnel n'est pas exigée par la nature même du sacerdoce ? Je serais curieux de savoir l'accueil qu'a reçu la lettre des évêques du Tchad au pape, en 1990. Ils faisaient valoir simplement que le droit des Communautés à la Parole et aux Sacrements est de droit divin, tandis que la loi du célibat, n'est que de droit ecclésiastique, et donc révisable. Je ressens comme profondément malsaine l'obstination de Jean-Paul II dans sa détermination au maintien de la loi du célibat. Elle est contraire au droit naturel de tout homme au mariage, donc elle est immorale. Et en affirmant cela, je ne manifeste pas un vague prurit contestataire motivé par mes convictions et mes choix personnels. Je m'appuie simplement sur la déclaration d'un des prédécesseurs de notre pontife actuel, le pape Léon XIII qui publiait le 15 mai 1891 sa célèbre encyclique Rerum Novarum : « *Aucune loi humaine ne saurait enlever d'aucune façon le droit naturel et primordial de tout homme au mariage ni circonscrire la fin principale pour lequel il a été établi par Dieu dès l'origine.* » Or la loi ecclésiastique du célibat est une loi humaine. Personne ne peut prétendre le contraire. Selon le pape Paul VI, « *sans le droit inaliénable au mariage et à la procréation, il n'est plus de dignité humaine. Le premier droit de l'homme est le droit à la vie et de donner la vie* ». S'appuyer sur de tels textes (que même des évêques doivent ignorer), c'est pouvoir affirmer, sans tirer les couvertures à soi, qu'en aucun cas l'Eglise ne peut établir une loi faisant du renoncement au mariage la condition *sine qua non* à l'exercice d'un ministère pour le service d'une communauté chrétienne. C'est ni plus ni moins enlever à un homme (à une femme) le droit divin naturel, inaliénable, à une union conjugale. La conscience d'un prêtre ne peut donc être liée par cette loi, même si elle a été acceptée dans l'ignorance de son caractère immoral. L'appel au service de Dieu n'implique en aucun cas le charisme du célibat. Ce qui n'enlève rien à la valeur de celui-ci lorsqu'il est délibérément choisi comme moyen d'épanouissement, et non comme fin en soi.

Oui, je suis triste, révolté de constater qu'aujourd'hui encore, de par la responsabilité de son chef spirituel, l'Eglise se rende coupable de la violation d'un des droits fondamentaux de la personne humaine, ces droits découlant de la loi divine naturelle et positive. Je suis triste et révolté de constater que mes frères prêtres qui se sont mariés, se conformant à la loi de Dieu plutôt qu'à celle des hommes, ont été victimes d'une grave injustice de la part de l'Eglise qui les a rejetés dans les catacombes, quand ce n'est pas dans le déshonneur aux yeux de leurs proches. La Déclaration universelle des droits de l'homme de 1948 a été reconnue par l'Eglise. Pourquoi les refuse-t-elle à ses prêtres, qui sont d'abord des hommes ? Cela relève d'un abus dans l'exercice de son pouvoir, d'un empiétement indu sur le domaine exclusif et privilégié de Dieu.

Je me suis attardé sur un problème qui me tient particulièrement à cœur. On en aura compris les raisons. Mais je n'oublie pas pour autant tous les domaines de la vie des hommes. Il y a bien sûr les grandes questions concernant la liberté religieuse, l'autonomie des Eglises, le respect des cultures, etc. Il est évident que le discours du pape n'est pas complet à l'égard des problèmes de notre temps, et que rien ne laisse supposer qu'il ait envie de prendre en compte les défis de la modernité. Tout ce qui concerne l'éthique, de la conception à la mort d'un homme, est volontairement réducteur et ferme la porte à la possibilité pour des hommes et des femmes de devenir responsables dans la lumière d'un message évangélique qui est un message libérateur. Et si l'on parle de la solidarité, qu'en est-il concrètement et objectivement dans ce qui relève des préoccupations romaines ? Solidarité avec les pauvres de toutes natures (matérielle, psychologique, culturelle, etc.), avec les pays du tiers-monde, avec tous ceux que notre civilisation laisse au bord de la route, avec toutes les victimes de toutes les injustices (politiques, sociales, économiques...). Pourquoi refuser, sous prétexte que le marxisme-communisme est obsolète, qu'une théologie de la libération prenne en compte les réalités humaines, et soit une authentique approche de l'Evangile. Lorsque le pape parle de solidarité avec le tiers-monde, il n'accepte pas pour autant que les pauvres cherchent à s'émanciper par eux-mêmes. Il devrait se situer en sympathie avec toute l'humanité souffrante, et pas seulement au niveau des principes abstraits qui sont utiles, je le reconnais, mais insuffisants lorsqu'il s'agit de ne pas peser sur les consciences avec une parole qui condamne. Trop de mots peuvent laisser des gens dans le désarroi.

Tout ce que j'ai soulevé dans ce chapitre, qui est une souffrance profonde pour moi, est très bien reflété dans cette lettre que Jacques Urbain envoyait au courrier des lecteurs de « Témoignage Chrétien », le 26 avril 1992 :

> « *Ordonné prêtre il y a trente-cinq ans, je campe depuis plus de vingt ans aux marges de l'Eglise. Durant ce temps, personne ne s'est enquis de savoir si j'avais gardé la foi et si je témoignais de Jésus mort et ressuscité. Ma situation canonique n'était pas totalement conforme et en face de mon nom, l'annuaire de mon diocèse affiche en congé. C'est dans cette disposition d'esprit que j'ai lu les recensions des lettres de Jean-Paul II sur le ministère des prêtres. Trois évidences en ressortent : le prêtre doit être séparé par son mode de vie, il doit proposer une doctrine forte, ce sera un homme célibataire.*
> *Chacun aura reconnu là le Jésus du Jeudi Saint lavant les pieds de ses apôtres et leur disant : "Le plus grand d'entre vous doit prendre*

la place du plus jeune et celui qui commande, la place de celui qui sert". (Luc 22)

Quel apôtre remplirait les critères de Jean-Paul II ?

Je regarde autour de moi. Hospitalisé pour de longs mois, je reçois la visite d'une aumônière. Elle visite les malades, les aide à prier, leur porte la communion. Mais une double tare lui interdit l'accès au ministère ordonné : elle est femme et elle est mariée. Des Tchèques, hommes mariés, ont reçu l'ordination pendant la persécution. Ils ont été martyrs de la foi. Vingt ans après, la qualité de ministre leur est contestée. On leur propose de renouveler leur ordination et s'ils veulent garder leur femme, ils se contenteront d'un ministère de diacre.

Dans l'indifférence générale, le successeur de Don Helder Camara ferme les écoles de la foi mises en place par son prédécesseur. La bonne doctrine sera donnée dans des séminaires classique. Un groupe financier fait main basse sur les radios de l'Evangile mises en place par les communautés chrétiennes. La bonne doctrine de l'Opus Dei prendra le relais des théologiens de la libération. La théologie du sacerdoce, rappelée par Jean-Paul II, reste une théologie du pouvoir. Elle fait des prêtres, non pas des ministres, c'est-à-dire des serviteurs de l'Evangile dans un monde qui cherche sa voie, mais des maîtres à penser, au pouvoir quasiment magique, ayant des lumières sur tout, dispensés d'être humbles devant la vie. Karol Vojtyla a défendu, devant le concile, la thèse de l'Eglise, société parfaite, trouvant en elle-même sa justification et sa fin. Ses pairs lui ont donné tort. Dans les faits, par sa pratique quotidienne, il met en œuvre cette vision de l'Eglise. Une camarilla de clercs à qui cette doctrine donne des moyens d'exister, l'y encourage.

Je veux saluer, en ce Jeudi Saint, parmi tous les laissés-pour-compte de l'Eglise, mes frères prêtres mariés et tous ceux qui seraient aptes à ce ministère, mais qu'on écartera parce que ce sont des femmes ou qu'ils sont mariés. Jésus est mort pour avoir refusé les exclusions ! Peut-on prétendre le servir en laissant tant d'exclus ? L'Eglise romaine se dit catholique, universelle. Doit-on comprendre cette universalité comme une visée hégémonique ou comme une volonté d'accueillir les hommes, objets de la bienveillance de Dieu ? »

Nous sommes en 1995. Après les questions que j'ai essayé de poser, que nous venons également de lire dans cette lettre, je ne peux résister à la tentation de vous faire rêver, et de rêver avec vous, en lisant ce qu'un homme d'Eglise, le cardinal allemand Koenig ne craignait pas de dire... en 1974 !

« L'Eglise du futur sera plus simple en bien des choses. Elle ne jugera pas de tout, ne décidera pas sur tout, là où elle n'est pas compétente...

On aura dans l'avenir une religion de liberté, qui ne restreindra plus l'espace libre et les caractéristiques particulières de l'homme, car, là où opère l'Esprit du Seigneur, là est la liberté... L'Eglise de l'avenir, elle se fait légère pour être mobile. Elle n'ambitionne pas de se doter de lourds et puissants appareils, comme le font les autres sociétés qui ne peuvent compter que sur la force de leurs institutions...

... Une Eglise missionnaire est créatrice. Dépossédée d'elle-même, elle ne se cramponne pas aux institutions du passé comme si la vie en dépendait. Elle en change, elle en invente de nouvelles, selon les appels de l'Esprit et les besoins du temps ; confiante dans la vie de l'Esprit, elle accepte même le risque d'une mort institutionnelle si le service de l'Evangile paraît le requérir.

... Missionnaire, l'Eglise est communiante, elle vit en symbiose avec son environnement culturel et social ; elle en éprouve les vérités et les valeurs ; elle n'est pas hérissée de fortifications, ni retranchée sur la défensive, ni armée pour la conquête ! »

Texte cité par J. F. Six dans
« Le courage de l'Espérance », Seuil, 1978.

Mon engagement auprès de ce collectif « Droits et Libertés dans l'Eglise » est devenu une de mes priorités. Je ne peux laisser mon Eglise dire et faire n'importe quoi sans m'associer à tous ceux qui, à titres divers et pas forcément homosexuels, ne veulent pas être privés du droit à la parole que le baptême confère à tout homme désireux d'assumer ses responsabilités au sein même de son Eglise. Mais depuis que j'ai moins de responsabilités au sein de la direction de David et Jonathan, j'assure une présence bénévole au « Centre gay et lesbien » qui a son siège 3, rue Keller, dans le onzième arrondissement de Paris. Son nom officiel est Centre gay et lesbien d'information sur l'homosexualité. C'est une association qui regroupe une soixantaine d'associations diverses, telles AIDES, Act Up, Lesbian and Gay Pride, David et Jonathan, ainsi que des entreprises privées tels que bars, librairies, saunas, etc. Une des caractéristiques de cette association est qu'elle est ouverte à tous, sans discrimination aucune entre sexes, âges. Ce qui permet à une centaine de personnes d'être reçues par une équipe de bénévoles dont je fais partie. Notre rôle est primordialement de répondre aux questions qui se posent à elles : identité sexuelle, place dans la société, protection contre le sida, information sur la maladie elle-même. Je trouve là une occasion extraordinaire de rencontrer des homosexuels hors des cadres habituels, dans une démarche d'écoute humble, sans prosélytisme. Le centre a voulu se doter de moyens pratiques et d'activités diverses pour favoriser un climat convivial pour tous ceux qui y viennent. Une cafétéria et une bibliothèque sont ouvertes tous les jours. Chaque semaine, une soirée est réservée en alternance aux femmes et aux hommes, aux groupes de paroles pour les séropositifs, pour les malades, leurs proches, leurs familles. Un véritable travail en profondeur s'accomplit là, et je voudrais rendre un hommage très sincère à tous ceux qui s'y consacrent.

Ce chapitre serait incomplet si je n'évoquais pas, même brièvement, la toute nouvelle association « Contact », née en 1992. Son but est de promouvoir le dialogue entre les parents d'enfants homosexuels, et dont le comportement peut être lourd de conséquences, positives ou négatives. Ce dialogue est de plus en plus nécessaire et constructif, et se doit d'aller dans tous les sens. Seuls, un père et une mère qui découvrent la tendance de leur enfant, garçon ou fille, sont souvent démunis et désemparés. Ils peuvent être témoins de ce que vivent d'autres jeunes que leurs propres enfants et peuvent apporter leur propre expérience. La constante presque absolue est que tous vivent une crise lourde d'angoisse. Bien sûr, les espoirs de voir leur famille se continuer au travers des générations à venir sont plus que compromis. L'image projetée d'un être vieillissant seul et sans amour n'est pas faite pour les rassurer. Et que dire du spectre du sida ?
Cette association n'en est qu'à ses débuts, mais les responsables sentent déjà un appel de plus en plus fort et pressant. Les appels téléphoniques se multiplient, les écoutes étant assurées en grande partie par des parents désireux de ne pas en rester à l'accueil de leur propre enfant. Des brochures, essentiellement traduites de l'américain pour le moment, sont diffusées. Petit à petit, l'aspect confidentiel de ce groupe évolue. Certains médias en ont déjà parlé tels « Libération », « Télérama », « S.O.S. Ecoute Gaie ». Elle a été

présente au Salon des homosexualités et sera bientôt membre du
« Centre gai et lesbien ».

Je peux témoigner que la présence de ces parents d'enfants
homosexuels lors de nos congrès annuels de David et Jonathan a
toujours été une richesse appréciée de tous. Ils nous aident à ne
pas perdre de vue qu'un homosexuel reste membre d'une famille,
qu'il a droit envers et contre tout à l'amour des siens, au même
titre qu'un hétérosexuel. Ils nous donnent le témoignage que nous
refusent trop souvent nos Eglises. Celui d'un amour qui aide à
grandir dans l'amour.

10

Ils ont osé !

Du lundi 19 juin au vendredi 7 juillet 1995, la radio catholique du diocèse de Paris, Radio Notre-Dame, a diffusé en matinée une série de quinze émissions, soit au total cinq heures, sur le thème de l'homosexualité, avec pour sous-titre « Oser un regard chrétien ». Par l'intermédiaire du serveur national de Radio Fourvière, ces émissions ont été reprises l'après-midi par le réseau des autres radios diocésaines. Dans ses numéros des 6, 13 et 20 juillet 1995, l'hebdomadaire « Famille Chrétienne » a relayé ce message dans un dossier en trois volets sous le titre : « L'Homosexualité ou un homme blessé. »

L'étude attentive et collective de ces publications sera menée au retour des vacances d'été. Mais je ne peux laisser passer l'occasion de réagir à chaud, même si cela comporte le risque de ne pas avoir le temps d'aller vraiment au bout des choses. Il est d'ores et déjà possible de noter que l'argumentation semble ne rien apporter de nouveau sur le fond. L'alignement sur les positions romaines et l'usage des textes où elles s'expriment ne laissent aucun doute sur la conformité de pensée. Plus nette, en revanche, m'apparaît la prétention du courant charismatique à s'attribuer (en ce domaine comme en d'autres) le monopole de la saine doctrine, de la spiritualité efficace et d'une pastorale ferme autant que cohérente.

J'ai eu l'occasion, à plusieurs reprises de mentionner des gens comme l'abbé Marc Oraison ou le père Xavier Thévenot. Ces moralistes français ont étudié ces questions et font autorité auprès de leurs pairs. Ils nous ont habitués à une largeur de vue universitaire incontestable. Marc Oraison a encouragé et conseillé les fondateurs de David et Jonathan, autant qu'il a accueilli et orienté nombre d'homosexuels chrétiens vers cette association naissante. Dans sa thèse de doctorat en théologie intitulée « Homosexualités masculines et morale chrétienne », Xavier Thévenot écrit : *« J'exprime ici ma gratitude aux membres de ce mouvement et à ses responsables qui ont tout fait pour faciliter ma recherche théologique, malgré les divergences qui subsistaient et continuent à subsister entre eux et moi. J'ai trouvé auprès de ces personnes un accueil et une tolérance qui peuvent être donnés en exemple. »* (note 19, p. 23). Plus récemment, Xavier Lacroix nous affirmait qu'il lui paraissait inconcevable de traiter de tels sujets, dans le contexte français, sans instaurer un dialogue avec David et Jonathan. Déclaration suivie d'effet, sous la forme d'un invitation à intervenir es qualité au colloque qu'il a organisé en janvier 1994 à l'Institut des Sciences de la Famille de l'Université Catholique de Lyon, et des échanges qui depuis lors se poursuivent.

En lieu et place de ces débats et confrontations, Radio Notre-Dame nous a servi la dernière mouture d'une pensée unique, sans réussir à cacher sous sa liste de bonnes adresses... ! l'uniformité du menu. La France ne manque pourtant pas de théologiens moralistes, d'exégètes, d'accompagnateurs spirituels ou de « psy » qui ont une autre perception de ces réalités. Et cela, sans appartenir, ou être inféodés, à David et Jonathan, ce qui, en tout état de cause, ne serait ni une tare ni un motif de disqualification.

Les ingrédients ne varient guère. Ils vont de la suspicion à l'égard des tendances en passant par la condamnation sans appel du passage à l'acte, jusqu'à l'abandon éperdument confiant en l'efficacité de moyens spirituels douteux. Vous ne trouvez pas bizarre qu'en certains lieux le pénitent soit incité à révéler, hors confession, le contenu des échanges avec le confesseur ? N'est-ce pas un moyen habile et pervers de détourner la stricte observance du secret de la confession ? Vous ne trouvez pas bizarre que de tels procédés soient aussi utilisés par l'Opus Dei (voir le n° 134 de la revue « Actualités religieuses dans le monde », p. 34). Ils évoquent davantage des mœurs sectaires que la liberté évangélique. Il faudrait sans doute un respect tout autre de l'Esprit-Saint pour ne pas s'aventurer à le prendre pour un pigeon !

Dommage que le passage à l'acte, prétendument si efficace pour rendre homosexuel quelqu'un qui ne le serait pas, soit si peu opérant en sens inverse. A moins que... l'imposition des mains soutenant la désignation du ou de la partenaire ne fasse des miracles...

Dommage que trop d'homosexuels généreux, et peut-être trop naïfs, sortent psychologiquement et spirituellement démolis de telles cures ! D'autres, trop nombreux aussi, déchirés par la haine d'eux-mêmes et de leurs tendances, se suicident. Il est vrai qu'un homosexuel mort ne dérange plus personne ! Qu'il repose en paix...

Peut-on encore se dire chrétien, et passer en pertes et profits, tant de vies d'hommes et de femmes brisées pour sauvegarder de soi-disant principes ? L'homme est-il fait pour le sabbat ou le sabbat pour l'homme ?

Pourquoi diaboliser l'homosexuel jusqu'à cumuler sur une structure psychoaffective très minoritaire l'ensemble des travers et perversions de la sexualité humaine ? Il y a une façon d'associer l'homosexualité avec la pédophilie ou le sadomasochisme qui laisserait croire que les hétérosexuels sont indemnes de ces dérives. Les récents procès en sont un exemple frappant et suffisamment parlant.

Pourquoi stigmatiser les homosexuels en les présentant comme la plus épouvantable menace qui pèserait sur la famille ? L'homosexualité serait-elle devenue subrepticement contagieuse ? Aurait-on découvert un nouveau virus, ou serait-ce une variante du sida mental cher à M. Le Pen ? La grande majorité des homosexuels sont attachés à la famille jusqu'à vouloir en vivre les valeurs, à leur manière, avec ce qu'ils sont. Les ruptures familiales sont le plus souvent l'expression de l'homophobie ambiante de ces braves gens que chantait Brassens et qui « n'aiment pas que l'on fasse une autre route qu'eux ».

S'il faut donner acte aux réalisateurs de ces émissions d'une évidente bonne volonté, et même d'un certain courage, pour avoir osé présenter ce sujet à leurs auditeurs habituels, il reste à s'interroger sur la validité de leurs jugements et à en évaluer les retombées possibles.

Le préalable d'une condamnation morale des comportements homosexuels conduit à trop d'impasses pour ne pas inciter à la prudence. Les sciences humaines apportent des éléments de réflexion qu'il faudra bien, un jour ou l'autre, intégrer avec une honnêteté rigoureuse à l'élaboration de la théologie morale. L'Esprit-Saint parle aussi dans la vie des hommes. Pour traditionnelle qu'elle soit, la lecture fondamentaliste des textes bibliques ne peut plus être retenue pour mesurer tous les comportements homosexuels d'aujourd'hui. L'arrachage intempestif de ce que l'on pense être de l'ivraie compromet toute la récolte. Quoi qu'en aient les censeurs romains, la conception philosophique de la nature humaine qu'ils voudraient canoniser n'est ni la seule, ni sans doute la plus juste, pour rendre compte de ce qu'est l'homme. Leur acharnement à manigancer pour que cette doctrine soit classée infaillible suffirait à lui seul à en faire soupçonner les limites en même temps que leurs propres fragilités. Mais que deviendrait leur autorité si elle ne pouvait plus s'arc-bouter sur une ontologie absolue ? Il disent ce qui est ; et ce qu'ils disent ne peut qu'exister tel qu'ils le disent ! Docteurs en sciences divines, ils possèdent la Vérité. Dommage que leurs vérités soient pour beaucoup des jougs insupportables ! Eux-mêmes les touchent-ils du doigt ? Jésus annonçait une vérité qui libère, un joug doux et un fardeau léger. Cherchez l'erreur !

D'où vient qu'il soit si souvent fait mention — non sans condescendance — de l'homosexuel malheureux ou de l'homme blessé, et si peu du chemin d'humanisation et de l'authentique voie spirituelle qui a conduit vers Dieu tant d'hommes et de femmes, non point en dépit de leur passage à l'acte, mais bien aussi dans et par lui ? La vision matérialisante et mécaniste de la sexualité, l'obsession — jalouse ? — de fantasmes ébouriffants, empêche de concevoir les gestes de la génitalité homosexuelle comme un langage possible d'amour et de tendresse. Il y faut ni plus ni moins de respect de l'autre, ou d'apprentissage et d'apprivoisement, que dans les relations hétérosexuelles.

A-t-on jamais demandé à un hétérosexuel de justifier ou expliquer ses tendances ? A-t-on jamais tenté de le convaincre qu'il les avait choisies ? Il paraît à chacun que cela va de soi, que c'est normal, et qu'il n'y a en cela aucun choix conscient repérable dans le temps. Alors, pourquoi ce procès fait aux homosexuels ? Comme si leur état relevait d'un choix qu'un choix inverse aurait pu ou pourrait encore inverser ?

D'où vient que ces bonnes âmes, si promptes à accueillir un homosexuel — jusqu'où et dans quel espace de liberté s'il faut le convertir ? — répugnent tant à croiser leurs certitudes avec l'expérience d'une association d'homosexuels qui fait, elle aussi, de l'Evangile sa référence, et dont la fiabilité est, après plus de vingt ans d'existence, reconnue tant des pouvoirs publics que des autres collectifs homosexuels ou de lutte contre le sida ? Si les premières générations chrétiennes ont choisi de juxtaposer quatre lectures de la Bonne Nouvelle, en recevant les quatre évangiles de Mathieu, Marc, Luc et Jean, il est possible aujourd'hui de récuser l'uniformisation autoritaire.

Ce ne sont pas les œuvres qui justifient, mais la foi. En osant réciter ensemble le Notre-Père, un soir de janvier 1972, les fondateurs de David et Jonathan ont posé un merveilleux acte de foi. Oser accrocher son salut, non à quelque conformisme moral, satisfait et méprisant, pharisien pour tout dire, mais à la certitude désarmante d'un amour qui, sachant ce qu'il y a dans l'homme, sonde les reins et les cœurs plus qu'il ne juge les comportements. Appel exigeant à cette pauvreté spirituelle dont Jésus fit une Béatitude ; ouverture par-delà tous les raisonnements et autres ergotages à l'action de grâce émerveillée.

Pour ces tenants d'un ordre moral, familial et chrétien bâti selon leurs critères, l'homophobie devient une quasi vertu ! Convaincus de résister là au Mal, au Diable et à toutes ses diableries, ils oublient de s'interroger sur la contagiosité de telles attitudes. Dénonçant le risque potentiel des minorités agissantes ou imaginairement prosélytes, ils reprennent à leur compte des discours d'exclusion et des *a priori* de suspicion que l'on croyait réservés à certains extrémismes politiques. A moins que cette consonance harmonique ne dévoile leurs secrètes attaches... « *Là où est ton trésor, là aussi est ton cœur.* »

Oui, vraiment, ces prédicateurs de l'altérité à usage externe, ces schizophrènes de l'affectivité pour qui s'affirme différent, devront changer de disque s'ils veulent être crédibles hors de leurs cercles. Déjà, aux Etats-Unis, « les charismatiques cherchent un second souffle » (La Croix du 1er août 1995). Le conservatisme théologique et politique y est largement majoritaire. Dans les soubresauts qui agitent aujourd'hui les catholiques français, les évêques ne peuvent plus se vouloir les champions de la lutte contre l'exclusion et flatter dans le sens du poil un mouvement plus que tenté par le repli identitaire, et dont on peut se demander si, après les éclats trop vite attribués à l'Esprit-Saint, il n'est pas déjà en train de faire long feu.

CONCLUSION
SOUS FORME DE LETTRE

Cher ami lecteur,

Es-tu homosexuel ? Es-tu hétérosexuel ? Es-tu homme ? Es-tu femme ? C'est ton mystère qui me restera à jamais caché. Au long de ces pages j'ai essayé, en toute simplicité, de lever un coin du voile sur le mien. Merci de m'avoir lu sans me juger, sans me condamner. Tu comprendras que je tienne à dire un merci tout particulier à l'homme qui a bien voulu m'écrire la lettre-préface. Oui, merci cher abbé Pierre de votre affection, de votre compréhension, de tout ce que vous m'avez apporté dans la vie depuis tant d'années. Je ne serais pas là où j'en suis si je ne vous avais pas rencontré. Ce fut un chemin difficile, semé d'embûches, mais qui m'a vraiment révélé ce que voulait dire vivre pour les autres, vivre à l'écoute des autres, des plus démunis, des plus exclus. Merci, cher abbé Pierre.

C'est parce que je me suis senti suffisamment libre et habité au plus intime de moi-même que j'ai osé aborder un sujet aussi tabou que l'homosexualité des prêtres ou aussi médiatisé que l'homosexualité en général. J'ai cru bon de ne pas garder pour moi seul, ou pour mes proches, l'expérience que j'ai acquise non seulement dans le monde homosexuel, mais dans celui, plus vaste, de l'exclusion sous toutes ses formes. *« On ne parle bien qu'avec le cœur. »* Je n'ai fait qu'écouter le mien.

Tu fais peut-être partie de ceux qui estiment que j'ai eu trop d'audace en prenant publiquement position. Sache que c'est surtout l'amour qui m'a ainsi fait aller au charbon : amour de Dieu

215

qui ne peut laisser personne s'installer dans la facilité, amour de Dieu qui est une quête jamais terminée, amour des frères qui nous acculent au dépouillement total de soi-même lorsqu'ils sont vraiment acceptés comme signes de la Présence, amour des frères les plus pauvres, des exclus, des affamés et assoiffés de justice pour devenir soi-même signe et annonce de la Bonne Nouvelle.

Tu fais peut-être partie de ceux qui pensent que j'écarte de ma pensée les textes de la Bible qui parlent de l'homosexualité. Il est vrai que je n'en ai pas parlé dans mon livre, et mon silence à ce sujet pourrait laisser supposer que je les relègue à l'arrière-plan de mes préoccupations. Je reconnais que je ne suis pas spécialiste de l'étude des textes bibliques, mais j'ai toujours essayé d'être objectif avec les bases de ma foi, même lorsque celles-ci allaient à l'encontre de mon orientation sexuelle. Six passages ont servi de point d'appui pour condamner l'homosexualité. Cela était absolument logique, comme a été logique la condamnation de Galilée prétendant que la terre tournait autour du soleil. Logique parce que l'approche des Ecritures, pendant des siècles, a fait de celles-ci des vérités scientifiques révélées, donc intouchables. Je me suis réjoui de voir enfin d'authentiques et sérieux théologiens mettre leur science au service d'une compréhension plus objective de ces textes permettant ainsi un regard autre, neuf et absolument respectueux de la valeur spirituelle de la Bible. Les apports de la linguistique, de l'histoire des civilisations et des religions, divers domaines des sciences humaines, etc., ont permis de se rendre compte qu'aucun texte ne traite de l'homosexualité en tant que telle. Lorsqu'il en est question, c'est toujours en relation avec la violence, le racisme, la démographie, le culte des idoles ou la prostitution sacrée. C'est dans ce sens-là que je me sens, que nous devons tous nous sentir concernés par ces textes. Ils sont pour moi, comme pour tout hétérosexuel, un appel à dépasser, dans ma vie d'homosexuel, ce qui peut relever du pire des maux condamnés par la Bible : l'idolâtrie, le refus de Dieu comme sens de ma vie.

Ce qui m'a poussé à écrire, c'est cette conviction que mon action n'a jamais été celle d'un solitaire. Mon ancrage a eu deux points forts qui m'ont permis de ne pas partir à la dérive et qui, paradoxalement, m'ont permis progressivement d'unifier ma vie. Qu'il me soit permis ici de dire toute ma reconnaissance et mon merci aux responsables de David et Jonathan ainsi qu'à ceux d'Emmaüs-

International et Emmaüs-France. Leur confiance, leur sympathie ont été des raisons nécessaires et suffisantes pour ne jamais lâcher prise, même aux plus forts moments de tempête.

M'a également incité à écrire, le besoin de démystifier le personnage superstar que certains ont tenté de créer autour de Jacques Perotti. Je suis un homme fait de chair et de sang, comme toi ami lecteur, mais aussi un homme en quête de Dieu. Pour cette raison, j'ai tenu à livrer ce que l'on ne fait généralement qu'après sa mort. Mes notes spirituelles, écrites au fil des ans, n'ont eu pour but que d'apporter un éclairage de l'intérieur sur ce que j'ai vécu. Elles m'ont permis d'aborder, aussi sereinement que possible, des questions posées par le monde d'aujourd'hui aux sociétés et aux Eglises.

Mon souhait le plus cher est que ce livre soit d'abord et avant tout une pierre d'espérance pour ceux qui veulent bâtir une vie d'hommes debout, une clef capable d'ouvrir les portes de leur prison pour ceux qui veulent que la vérité les rende libres. Nous les homosexuels, comme tout être humain, sommes appelés à vivre l'amour, à vivre le bonheur. Vu mon âge et mon expérience, c'est quelque chose qui continue à me poser question. Le bonheur est lié à un projet personnel affectif. Quand je regarde autour de moi, dans le monde homosexuel, je reste perplexe, parce que la rencontre est difficile. Cela me donne matière à réflexion. En fait, qu'est-ce que le bonheur pour l'homme que je suis en 1995 ? Sans doute une conquête permanente à réaliser sur le non-sens qui marque notre vie. Il s'agit de s'accepter tels que nous sommes, de se recevoir comme un projet de Dieu sur nous. Le bonheur, c'est d'abord se conquérir soi-même, se récupérer totalement. Au départ, c'est une sorte de puzzle et aucun morceau ne doit être laissé de côté, marginalisé, étouffé, encore moins rejeté. Tous les jours, il y a à trouver la place exacte de chaque élément. N'est-ce pas cela la libération ? Je suis sûr de passer à côté si je ne prends pas ma vie à bras le corps et si je ne suis pas un passionné de la vie.

Vous le savez comme moi, ce n'est pas facile tous les jours. J'ai souvent remarqué qu'un garçon ou une fille qui marche à côté de ses pompes ne peut rencontrer vraiment quelqu'un. Pour vivre un amour, il faut que le courant passe, être sans cesse en état d'accueil et prêt pour accepter le risque de la rencontre. Comment être disponible si ma propre vie est vécue comme un fardeau ?

Je m'adresse à tous mes frères et sœurs homosexuels : interrogeons-nous sur notre propre existence, notre propre disponibilité, notre amour de la vie. Chaque âge incarne différemment le bonheur, et notre monde homosexuel colle peut-être de trop près à ces clichés qui veulent que l'on soit beau, jeune, bronzé, etc. Au nom de quoi oublions-nous aussi facilement le droit au bonheur des malades, des handicapés, des vieux ? J'aimerais bien qu'un jour notre congrès annuel de David et Jonathan aborde le thème : un homosexuel peut-il bien vieillir ?

Pour justement accéder au bonheur, à la possibilité de la rencontre avec l'autre et avec Jésus-Christ qui est en chacun de nous, nous avons à convertir en nous cette part de Satan. Ne sois pas étonné, ami lecteur, si je t'avoue que je prie tous les jours pour la conversion de Satan qui est en moi, car je ne crois pas, je ne veux pas croire à l'éternité de l'enfer, à l'éternité d'un Satan qui serait opposé à l'éternité de l'Amour en Jésus-Christ. Je suis intimement convaincu que, dans la mesure où chacun de nous, nous convertissons cette part de Satan, c'est le monde du mal qui régresse et qui, un jour, disparaîtra. Il est évident que tout ce que la télévision nous montre de notre monde n'est pas le signe que cette conversion est réalisée. Nous avons à combattre tous les jours de notre vie pour que la présence de Jésus-Christ grandisse en nous, et que ceux qui nous voient vivre reconnaissent qu'Il est le tout de notre vie.

Je vous livre, en terminant, deux pensées qui m'habitent :

« Dieu nous invente avec nous-mêmes. »
(Emmanuel Mounier)

« C'est toujours exaltant que de voir une âme qui ne transige pas avec sa propre vérité. »
(Jean Cau)

JACQUES PEROTTI,
homosexuel prêtre

ÉLÉMENTS BIBLIOGRAPHIQUES
ET
VIDÉOGRAPHIQUES

ARTICLES DE PRESSE À PROPOS DES ÉMISSIONS TÉLÉVISÉES :
« *Agora* » *(28 mars 1984)*
« Panorama », mai 1984 : réaction de Michel del Castillo
« Gai Pied », n° 307 (14-20 février 1987) : entretien avec Catherine Durand
« Gai Pied », n° 355 (février 1989) : présentations de catholiques homosexuels

« *Stars à la barre* » *(25 avril 1989)*
« Passages » (octobre 1989) : article de J. Perotti : « Jean-Paul II mal à l'aise avec la sexualité ? »

« *Ciel mon mardi* » *(20 mars 1990)*
« Femme actuelle », n° 305 (30 juillet 1990)

« *Histoires vraies* » *(25 février 1992)*
« Deutsches Allgemeines Sonntagsblatt » (hebdomadaire œcuménique de Hambourg) juin 1992 — Article de Christian Modehn
« De Bazuin » (revue des Dominicains des Pays-Bas) — 4 septembre 1992 — Interview avec Christian Modehn
« Siempre » (magazine mexicain) 7 octobre 1992 : « Dieu est présent dans l'homosexualité » (Interview)
« Illico » novembre 1992

« Bas les masques »
« La Vie », n° 2491 (27 mai 1993)
« Libération » (1er juin 1993) Article de Françoise Devinat
« L'Actualité religieuse dans le monde » (ARM) n° 112 (15 juin 1993) Article de Djénane Kareh Tager : « Des prêtres pas comme les autres », inclus dans un dossier plus général : « Homosexualité, une interpellation ».
« La Croix » (17 juillet 1993) Courrier des lecteurs

ARTICLES DE PRESSE DIVERS
« Huk Info » (magazine autrichien de l'association « Homosexuelle und Kirche ») juillet-octobre 1993 : compte-rendu sur le livre « Croient-ils tous au même Dieu ? »
« Brecha » (magazine espagnol) n° 4 (mars 1994) : interview par Maria Urruzola
« Le 3 Keller » (mensuel du Centre gay et lesbien) de février 1995. Propos de J. Perotti recueillis par Geneviève Pastre sur l'éviction de Mgr Gaillot.
« InfoMatin » (12 avril 1995) : propos de J. Perotti sur la sortie du film d'Antonia Bird : « Prêtre »

À PROPOS DU LIVRE « LES EXCLUS DE L'ÉGLISE »

Préface (de J. Perotti) à la traduction française du livre de John McNeill paru chez Filipacchi en 1993.
« Le Christianisme » (hebdomadaire protestant) n° 392 (7 mars 1993) Article d'Eric Denimal.
« Chronique de Boquen » n° 85 — Recension de François Schmitz.
« Gay News » n° 80, (avril 1993) — Article de Lionel Povert : « Dieu est-il homophobe ? »
« Illico » n° 29, (avril 1993) — Recension et article de Jean Le Bitoux.
« Humœurs », (mai 1993) : présentation d'extraits du livre.

À PROPOS DES PRÊTRES HOMOSEXUELS

« Newsweek » (22 février 1987) article sur les prêtres et pasteurs gays aux U.S.A. — « Prêtres séculiers, religieux, et homosexualités » — Etude (non publiée) réalisée par l'abbé Julien Potel dans le cadre des rencontres de prêtres homosexuels à Bonneuil — mai 1992.

« Libération » (1er juillet 1993) — Entretien recueilli par Françoise Devinat sur l'enquête de Julien Potel.

« L'amour, le sexe et les catholiques » — Frédéric Mounier — Editions du Centurion — Plusieurs pages sont consacrées à J. Perotti et H. Dewitte.

« La France Catholique » n° 2419 — Article de René Laurentin sur le scandale des prêtres homosexuels.

« Play Boy » n° 18 (novembre 1993 — « Au nom du Père » : texte de Ch. M. Sennot — pp. 28-30 et 40-43.

BIBLIOGRAPHIE GÉNÉRALE

Association des Amis de Bonneuil : « Petit guide de Bonneuil » 1993

« La Documentation catholique » n° 2419 — texte sur la discrimination des homosexuels

« L'Homosexualité, un dialogue théologique » — Christian Demur et Denis Müller — Labor et Fides, Genève 1992. Points de vue croisés de deux théologiens protestants. — « Michel Foucault et ses contemporains » — Didier Eribon — Arthème Fayard, Paris 1994.

« Le Mouvement homosexuel en France. 1945-1980 » — Jacques Girard — Syros, Paris 1981.

« La Question homosexuelle » — Marc Oraison — Cerf, Paris 1975.

« Croient-ils tous au même Dieu ? » — Nicolas Pigasse — Filipacchi, Paris 1992.

« Dictionnaire Gay » — Lionel Povert — Jacques Grancher, Paris 1994.

« Homosexualités masculines et morale chrétienne » — Xavier Thévenot — Cerf, Paris 1988.

« Vocabulaire de l'homosexualité masculine » — Cl. Couronne — Payot, Paris 1985.

« Le Rapt de Ganymède » — Dominique Fernandez — Grasset, Paris 1989.

« Des eunuques pour le Royaume des cieux — L'Eglise et la sexualité » — Uta Ranke-Heinemann — Robert Laffont, Paris 1990.

« Appelés à la Bénédiction » — Lettre pastorale sur la foi et l'homosexualité — W.K.H.P. Amsterdam 1995.

« Selon la nature, l'usage et la loi — La bisexualité dans le monde antique » — Eva Cantarella — La Découverte, Paris 1991.

COORDONNÉES DE QUELQUES ASSOCIATIONS
MENTIONNÉES DANS LE LIVRE

David et Jonathan : 92 bis, rue de Picpus — 75012 Paris — Tél. : (1) 43 42 09 49

Centre Gay et Lesbien : 3, rue Keller — 75011 Paris — Tél. : (1) 43 57 21 47

Chrétiens et sida : BP 26 — 75622 Paris Cedex 13

Contact : 11, rue Félix-Terrier — 75020 Paris — Tél. : (1) 43 70 50 89

Droits et libertés des chrétiens : 68, rue de Babylone — 75006 Paris.

W.K.H.P. (groupe de prêtres catholiques homosexuels des Pays-Bas) : Postbus (BP) 9815, NL 1006 Amsterdam.

TABLE DES MATIÈRES

CHEZ LE MÊME ÉDITEUR

ROMANS

Paul Guth.
Quarante contre un.
119 F.

Yves Jacob.
Soleils gris.
109 F.

Philippe de Baleine.
Seigneur pourquoi m'as-tu abandonné ?
109 F.

Denise François.
L'Auberge du Grand Balcon.
119 F.
Les Révoltés de Montfaucon.
129 F.
Les Dames de la Courtille.
129 F.

Pierre Lance.
Le Premier Président.
140 F.

HUMOUR-HISTOIRES DRÔLES

Richard Balducci.
Le Café des veuves.
119 F.

Laurence Boccolini.
Scènes de mariages.
89 F.

Thierry Crosson en collaboration avec Jean-Christophe Florentin.
Le Guide de l'emmerdeur au travail.
99 F.
Le Guide de l'emmerdeur en vacances.
99 F.

Jean-Christophe Florentin.
Guide con et inutile pour briller en société.
99 F.

Jean-Marc Richard.
Dictionnaire des expressions paillardes et libertines de la littérature française.
129 F.

Laurent Delaloye.
Quelle planète !
99 F.

Jacques Édouard,
illustrations de Jean-Louis Le Hir.
Petit bréviaire présidentiel.
109 F.

Cyril Laffitau.
Gros et beau à la fois.
89 F.

Georges Fillioud.
Homo Politicus :
Ont-ils de l'humour ?
119 F.

AVENTURES-RÉCITS VÉCUS-TÉMOIGNAGES-DOCUMENTS

Philippe de Baleine.
Nouveau voyage sur le petit train de la brousse.
95 F.
Voyage espiègle et romanesque sur le petit train du Congo.
109 F.
Le Petit Train des cacahuètes.
119 F.
Michel Bagnaud.
Profession : inventeur de trésors.
99 F.

Joe Galland.
Torpeurs.
99 F.

Patrice Franceschi.
Chasseur d'horizons.
275 F. (Album relié).

Francis Cucchi.
La Route du pavot.
119 F.

Jean-Pierre Imbrohoris.
Démences meurtrières.
99 F.

Jean-Louis Degaudenzi.
Les Enfants de la haine.
99 F.

Guy Doly-Linaudière.
L'Imposture algérienne.
99 F.

Anne Montel-Girod.
Itinéraire d'un amour.
85 F.

Gérard de Villiers.
Mes carnets de grand reporter.
99 F.

Jean-Noël Liaut.
Modèles et mannequins (1945-1965).
129 F.

Jean Bruno.
Lettre aux assassins du football.
90 F.

Muriel Canoby.
Sous l'emprise du démon.
109 F.

Docteur Pierrick Hordé.
Nouvelles Histoires incroyables de la médecine.
109 F.

Docteur Pierrick Hordé et Jean-Louis Saulnier.
Nouvelles Histoires incroyables de la médecine, tome III.
109 F.

Noëlle Riley Fitch.
Érotique Anaïs Nin.
169 F.

Enrico Micheli.
Le Statut du ciel.
149 F.

Louise E. Levathes.
Les Navigateurs de l'Empire céleste.
129 F.

Odile et Philippe Verdier.
Les Grandes Arnaques aux assurances.
99 F.

Pierre Barberoux.
Les Disparus de l'Atlantique ou 58 jours à la dérive.
99 F.

Françoise Ducout.
Les Grandes Passions amoureuses.
109 F.

Jean Cau.
L'Orgueil des mots.
109 F.

Marcel Haedrich.
Citizen Prouvost.
119 F.

Jacques Perotti.
Un prêtre parle : « Je ne peux plus cacher la vérité. »
119 F.

ÉSOTÉRISME
Julia Pancrazi. Mme De Soria.
La Voyance en héritage.
109 F.

Richard Balducci.
La Vie fabuleuse de Nostradamus.
119 F.

Vlaicu Ionescu, Marie-Thérèse de Brosses.
Les Dernières Victoires de Nostradamus.
119 F.

Élisabeth et Jean-Claude Zana.
Les Stars racontent l'étrange.
109 F.

Rosita Arvigo.
Sastun.
119 F.

Marc Galieu.
Les Mystères de la voyance.
109 F.

RELIGIONS-SPIRITUALITÉ
Nicolas Pigasse.
Croient-ils tous au même dieu ?
110 F.

Lino Sardos Albertini.
L'Au-delà existe.
119 F.

Au-delà de la foi.
119 F.
Indices et preuves de l'existence de l'Au-delà.
119 F.

Pierre Jovanovic.
Enquête sur l'existence des anges gardiens.
129 F.

Jackie Landreaux-Valabrègue.
Les Scientifiques à la recherche de Dieu.
119 F.

Dante Vacchi, Anne Vuylsteke.
Les Jésuites en liberté.
320 F. (Album relié).

John J. McNeill.
Les Exclus de l'Église.
119 F.

Jean-Claude Duluc.
Anthologie des miracles et des mystifications à travers 50 siècles de spiritualité.
119 F.

Betty J. Eadie.
Dans les bras de la lumière.
99 F.

Gildas Bourdais.
Enquête sur l'existence d'êtres célestes et cosmiques.
129 F.

Joan Wester Anderson.
Par la grâce des anges gardiens.
99 F.
Quand les miracles arrivent.
109 F.

Giordano Bruno Guerri.
Enquête sur les mystères du confessionnal.
129 F.

Deborah Laake.
Cérémonies secrètes.
119 F.

Geddes MacGregor.
Enquête sur l'existence de la réincarnation.
129 F.

Edouard Brasey.
Enquête sur l'existence des anges rebelles.
129 F.

GUIDES PRATIQUES-SANTÉ
Docteur Marc B. Ganem.
La Sexualité du couple pendant la grossesse.
99 F.

Docteur David Elia, docteur Jacques Waynberg.
Guide pratique de la vie du couple.
189 F. (Album relié).

Jean-Claude Duluc.
Docteur est-ce une erreur ?
99 F.

Jean-Louis Degaudenzi.
Le Secret de votre groupe sanguin.
99 F.

Janet L. Wolfe.
Monsieur a sa migraine.
109 F.

Docteur Claude Chauchard, Véronique Blocquaux, Jacques Chenu.
Retraité ? Moi, jamais !
109 F.

Jacques de Schryver.
La Revanche du cancre.
119 F.

Betty de Brouhan, Yvan Katz.
Guide Smoby à l'usage des familles.
99 F.

Xavier Maniguet.
Naufragés. Comment survivre en mer.
99 F.

BEAUX LIVRES (DIVERS)

Roger Thérond, Jean-Charles Tacchella.
Les Années éblouissantes. Le cinéma qu'on aime : 1945-1952.
295 F.

Stars, les Incontournables.
275 F.

Miguel Alcala.
Le Flamenco et les gitans.
175 F.

Johnny Hallyday.
Le Dernier Rebelle.
175 F.

Gilles Lhote.
Le Cuir des héros.
199 F.
Cow-boys des nuages.
220 F.
La Légende Harley-Davidson.
240 F.

MUSIQUE (DIVERS)

Opéras, les Incontournables.
249 F. (Album relié).

Rock'n'roll, les Incontournables.
249 F. (Album relié).

Jazz, Les Incontournables.
249 F.

Blues, Les Incontournables.
249 F. (Album relié)

Country, les Incontournables.
249 F. (Album relié).

Les Années Jazz Magazine : 40 ans de passion.
420 F. (Album relié).

Geoffrey Smith.
Stéphane Grappelli.
115 F.

Luigi Viva.
Pat Metheny.
149 F.

Jim Haskins.
Ella Fitzgerald.
119 F.

Albert Murray.
Good Morning Blues, Count Basie.
149 F.

Herman Leonard.
L'Œil du jazz.
270 F. (Album relié).

Herman Leonard's Jazz Memories
275 F. (Album relié).

Fabrice Zammarchi.
Sidney Bechet.
249 F. (Album relié).

Hank O'Neal,
Esther Bubley.
Charlie Parker :
Norman Granz Jam Sessions.
275 F. (Album relié).

Christian Rose.
Instants de Jazz.
275 F. (Album relié).

ART

Édouard Jaguer.
Richard Oelze.
199 F.

Jean Toulet.
Georges Leroux.
199 F.

José Pierre.
Guy Johnson.
195 F.
L'Aventure surréaliste autour d'André Breton.
230 F.

Jacques Baron.
Anthologie plastique du surréalisme.
380 F.

Didier Semin.
Victor Brauner.
950 F.

Alain Sayag.
Hans Bellmer, photographe.
178 F.

Paul Brach.
John Kacere.
279 F.

Photographie de couverture :
© Gérard Schachmes-Regards

Cet ouvrage
a été composé
par l'Imprimerie BUSSIÈRE
et imprimé
sur presse CAMERON
dans les ateliers de B.C.I.
à Saint-Amand-Montrond (Cher)
en septembre 1995
N° d'éditeur : 1333. N° d'impression : 2284-1/1976
Dépôt légal : septembre 1995.

Imprimé en France

ISBN : 2 85018 207 9